基金从业人员资格考试新版辅导教材

基金法律法规
职业道德与业务规范

基金从业人员资格考试辅导教材编写组 编著

经济科学出版社

图书在版编目（CIP）数据

基金法律法规 职业道德与业务规范 / 基金从业人员资格考试辅导教材编写组编著. --北京：经济科学出版社，2016.4（2016.11 重印）
基金从业人员资格考试新版辅导教材
ISBN 978-7-5141-6827-3

Ⅰ.①基… Ⅱ.①基… Ⅲ.①证券投资基金法-中国－资格考试－自学参考资料②基金-投资-职业道德-资格考试-自学参考资料 Ⅳ.①D922.287②F830.59

中国版本图书馆CIP数据核字（2016）第076195号

责任编辑：王东萍
责任校对：靳玉环
技术编辑：李 鹏

基金法律法规 职业道德与业务规范

基金从业人员资格考试辅导教材编写组 编著
经济科学出版社出版、发行 新华书店经销
社址：北京市海淀区阜成路甲28号 邮编：100142
教材分社电话：010-88191344 发行部电话：010-88191522
网址：www.esp.com.cn
电子邮件：espbj3@esp.com.cn
天猫网店：经济科学出版社旗舰店
网址：http://jjkxcbs.com.cn
北京密兴印刷厂印装
787×1092 16开 12印张 291000字
2016年4月第1版 2016年11月第3次印刷
ISBN 978-7-5141-6827-3 定价：32.00元
（图书出版印刷问题，本社负责调换。电话：010－88191502）
（版权所有 翻印必究）

前言

根据《基金法》规定,基金从业人员应当具备基金从业资格,并授权基金行业协会组织基金从业人员的从业考试、资质管理和业务培训。为了适应新形势下的行业发展和切实履行《基金法》赋予的职责,基金业协会借鉴境内外经验,根据历年各方反馈的意见,于2015年6月全面调整了《基金从业资格考试大纲》,自2015年7月开始实行。新基金从业人员资格考试包含两个科目:《基金法律法规、职业道德与业务规范》和《证券投资基金基础知识》,其考试题型均为单选题。考生通过两个科目考试后,具备基金从业人员资格及基金销售资格注册条件。

为了适应这一新变化、新要求,更好地帮助广大考生顺利通过基金从业人员资格考试,我们组织国内优秀的基金金融领域名师及专家,精心分析新大纲及新题库真题,编写了本书。

本书具有以下3大特色。

1. 紧扣考试大纲,明确学习要点,提高复习效率

全书完全依据新版考试大纲编写。在编写过程中,编委会成员精心研究考试真题,总结出命题规律,为考生提供了最具概括性、目标性和专业性的考点知识讲解,从而帮助考生缩短学习时间,提高复习效率,增强备考信心。

2. 文中真题示例,章后真题自测,考生可边学边练

本书在考点的讲解过程中穿插了典型真题示例,既可以帮助考生巩固所学知识,又能帮助考生熟悉考试题型。同时,在每章后面配有真题自测,方便考生检测学习效果。每道题均有正确的答案及解析。

3. 配套题库软件,功能强大,为复习全面提速

本书配套题库软件提供更多增值服务,主要有四大模块:"学习主页"模块,考生可设置考试时间,查看学习进度及正确率,并可通过艾宾浩斯理想记忆曲线科学练习;"章节练习"模块,按照考试大纲各章考点提供同步练习,方便考生针对薄弱章节各个击破;"错题库"模块,收录考生做错的试题,帮助考生通过重复练习错题,查漏补缺,提高复习效率;"模拟考试"模块,完全模拟基金从业资格考试的真实机考环境,并提供成套模拟题,方便考生练习。

尽管教材编写组成员精益求精,但书中难免存在不足和错漏之处,敬请广大读者批评指正。联系邮箱为 weilaijiaoyucaijing@foxmail.com。

祝所有应考人员考试成功!

基金从业人员资格考试辅导教材编写组

目录

第一章 金融、资产管理与投资基金 1
- 第一节 金融市场与资产管理行业 1
- 第二节 投资基金 5
- 真题自测 6

第二章 证券投资基金概述 7
- 第一节 证券投资基金的概念与特点 7
- 第二节 证券投资基金的运作与参与主体 9
- 第三节 证券投资基金的法律形式和运作方式 14
- 第四节 证券投资基金的起源和发展 16
- 第五节 我国证券投资基金业的发展历程 17
- 第六节 证券投资基金业在金融体系中的地位与作用 20
- 真题自测 21

第三章 证券投资基金的类型 23
- 第一节 证券投资基金分类概述 24
- 第二节 股票基金 26
- 第三节 债券基金 29
- 第四节 货币市场基金 31
- 第五节 混合基金 32
- 第六节 保本基金 33
- 第七节 交易型开放式指数基金（ETF） 35
- 第八节 QDII基金 37
- 第九节 分级基金 39
- 真题自测 41

第四章 证券投资基金的监管 43
- 第一节 基金监管概述 44
- 第二节 基金监管机构和行业自律组织 47
- 第三节 对基金机构的监管 50
- 第四节 对基金活动的监管 59
- 第五节 对非公开募集基金的监管 65
- 真题自测 68

第五章 基金职业道德 70
- 第一节 道德与职业道德 70
- 第二节 基金职业道德规范 73
- 第三节 基金职业道德教育与修养 78

真题自测 …………………………………………………………………… 80
第六章　基金的募集、交易与登记 ………………………………………… 81
　　第一节　基金的募集与认购 ………………………………………… 81
　　第二节　基金的交易、申购和赎回 ………………………………… 86
　　第三节　基金的登记 ………………………………………………… 97
　　真题自测 …………………………………………………………………… 99
第七章　基金的信息披露 …………………………………………………… 100
　　第一节　基金信息披露概述 ………………………………………… 100
　　第二节　基金主要当事人的信息披露义务 ………………………… 103
　　第三节　基金募集信息披露 ………………………………………… 105
　　第四节　基金动作信息披露 ………………………………………… 107
　　第五节　特殊基金品种的信息披露 ………………………………… 112
　　真题自测 …………………………………………………………………… 113
第八章　基金客户和销售机构 ……………………………………………… 114
　　第一节　基金客户的分类 …………………………………………… 114
　　第二节　基金销售机构 ……………………………………………… 117
　　第三节　基金销售机构的销售理论、方式与策略 ………………… 120
　　真题自测 …………………………………………………………………… 123
第九章　基金销售行为规范及信息管理 …………………………………… 126
　　第一节　基金销售机构人员行为规范 ……………………………… 127
　　第二节　基金宣传推介材料规范 …………………………………… 129
　　第三节　基金销售费用规范 ………………………………………… 133
　　第四节　基金销售适用性 …………………………………………… 135
　　第五节　基金销售信息管理 ………………………………………… 137
　　真题自测 …………………………………………………………………… 140
第十章　基金客户服务 ……………………………………………………… 143
　　第一节　基金客户服务概述 ………………………………………… 143
　　第二节　基金客户服务流程 ………………………………………… 145
　　第三节　投资者教育工作 …………………………………………… 149
　　真题自测 …………………………………………………………………… 151
第十一章　基金管理人的内部控制 ………………………………………… 152
　　第一节　内部控制的目标和原则 …………………………………… 152
　　第二节　内部控制机制 ……………………………………………… 155
　　第三节　内部控制制度 ……………………………………………… 157
　　第四节　内部控制的主要内容 ……………………………………… 158
　　真题自测 …………………………………………………………………… 161
第十二章　基金管理人的合规管理 ………………………………………… 164
　　第一节　合规管理概述 ……………………………………………… 165
　　第二节　合规管理机构设置 ………………………………………… 167
　　第三节　合规管理的主要内容 ……………………………………… 172
　　第四节　合规风险 …………………………………………………… 175
　　真题自测 …………………………………………………………………… 178
　　附录　参考答案及解析 ……………………………………………… 180

第一章 金融、资产管理与投资基金

本章主要从两部分介绍了投资基金在金融市场体系中的地位:第一部分介绍了金融市场与资产管理行业的相关内容;第二部分介绍了投资基金的基础知识。本章属于基础性章节,建议考生在学习时,重点加强对知识点的记忆,多做练习以巩固所学知识。

考点概览

考试大纲	考点内容	学习要求
金融市场与资产管理行业	金融与居民理财	理解
	金融市场	理解
	金融资产与资产管理行业	理解
	我国资产管理行业的状况	了解
投资基金	投资基金的定义	掌握
	投资基金的主要类别	掌握

第一节 金融市场与资产管理行业

本节导读

本节主要介绍了金融与居民理财、金融市场、金融资产与资产管理行业和我国资产管理行业的状况四部分的内容。考生在学习时,需要重点把握不同概念之间的关联。

一、金融与居民理财

(一)金融的概念与来源

金融即货币资金的融通,货币资金来源于居民(包括个人和企业)从事的生产活动。居民是社会最古老、最基本的经济主体。

【例题·单选题】( )是社会最古老、最基本的经济主体。
  A.政府　　　　B.机构　　　　C.居民　　　　D.农户
【答案】C
【解析】居民是社会最古老、最基本的经济主体,在从自给自足经济向市场经济的逐步发展中,居民的经济活动与金融的联结越来越紧密。

(二)居民理财

理财是指对财务进行管理,以实现财产的保值、增值。目前,居民理财的主要方式是货币储蓄与投资两类。

货币储蓄是指居民将暂时不用或结余的货币收入存入银行或其他金融机构的一种存款活动。储蓄具有保值性,接受储蓄的银行或其他金融机构首先需要保证储蓄的本金安全,除本金外,储蓄还会带来一定的利息收益。

投资是指投资者当期投入一定数额的资金而期望在未来获得回报,所得回报应该能补偿投资资金被占用的时间,预期的通货膨胀率以及期望更多的未来收益,未来收益具有不确定性。股票、债券、基金等金融工具是最常见和普遍的投资产品。

二、金融市场

(一)金融市场的概念

金融市场是货币资金融通市场,是指资金供应者和资金需求者双方通过金融工具进行交易而融通资金的市场。金融市场和金融服务机构是现代金融体系的两大运作载体。

(二)金融市场的分类(见表1-1)

表1-1　　　　　　　　　　　　金融市场的分类

划分标准	分类
按交易工具的期限划分	①货币市场 又称短期金融市场,是指专门融通1年以内短期资金的场所。短期资金多在流通领域起货币作用,主要解决市场参与者短期性的周转和余额调剂问题 ②资本市场 又称长期金融市场,是指以期限在1年以上的有价证券为交易工具进行长期资金交易的市场。广义的资本市场包括两大部分:一是银行中长期存贷款市场;二是有价证券市场,包括中长期债券市场和股票市场。狭义的资本市场专指中长期债券市场和股票市场
按交易标的物划分	①票据市场 票据市场是货币市场的重要组成部分,是指各种票据进行交易的市场,按交易方式主要分为票据承兑市场和贴现市场 ②证券市场 证券市场是指股票、债券、基金等有价证券发行和转让流通的市场。股票市场是股份有限公司的股票发行和转让交易的市场。股份有限公司发行新股票的市场叫股票发行市场或股票初级市场,已发行股票的转让流通市场叫股票的二级市场。债券市场包括政府债券、公司(企业)债券、金融债券等的发行和流通市场 ③衍生工具市场 衍生工具市场是各种衍生金融工具进行交易的市场。衍生金融工具包括远期合约、期货合约、期权合约、互换协议等,其种类仍在不断增多。衍生金融工具在金融交易中具有套期保值、防范风险的作用 ④外汇市场 外汇市场是指各国中央银行、外汇银行、外汇经纪人及客户组成的外汇买卖、经营活动的总和,包括上述的外汇批发市场以及银行同企业、个人之间进行外汇买卖的零售市场 ⑤黄金市场 黄金市场是专门集中进行黄金买卖的交易中心或场所。由于目前黄金仍是国际储备资产之一,在国际支付中占据一定的地位,因此黄金市场仍被看做是金融市场的组成部分

续表

划分标准	分类
按交割期限划分	①现货市场 现货市场的交易协议达成后在两个交易日内进行交割。由于现货市场的成交与交割之间几乎没有时间间隔,因而对交易双方来说,利率和汇率风险很小 ②期货市场 期货市场的交易在协议达成后并不立刻交割,而是约定在某一特定时间后进行交割,协议成交和标的交割是分离的。在期货交易中,由于交割要按成交时的协议价格进行,交易对象价格的升降,就可能使交易者获得利润或蒙受损失。因此,买者和卖者只能依靠自己对市场未来的判断进行交易

(三)金融市场的构成要素(见表1-2)

表1-2 金融市场的主要构成要素

要素	内容
市场参与者	金融市场的参与者主要包括政府、中央银行、金融机构、个人和企业居民。其中,金融机构是金融市场上最重要的中介机构,是储蓄转化为投资的重要渠道,在金融市场上充当资金的供给者、需求者和中间人等多重角色;居民是金融市场上主要的资金供给者
金融工具	金融工具是金融市场上进行交易的载体。金融工具最初被称为信用工具,它是证明债权债务关系并据以进行货币资金交易的合法凭证。金融工具是法律契约,交易双方的权利义务受法律保护。金融工具一般具有广泛的社会可接受性,随时可以流通转让
金融交易的组织方式	金融交易的组织方式是指组织金融工具交易时采用的方式。受市场本身的发育程度、交易技术的发达程度以及交易双方的交易意愿影响,金融交易主要有以下三种组织方式:①有固定场所的组织、有制度、集中进行交易的方式,如交易所交易方式;②在各金融机构柜台上买卖双方进行面议的、分散交易的方式,如柜台交易方式;③电信网络交易方式,既没有固定场所,交易双方也不直接接触,主要借助电子通信或互联网络技术手段来完成交易的方式。一个完善的金融市场上这几种组织方式通常是并存的

【例题·单选题】金融市场的构成要素不包括( )。
A. 市场参与者   B. 流通渠道
C. 金融工具   D. 金融交易的组织方式

【答案】B
【解析】金融市场的构成要素包括市场参与者、金融工具和金融交易的组织方式三类,不包括流通渠道。故选B。

三、金融资产与资产管理行业

(一)金融资产

金融资产是代表未来收益或资产合法要求权的凭证,标示了明确的价值,表明了交易双方的所有权关系和债权关系。

金融资产一般分为债权类金融资产和股权类金融资产两类。债权类金融资产以票据、债券等契约型投资工具为主,股权类金融资产以各类股票为主。

(二)资产管理与资产管理行业

1. 资产管理

资产管理一般是指金融机构受投资者委托,为实现投资者的特定目标和利益,进行证券和其他金融产品的投资并提供金融资产管理服务,并收取费用的行为。资产管理具有以下特征:

(1)从参与方来看,资产管理包括委托方和受托方,委托方为投资者,受托方为资产管理人。资产管理人根据投资者授权,进行资产投资管理,承担受托人义务。

(2)从受托资产来看,主要为货币等金融资产,一般不包括固定资产等实物资产。

(3)从管理方式来看,资产管理主要通过投资于银行存款、证券、期货、基金、保险或实体企业股权等资产实现增值。

2. 资产管理行业

从事资产管理业务的金融机构构成资产管理行业。资产管理行业无论对宏观经济还是微观的个人、企业都有着重要的功能和作用:

(1)资产管理行业能够为市场经济体系有效配置资源,使有限的资源配置到最有效率的产品和服务部门,提高整个社会经济的效率和生产服务水平。

(2)通过资产管理行业专业的管理活动,能够帮助投资人搜集、处理各种和投资有关的宏观、微观信息,提供各类投资机会,帮助投资者进行投资决策,并提供决策的最佳执行服务,使投资融资更加便利。

(3)资产管理行业创造出十分广泛的投资产品和服务,满足投资者的各种投资需求,使资金的需求方和提供方能够便利地连接起来。

(4)资产管理行业还能对金融资产合理定价,给金融市场提供流动性,降低交易成本,使金融市场更加健康有效,最终有利于一国经济的发展。

资产管理广泛涉及银行、证券、保险、基金、信托、期货等行业,但是具体范围并无明确界定。

【例题·单选题】下列关于资产管理的说法,错误的是( )。

A. 资产管理一般是指金融机构受投资者委托,为实现投资者的特定目标和利益,进行证券和其他金融产品的投资并提供金融资产管理服务,并收取费用的行为

B. 从参与方来看,资产管理包括委托方和受托方,委托方为资产管理人,受托方为投资者

C. 从管理方式来看,资产管理主要通过投资于银行存款、证券、期货、基金、保险或实体企业股权等资产实现增值

D. 从受托资产来看,主要为货币金融资产,一般不包括固定资产等实物资产

【答案】B

【解析】委托方为投资者,受托方为资产管理人,资产管理人根据投资者授权,进行资产投资管理,承担受托人义务。

四、我国资产管理行业的状况

中国证券投资基金业协会(简称基金业协会)从我国金融业实践出发,根据资金来源、投资范围、管理方式和权利义务四方面特点,将我国资产管理行业的范围进行了界定,如表1-3所示。

表1-3　　　　　　　　　　　我国资产管理行业的范围

机构类型	资产管理业务
基金管理公司及其子公司	公募基金和各类非公募资产管理计划
私募机构	私募证券投资基金、私募股权投资基金、私募风险/创业投资基金等
信托公司	集合资金信托
证券公司及其资管子公司	集合资产管理计划、定向资产管理计划
期货公司	期货资产管理业务
保险资产管理公司	企业年金、保险资产管理计划、第三方保险资产管理计划、投资联结保险账户管理
商业银行	银行理财产品（除资金池业务和贷款通道业务外）

截至2015年3月底，我国境内共有基金管理公司96家，共有取得公募基金管理资格的证券公司7家，保险资管公司1家。基金管理公司及其子公司、证券公司、期货公司、私募基金管理机构资产管理业务总规模约23.82万亿元。

第二节　投资基金

》本节导读《

本节主要介绍了投资基金的定义与主要类别，内容较为简单，考生应重点掌握投资基金的定义与五种类别。

一、投资基金的定义

投资基金是一种组合投资、专业管理、利益共享、风险共担的集合投资方式，主要通过向投资者发行受益凭证（基金份额），将社会上的资金集中起来，交由专业的基金管理机构投资于各种资产，实现保值增值。投资基金所投资的资产既可以是金融资产如股票、债券、外汇、股权、期货、期权等，也可以是房地产、大宗能源、林权、艺术品等其他资产。投资基金主要是一种间接投资工具，基金投资者、基金管理人和托管人是基金运作中的主要当事人。

二、投资基金的主要类别

投资基金按照不同的标准可以区分为多种类别，人们日常接触到的投资基金分类，主要是按照所投资的对象的不同进行区分的，如表1-4所示。

表1-4　　　　　　　　　　　投资基金的主要类别

类别	内容
证券投资基金	证券投资基金依照利益共享、风险共担的原则，将分散在投资者手中的资金集中起来委托专业投资机构进行证券投资管理的投资工具。基金所投资的有价证券主要是在证券交易所或银行间市场上公开交易的证券，包括股票、债券、货币、金融衍生工具等
私募股权基金（private equity，PE）	指通过私募形式对私有企业，即非上市企业进行的权益性投资，在交易实施过程中附带考虑了将来的退出机制，即通过上市、并购或管理层回购等方式，出售持股获利

续表

类别	内容
风险投资基金 (venture capital, VC)	又称创业基金,它以一定的方式吸收机构和个人的资金,投向于那些不具备上市资格的初创期的或者是小型的新型企业,尤其是高新技术企业,帮助所投资的企业尽快成熟,取得上市资格,从而使资本增值。一旦公司股票上市后,风险投资基金就可以通过证券市场转让股权而收回资金,继续投向其他风险企业。风险投资基金一般也采用私募方式
对冲基金 (hedge fund)	起源于20世纪50年代初的美国,意为"风险对冲过的基金",它是基于投资理论和极其复杂的金融市场操作技巧,充分利用各种金融衍生产品的杠杆效用,承担高风险、追求高收益的投资模式。对冲基金一般也采用私募方式,广泛投资于金融衍生产品
另类投资基金	是指投资于传统的股票、债券之外的金融和实物资产的基金,如房地产、证券化资产、对冲基金、大宗商品、黄金、艺术品等。另类投资基金一般也采用私募方式,种类非常广泛,外延也很不确定,有人将私募股权基金、风险投资基金、对冲基金也列入另类投资基金范围

【例题·单选题】下列关于投资基金的表述,错误的是( )。
　　A. 对冲基金一般采用公募方式,广泛投资于金融衍生产品
　　B. 另类投资基金一般采用私募方式,种类非常广泛,外延也很不确定
　　C. 风险投资基金一般采用私募方式
　　D. 对冲基金一般采用私募方式
【答案】A
【解析】对冲基金一般采用私募方式,广泛投资于金融衍生产品。

真题自测

(所有题型均为单选题,每题只有1个正确答案)

1. 目前,居民理财的主要方式是货币储蓄和( )。
　　A. 融资　　　　B. 投资　　　　C. 筹资　　　　D. 基金
2. 下列不属于衍生金融工具的是( )。
　　A. 远期合约　　B. 期权合约　　C. 互换协议　　D. 企业债券
3. 另类投资基金的投资对象不包括( )。
　　A. 大宗商品　　B. 黄金、艺术品　C. 房地产　　　D. 股票、债券
4. 投资基金主要是一种( )投资工具。
　　A. 间接　　　　B. 直接　　　　C. 综合　　　　D. 分散
5. 所谓( ),简单来讲即货币资金的融通。
　　A. 理财　　　　B. 融资　　　　C. 金融　　　　D. 投资
6. 资产管理行业的功能和作用不包括( )。
　　A. 给金融市场提供流动性,加大交易成本
　　B. 帮助投资者进行投资决策,并提供决策的最佳执行服务
　　C. 使资金的需求方和供给方能够便利地连接起来
　　D. 提高整个社会经济的效率和生产服务水平

第二章 证券投资基金概述

本章是对证券投资基金的概述,主要内容包括六大方面:证券投资基金的概念与特点,运作及参与主体,法律形式和运作方式,起源与发展,我国基金业的发展历程,基金业在金融体系中的地位与作用。本章的学习重点是证券投资基金的概念和特点、契约型基金与公司型基金的概念与区别、封闭式基金与开放式基金的概念与区别。本章内容较为简单,考生可在理解的基础上加强记忆。

考点概览

考试大纲	考点内容	学习要求
证券投资基金的概念与特点	证券投资基金的概念	了解
	证券投资基金的特点	理解
	证券投资基金与其他金融工具的比较	理解
证券投资基金的运作及参与主体	证券投资基金的运作	理解
	证券投资基金的参与主体	理解
	证券投资基金运作关系	了解
证券投资基金的法律形式和运作方式	契约型基金与公司型基金	了解
	封闭式基金与开放式基金	了解
证券投资基金的起源和发展	证券投资基金的起源与早期发展	了解
	证券投资基金在美国及全球的普及型发展	了解
	全球基金业发展的趋势和特点	了解
我国证券投资基金业的发展历程	萌芽和早期发展时期(1985~1997年)	了解
	试点发展阶段(1998~2002年)	了解
	行业快速发展阶段(2003~2008年)	了解
	行业平稳发展及创新探索阶段(2008年至今)	了解
证券投资基金业在金融体系中的地位与作用	——	理解

第一节 证券投资基金的概念与特点

> **本节导读**

本节主要介绍了证券投资基金的概念和特点,证券投资基金与股票、债券、银行储蓄存款的区别。其中,考生要重点理解证券投资基金的特点和与其他金融工具的区别。

一、证券投资基金的概念

证券投资基金是指通过发售基金份额,将众多不特定投资者的资金汇集起来,形成独立财产,委托基金管理人进行投资管理,基金托管人进行财产托管,由基金投资人共享投资收益,共担投资风险的集合投资方式。

证券投资基金的概念图示如图2-1所示。

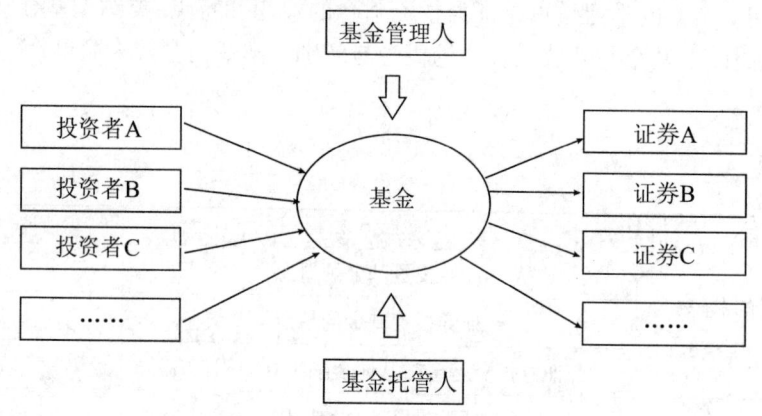

图2-1 证券投资基金概念图示

理解基金的概念要注意以下三点。

(1)基金管理机构和托管机构分别作为基金管理人和托管人,一般按照基金的资产规模获得一定比例的管理费收入和托管费收入。

(2)从本质上说,证券投资基金是一种间接通过基金管理人代理投资的一种方式,投资人通过基金管理人的专业资产管理,以期得到比自行管理更高的报酬。

(3)世界各国和地区对证券投资基金的称谓有所不同。证券投资基金在美国被称为"共同基金",在英国和中国香港特别行政区被称为"单位信托基金",在欧洲一些国家被称为"集合投资基金"或"集合投资计划",在日本和中国台湾地区则被称为"证券投资信托基金"。

【例题·单选题】证券投资基金在日本和中国台湾地区被称为(   )。
　　A.集合投资计划　　　　　　　B.证券投资信托基金
　　C.共同基金　　　　　　　　　D.单位信托基金
【答案】B
【解析】证券投资基金在日本和中国台湾地区被称为证券投资信托基金。

二、证券投资基金的特点

证券投资基金的特点有以下五点:
(1)集合理财、专业管理。
(2)组合投资、分散风险。
(3)利益共享、风险共担。
(4)严格监管、信息透明。
(5)独立托管、保障安全。

三、证券投资基金与其他金融工具的比较

(一) 基金与股票、债券的差异(见表2-1)

表2-1　　　　　　　　　　　基金与股票、债券的差异

比较	基金	股票	债券
反映的经济关系不同	反映的是一种信托关系,是一种受益凭证,投资者购买基金份额就成为基金的受益人	反映的是一种所有权关系,是一种所有权凭证,投资者购买股票后就成为公司的股东	反映的是债权债务关系,是一种债权凭证,投资者购买债券后就成为公司的债权人
所筹资金的投向不同	间接投资工具,所筹集的资金主要投向有价证券等金融工具或产品	直接投资工具,筹集的资金主要投向实业领域	直接投资工具,筹集的资金主要投向实业领域
投资收益和风险大小不同	风险相对适中、收益相对稳健	高风险、高收益	低风险、低收益

【例题·单选题】证券投资基金的主要投资方向是(　　)。
A. 实业　　　　　　　　　　　B. 上市公司的投资项目
C. 信贷　　　　　　　　　　　D. 有价证券
【答案】D
【解析】股票和债券是直接投资工具,筹集的资金主要投向实业领域,基金是一种间接投资工具,所筹集的资金主要投向有价证券等金融工具或产品。

(二) 基金与银行储蓄存款的差异

截至目前,开放式基金主要通过银行代销,但不是由银行发行的,基金与银行储蓄存款有着本质的不同。二者的差异如表2-2所示。

表2-2　　　　　　　　　　　基金与银行储蓄存款的差异

比较	基金	银行储蓄存款
性质不同	基金是一种受益凭证,基金财产独立于基金管理人;基金管理人只是受托管理投资者资金,并不承担投资损失的风险	银行储蓄存款表现为银行的负债,是一种信用凭证;银行对存款者负有法定的保本付息责任
收益和风险特性不同	收益具有一定的波动性,投资风险较大	存款利率相对固定,投资相对比较安全
信息披露程度不同	必须定期向投资者公布基金的投资运作情况	吸收存款之后,不需要向存款人披露资金的运用情况

第二节　证券投资基金的运作及参与主体

>> **本节导读** <<

本节内容较为简单,主要介绍了证券投资基金的运作及参与主体,考生需要熟悉相关内容即可。

一、证券投资基金的运作

(一)基金运作环节

基金运作一般包括以下环节:基金的募集、基金的投资管理、基金资产的托管、基金份额的登记交易、基金的估值与会计核算、基金的信息披露以及其他基金运作活动在内的所有相关环节。

(二)基金运作活动

从基金管理人角度看,基金运作活动分为三大部分。

(1)基金的市场营销:主要涉及基金份额的募集和客户服务。

(2)基金的投资管理:体现基金管理人的服务价值。

(3)基金的后台管理:基金份额的注册登记、基金资产的估值、会计核算、信息披露等后台管理服务对保障基金的安全运作起着重要的作用。

二、证券投资基金的参与主体

依据所承担的职责与作用的不同,可以将基金市场的参与主体分为基金当事人、基金市场服务机构、基金监管机构和自律组织三大类。

(一)基金当事人

基金当事人包括基金份额持有人、基金管理人和基金托管人,如表2-3所示。

表2-3　　　　　　　　　　　　　　　基金当事人

参与主体	内容
基金份额持有人	基金份额持有人即基金投资者,是基金的出资人、基金资产的所有者和基金投资回报的受益人。按照《中华人民共和国证券投资基金法》(简称《证券投资基金法》)的规定,我国基金份额持有人享有以下权利: ①分享基金财产收益 ②参与分配清算后的剩余基金财产 ③依法转让或者申请赎回其持有的基金份额 ④按照规定要求召开基金份额持有人大会 ⑤对基金份额持有人大会审议事项行使表决权 ⑥查阅或者复制公开披露的基金信息资料 ⑦对基金管理人、基金托管人、基金销售机构损害其合法权益的行为依法提出诉讼 ⑧基金合同约定其他权利
基金管理人	基金管理人是基金产品的募集者和管理者。在我国,基金管理人只能由依法设立的基金管理公司担任。基金管理人在基金运作中具有核心作用,最主要职责就是按照基金合同的约定,负责基金资产的投资运作,在有效控制风险的基础上为基金投资者争取最大的投资收益
基金托管人	《证券投资基金法》规定,基金资产必须由独立于基金管理人的基金托管人保管,从而使基金托管人成为基金的当事人之一。在我国,基金托管人只能由依法设立并取得基金托管资格的商业银行或其他金融机构担任。基金托管人的职责主要表现在基金资产保管、基金资金清算、会计复核以及对基金投资运作的监督等方面

【例题·单选题】在基金整个运作过程中,起核心作用的是( )。
  A. 基金份额持有人   B. 基金管理人
  C. 基金托管人   D. 基金管理人和基金托管人
【答案】B
【解析】基金管理人在基金运作中具有核心作用,基金产品的设计、基金份额的销售与注册登记、基金资产的管理等重要职能多半由基金管理人或基金管理人选定的其他服务机构承担。

(二)基金市场服务机构

基金管理人、基金托管人既是基金的当事人,又是基金的主要服务机构。基金市场上还有许多面向基金提供各类服务的其他机构,主要包括基金销售机构、销售支付机构、份额登记机构、估值核算机构、投资顾问机构、评价机构、信息技术系统服务机构以及律师事务所、会计师事务所等,如表2-4所示。

表2-4　　　　　　　　　　　基金市场服务机构

机构	内容
基金销售机构	①基金销售是指基金宣传推介、基金份额发售或者基金份额的申购、赎回,并收取以基金交易(含开户)为基础的相关佣金的活动 ②基金销售机构是指受基金管理公司委托从事基金销售业务活动的机构,包括基金管理人以及经中国证券监督管理委员会(简称中国证监会)认定的可以从事基金销售的其他机构 ③目前可申请从事基金代理销售的机构主要包括商业银行、证券公司、保险公司、证券投资咨询机构、独立基金销售机构
基金销售支付机构	①基金销售支付是指基金销售活动中基金销售机构、基金投资人之间的货币资金转移活动 ②基金销售支付机构是指从事基金销售支付业务活动的商业银行或者支付机构 ③基金销售支付机构从事销售支付活动的,应当取得中国人民银行颁发的《支付业务许可证》(商业银行除外),并制定了完善的资金清算和管理制度,能够确保基金销售结算资金的安全、独立和及时划付。基金销售支付机构从事公开募集基金销售支付业务的,应当按照中国证监会的规定进行备案
基金份额登记机构	①基金份额登记是指基金份额的登记过户、存管和结算等业务活动 ②基金份额登记机构是指从事基金份额登记业务活动的机构。公开募集基金份额登记机构由基金管理人和中国证监会认定的其他机构担任 ③基金份额登记机构的主要职责包括:建立并管理投资人的基金账户;负责基金份额的登记;基金交易确认;代理发放红利;建立并保管基金份额持有人名册;法律法规或份额登记服务协议规定的其他职责
基金估值核算机构	①基金估值核算是指基金会计核算、估值及相关信息披露等业务活动 ②基金估值核算机构是指从事基金估值核算业务活动的机构。基金估值核算机构拟从事公开募集基金估值核算业务的,应当向中国证监会申请注册

续表

机构	内容
基金投资顾问机构	①基金投资顾问是指按照约定向基金管理人、基金投资人等服务对象提供基金以及其他中国证监会认可的投资产品的投资建议,辅助客户做出投资决策,并直接或者间接获取经济利益的业务活动 ②基金投资顾问机构是指从事基金投资顾问业务活动的机构 ③基金投资顾问机构提供公开募集基金投资顾问业务的,应当向工商登记注册地中国证监会派出机构申请注册
基金评价机构	①基金评价是指对基金投资收益和风险或者基金管理人管理能力进行的评级、评奖、单一指标排名或者中国证监会认定的其他评价活动 ②基金评价机构是指从事基金评价业务活动的机构 ③基金评价机构从事公开募集基金评价业务并以公开形式发布基金评价结果的,应当向基金业协会申请注册
基金信息技术系统服务机构	基金信息技术系统服务是指基金管理人、基金托管人和基金服务机构提供基金业务核心应用软件开发、信息系统运营维护、信息系统安全保障和基金交易电子商务平台等的业务活动
律师事务所和会计师事务所	律师事务所和会计师事务所作为专业、独立的中介服务机构,为基金提供法律、会计服务

【例题·单选题】下列选项中不属于基金市场服务机构的是( )。

A. 基金销售机构 　　　　　　　　B. 基金评价机构
C. 律师事务所和会计师事务所　　　D. 基金业协会

【答案】D

【解析】除基金管理人与基金托管人外,基金市场还有许多面向基金提供各类服务的其他机构。这些机构主要包括基金销售机构、销售支付机构、份额登记机构、估值核算机构、投资顾问机构、评价机构、信息技术系统服务机构以及律师事务所、会计师事务所等。不包括基金业协会。

(三)基金监管机构和自律组织(见表2-5)

表2-5　　　　　　　　　　基金监管机构和自律组织

分类	内容
基金监管机构	基金监管机构通过依法行使审批权或核准权,依法办理基金备案,对基金管理人、基金托管人以及其他从事基金活动的服务机构进行监督管理,对违法违规行为进行查处,从而保护基金投资者的利益
基金自律组织	(1)证券交易所 ①证券交易所是基金的自律管理机构之一。我国的证券交易所是依法设立的,不以营利为目的,为证券的集中和有组织的交易提供场所和设施,履行国家有关法律法规、规章、政策规定的职责,实行自律性管理的法人 ②证券交易所的作用主要体现在两个方面:一方面,封闭式基金、上市开放式基金和交易型开放式指数基金等需要通过证券交易所募集和交易,必须遵守证券交易所的规则;另一方面,经中国证监会授权,证券交易所对基金的投资交易行为还承担着重要的一线监控职责

续表

分类	内容
基金自律组织	(2)基金自律组织 基金自律组织是由基金管理人、基金托管人及基金市场服务机构共同成立的同业协会。我国的基金自律组织是2012年6月7日成立的中国证券投资基金业协会。基金业协会履行下列职责： ①教育和组织会员遵守基金法律、行政法规,维护投资人合法权益 ②依法维护会员的合法权益,向国务院证券监督管理机构反映会员的建议和要求 ③制定和实施行业自律规则,监督、检查会员及从业人员的执业行为,对违反自律规则和协会章程的,按照规定给予纪律处分 ④制定行业执业标准和业务规范,组织基金从业人员的从业考试、资质管理和业务培训 ⑤提供会员服务、组织行业交流,推动行业创新,开展行业宣传和投资人教育活动 ⑥对会员之间、会员与客户之间发生的基金业务纠纷进行调解 ⑦依法办理非公开募集基金的登记、备案 ⑧协会章程规定的其他职责

【例题·单选题】我国的基金自律组织是(　　)。
A.证券交易所　　　　　　　B.中国证监会
C.中国证券投资基金业协会　　D.中国人民银行
【答案】C
【解析】我国的基金自律组织是2012年6月成立的中国证券投资基金业协会。

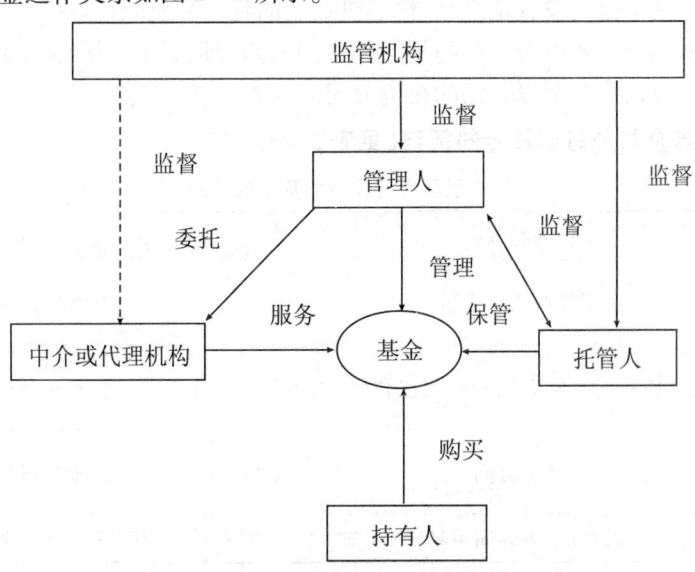

三、证券投资基金运作关系

基金投资者、基金管理人与基金托管人是基金的当事人。基金市场上的各类中介服务机构通过自己的专业服务参与基金市场,监管机构则对基金市场上的各种参与主体实施全面监管。证券投资基金运作关系如图2-2所示。

图2-2　证券投资基金运作关系

13

【例题·单选题】证券投资基金的运作中的三个主要当事人是指基金的( )。

A. 受益人、管理人和持有人　　　　B. 托管人、发起人和持有人
C. 发起人、管理人和持有人　　　　D. 管理人、托管人和持有人

【答案】D
【解析】我国的证券投资基金依据基金合同设立,基金份额持有人、基金管理人与基金托管人是基金合同的当事人,简称基金当事人。

第三节　证券投资基金的法律形式和运作方式

>> 本节导读 <<

本节主要介绍了契约型基金和公司型基金、封闭式基金和开放式基金的相关知识。本节内容难度不大,要求考生了解契约型基金和公司型基金的概念和区别、封闭式基金和开放式基金之间的区别。

一、契约型基金与公司型基金

(一)契约型基金与公司型基金的概念

证券投资基金依据法律形式的不同,可分为契约型基金与公司型基金。

(1)契约型基金是依据基金合同而设立的一类基金。基金合同是规定基金当事人之间权利义务的基本法律文件。在我国,契约型基金依据基金管理人、基金托管人之间所签署的基金合同设立;基金投资者自取得基金份额后即成为基金份额持有人和基金合同的当事人,依法享受权利并承担义务。目前,我国的证券投资基金均为契约型基金。

(2)公司型基金在法律上是具有独立法人地位的股份投资公司。公司型基金依据基金公司章程设立,基金投资者是基金公司的股东,享有股东权,按所持有的股份承担有限责任,分享投资收益。公司型基金公司设有董事会,代表投资者的利益行使职权。

公司型基金不同于一般股份公司的是,它委托基金管理公司作为专业的财务顾问来经营与管理基金资产。公司型基金以美国的投资公司为代表。

(二)契约型基金与公司型基金的区别(见表2-6)

表2-6　　　　　　　　　　　契约型基金与公司型基金的区别

区别	契约型基金	公司型基金
法律主体资格	不具有法人资格	具有法人资格
投资者的地位	可以通过持有人大会发表意见,但权利相对较小	权利相对较大
基金运营依据	基金合同	基金公司章程
优点	在设立上更为简单易行	法律关系明确清晰,监督约束机制较为完善

二、封闭式基金与开放式基金

(一)封闭式基金与开放式基金的概念

证券投资基金依据运作方式的不同,可分为封闭式基金与开放式基金。

(1)封闭式基金是指基金份额在基金合同期限内固定不变,基金份额可以在依法设立的证券交易所交易,但基金份额持有人不得申请赎回的一种基金运作方式。

(2)开放式基金是指基金份额不固定,基金份额可以在基金合同约定的时间和场所进行申购或者赎回的一种基金运作方式。

(二)封闭式基金和开放式基金的区别(见表2-7)

表2-7　　　　　　　　封闭式基金和开放式基金的区别

区别	封闭式基金	开放式基金
期限	一般有一个固定的存续期。我国《证券投资基金法》规定,封闭式基金合同中必须规定基金封闭期,封闭式基金期满后可以通过一定的法定程序延期或者转为开放式	一般无特定存续期限
份额限制	基金份额是固定的,在封闭期限内未经法定程序认可不能增减	基金规模不固定,投资者可随时提出申购或赎回申请,基金份额会随之增加或减少
交易场所	基金份额在证券交易所上市交易	投资者可以按照基金管理人确定的时间和地点向基金管理人或其销售代理人提出申购、赎回申请,交易在投资者与基金管理人之间完成
价格形成方式	封闭式基金的交易价格主要受二级市场供求关系的影响	买卖价格以基金份额净值为基础,不受市场供求关系的影响
激励约束机制	基金份额固定,基金表现好其扩展能力也受到较大的限制。如果表现较差,由于投资者无法赎回投资,基金经理也不会在经营与流动性管理上面临直接的压力	基金的业绩表现好,会吸引到新的投资,基金管理人的管理费收入也会随之增加;如果基金表现差,则面临来自投资者要求赎回投资的压力。因此,一般开放式基金向基金管理人提供了更好的激励约束机制
投资策略	基金投资管理人员完全可以根据预先设定的投资计划进行长期投资和全额投资,并将基金资产投资于流动性相对较弱的证券上	开放式基金必须保留一定的现金资产,并高度重视基金资产的流动性

【例题·单选题】下列各项,不属于封闭式基金内容的是(　　)。

A.基金份额在基金合同期限内固定不变

B.一般有一个固定的存续期

C.基金份额不固定

D.是在证券市场的投资者之间进行转让

【答案】C

【解析】封闭式基金的基金份额是固定的,在封闭期限内未经法定程序认可不能增减,开放式基金规模不固定,投资者可随时提出申请或赎回申请,基金份额会随之增加或减少。

【例题·单选题】(　　)在一定程度上会给开放式基金的长期经营业绩带来不利的影响。

A. 依据基金合同的约定投资　　　　B. 依据投资计划投资
C. 投资于流动性较高的证券　　　　D. 过度重视基金资产的流动性

【答案】D

【解析】由于开放式基金的份额不固定,投资操作常常会受到不可预测的资金流入、流出的影响与干扰。特别是为满足基金赎回的需要,开放式基金必须保留一定的现金资产,并高度重视基金资产的流动性,这在一定程度上会给基金的长期经营业绩带来不利影响。

第四节　证券投资基金的起源和发展

>> 本节导读 <<

本节内容较为简单,主要介绍了证券投资基金的起源与发展历程,要求考生了解证券投资基金的起源与发展的相关概况即可。

一、证券投资基金的起源与早期发展

世界上第一只公认的证券投资基金是 1868 年英国成立的"海外及殖民地政府信托"(The Foreign And Colonial Government Trust)。

1924 年 3 月 21 日,诞生于美国的"马萨诸塞投资信托基金"成为世界上第一只开放式基金。此后,美国逐渐取代英国成为全球基金业发展的中心。

1933 年美国《证券法》(Securities Act of 1933)要求基金募集时必须发布招募说明书,对基金进行描述。

1934 年美国《证券交易法》要求共同基金的销售商要受证券交易委员会(SEC)的监管,并且置于全美证券商协会(NASD)的管理权限之下,NASD 对广告和销售设有具体规则。

1940 年《投资公司法》(Investment Advisers Act of 1940)和 1940 年《投资顾问法》(Investor Advisers Act of 1940)是美国关于共同基金的两部最重要的法律,不但规定了对投资公司的监管,而且规定了对基金投资顾问、基金销售商、投资公司董事、管理人员等的管理。

【例题·单选题】一般认为,世界上最早的证券投资基金即英国的"海外及殖民地政府信托基金",产生于(　　)年。

A. 1868　　　　B. 1768　　　　C. 1686　　　　D. 1420

【答案】A

【解析】投资基金的出现与世界经济的发展有着密切的关系,世界上第一只公认的证券投资基金"海外及殖民地政府信托"诞生在 1868 年的英国。

二、证券投资基金在美国及全球的普及型发展

20 世纪 30 年代美国基金业的发展遭受重创后,在接下来的 40～50 年代,美国基金业的发展非常缓慢。进入 60～70 年代,美国共同基金的产品和服务趋于多样化,共同基金业的规

模也发生了巨大变化：

1971年货币市场基金的推出为美国基金业的发展注入了新的活力，基金开始受到越来越多的普通投资者的青睐。

20世纪80年代随着养老基金制度改革以及随后90年代股票市场的持续大牛市使美国基金业的发展真正迎来了大发展的时代。

截至2013年年底，美国基金业资产净值规模达到18.1万亿美元。

进入21世纪以后，全球基金业的规模继续膨胀，特别是在2006~2007年，全球基金业的资产规模增长速度明显加快。截至2013年年底，全球基金业资产净值规模达到30.03万亿美元，基金数目超过7.6万只。从区域看，全球投资基金的资产主要集中在北美和欧洲。

三、全球基金业发展的趋势和特点

全球基金业的发展具有以下趋势和特点：
(1)美国占据主导地位，其他国家和地区发展迅猛。
(2)开放式基金成为证券投资基金的主流产品。
(3)基金市场竞争加剧，行业集中趋势突出。
(4)基金资产的资金来源发生了重大变化。目前已有越来越多的机构投资者，特别是退休养老成金为基金的重要资金来源。

第五节 我国证券投资基金业的发展历程

本节导读

本节内容较为简单，主要介绍了我国证券投资基金业的发展历程，考生只需了解我国基金业的发展概况即可。

我国证券投资基金业伴随着证券市场的发展而诞生，发展线索主要有四个：①基金业的主管机构从中国人民银行过渡为中国证监会；②基金的监管法规从地方行政法规起步，到国务院委员会出台行政条例，再到全国人民代表大会通过并修订《证券投资基金法》，中国证监会根据基金法制定一系列配套规则；③基金市场的主流品种不断创新；④投资基金逐渐成为人们选择家庭金融理财工具时的主要对象。

一、萌芽和早期发展时期(1985~1997年)

(一)主要事件

(1)20世纪80年代末，"中国概念基金"相继推出。
(2)1992年6月，深圳市率先公布了《深圳市投资信托基金管理暂行规定》，同年11月，经深圳市人民银行批准成立深圳市投资基金管理公司，发起设立了当时国内规模最大的封闭式基金——天骥基金，规模为5.81亿元人民币。
(3)1992年11月，中国境内第一家较为规范的投资基金——淄博乡镇企业投资基金(简称"淄博基金")经中国人民银行总行批准正式设立。该基金为公司型封闭式基金，并于1993年8月在上海证券交易所最早挂牌上市。淄博基金的设立揭开了投资基金业在内地发展的序幕。

(4)1994年后,我国进入经济金融治理整顿阶段。中国基金业的发展陷于停滞状态。

(二)阶段特点

(1)由于缺乏基本的法律规范,基金普遍存在法律关系不清、无法可依、监管不力的问题。

(2)"老基金"资产大量投向了房地产、企业法人股权等,实际上可算是一种产业投资基金,而非严格意义上的证券投资基金。

(3)"老基金"深受20世纪90年代中后期我国房地产市场降温、实业投资无法变现以及贷款资产无法回收的困扰,资产质量普遍不高。

【例题·单选题】人们习惯将(　　)年以前设立的基金称为老基金。
　　A.1995　　　　B.1996　　　　C.1997　　　　D.1998
【答案】C
【解析】相对于1997年《证券投资基金管理暂行办法》实施以后发展起来的证券投资基金,习惯上将1997年以前设立的基金称为"老基金"。

二、试点发展阶段(1998~2002年)

(一)主要事件

(1)国务院证券监督管理委员会于1997年11月14日颁布了《证券投资基金管理暂行办法》。这是我国首次颁布的规范证券投资基金运作的行政法规,为我国基金业的规范发展奠定了法律基础。由此,中国基金业的发展进入规范化的试点发展阶段。

(2)1998年3月27日,经中国证监会批准,新成立的南方基金管理公司和国泰基金管理公司分别发起设立了两只规模均为20亿元的封闭式基金——基金开元和基金金泰,由此拉开了中国证券投资基金试点的序幕。

(3)在封闭式基金成功试点的基础上,2000年10月8日中国证监会发布了《开放式证券投资基金试点办法》。

(4)2001年9月,我国第一只开放式基金——华安创新诞生,使我国基金业发展实现了从封闭式基金到开放式基金的历史性跨越。此后,开放式基金逐渐取代封闭式基金成为中国基金市场发展的方向。

(5)2002年8月,推出第一只以债券投资为主的债券基金——南方宝元债券基金。

(6)2003年3月,推出我国第一只系列基金——招商安泰系列基金。

(7)2003年5月,推出我国第一只具有保本特色的基金——南方避险增值基金。

(8)2003年12月,推出我国第一只货币型市场基金——华安现金富利基金等。

(二)阶段特点

(1)基金在规范化运作方面得到很大的提高。

(2)在封闭式基金成功试点的基础上成功地推出开放式基金,使我国的基金运作水平实现历史性跨越。

(3)对"老基金"进行了全面规范清理,绝大多数"老基金"通过资产置换、合并等方式被改造成为新的证券投资基金。

(4)监管部门出台了一系列鼓励基金业发展的政策措施,对基金业的发展起到了重要的促进作用。

(5)开放式基金的发展为基金产品的创新开辟了新的天地。

【例题·单选题】到( )年年底,我国开放式基金在数量上已超过了封闭式基金成为证券投资基金的主要形式,资产净值不相上下。之后,开放式基金的数目和资产规模均远远超过封闭式基金。

A. 1997 B. 1999 C. 2001 D. 2003

【答案】D

【解析】到2003年年底,我国开放式基金在数量上已超过了封闭式基金成为证券投资基金的主要形式,资产净值不相上下。之后,开放式基金的数目和资产规模均远远超过封闭式基金。

三、行业快速发展阶段(2003~2008年)

(一)主要事件

(1)2003年10月28日,十届全国人大常委会第五次会议审议通过《中华人民共和国证券投资基金法》,并于2004年6月1日施行。

(2)2004年年底,推出国内首只交易型开放式指数基金(ETF)——华夏上证50ETF。

(3)2006年5月,推出国内首只生命周期基金——汇丰晋信2016基金。

(4)2007年7月,中国证监会正式发布了《合格境内机构投资者境外证券投资管理实行办法》,公募基金管理业由此进入全球投资时代。

(5)2007年9月,推出首只QDII基金——南方全球精选基金QDII基金。

(6)2007年11月,中国证监会发布了《基金管理公司特定客户资产管理业务试点办法》,基金管理公司私募基金管理业务获准以专户形式进行。

(7)2008年4月,推出国内首只社会责任基金——兴业社会责任基金。

(二)阶段特点

(1)基金业绩表现异常出色,创历史新高。

(2)基金业资产规模急速增长,基金投资者队伍迅速壮大。

(3)基金产品和业务创新继续发展。

(4)基金管理公司分化加剧、业务呈现多元化发展趋势。

(5)强化基金监管,规范行业发展。

四、行业平稳发展及创新探索阶段(2008年至今)

(一)阶段现状

截至2015年3月底,我国证券投资基金业资产管理规模合计达到约23.82万亿元,其中公募基金资产规模5.24万亿元,基金公司管理的非公开募集基金资产规模6.96万亿元,私募证券投资基金规模2.79万亿元。

(二)阶段特点

1."放松管制、加强监管"

这一时期,基金监管机构不断坚持市场化改革方向,贯彻"放松管制、加强监管"的思路。在放松监管的同时,加强了行为监管,打击违法活动,设立"不能搞利用非公开信息获利、不能进行非公平交易、不能搞各种形式的利益输送"三条底线。

与此同时,监管机构于2012年12月28日全国人大常委会审议通过了修订后的《证券投资基金法》,并于2013年6月1日正式实施。新《证券投资基金法》对私募基金监管、基金公司准入门槛、投资范围、业务运作等多个方面进行了修改和完善。

2. **基金管理公司业务和产品创新,不断向多元化发展**

除了传统的公募基金业务外,企业年金业务、社保基金、特定客户资产管理等业务有了较快发展,一些基金管理公司还开始涉足财富管理业务。基金产品更加细化,覆盖范围更广,出现了各类股票型、债券型分级基金产品,行业、债券、黄金、跨市场和跨境等ETF产品,短期理财债券型基金产品,"T+0"和具有支付功能的货币市场基金和场内货币市场基金等新产品。

3. **互联网金融与基金业有效结合**

2013年6月,余额宝产品推出,规模及客户迅速爆发增长,成为市场关注的新焦点。此外,淘宝网店、好买基金网、天天基金网等网上销售基金的创新方式也逐渐兴起。

4. **股权与公司治理创新得到突破**

修订后的《证券投资基金法》放宽了基金管理公司股东的资格条件,2013年和2014年,天弘、中欧等基金管理公司先后实现管理层及员工持股,也有不少公司通过子公司来间接实现管理层股权激励。

5. **专业化分工推动行业服务体系创新**

修订后的《证券投资基金法》的实施为基金服务机构大发展提供了空间,加速了行业外包市场的发展。特别在基金销售方面,一批城市商业银行和农村商业银行获得基金代销资格,依托互联网的独立销售机构和支付机构得到壮大。

6. **混业化与大资产管理的局面初步显现**

修订后的《证券投资基金法》以及配套政策的颁布实施,搭建了大资产管理行业基本制度框架。各类金融机构交叉持股现象更加普遍,发行各类资产管理产品,形成相互关联的业务网络,同时伴随着互联网金融的发展,互联网企业的逐渐进入,一个更加开放、竞争的资产管理时代已经到来。

第六节 证券投资基金业在金融体系中的地位与作用

》 **本节导读** 《

本节主要介绍了证券投资基金在金融体系中的地位和作用,内容较为简单,考生只需了解即可。

基金业在金融体系中的地位和作用主要体现在以下四个方面。

(一)为中小投资者拓宽投资渠道

证券投资基金作为一种面向中小投资者设计的间接投资工具,把众多投资者的小额资金汇集起来进行组合投资,由专业投资机构进行管理和运作,从而为投资者提供了有效参与证券市场的投资渠道,已经成为广大民众普遍接受的一种理财方式。

(二)优化金融结构,促进经济增长

近年来基金市场的迅速发展已充分说明,以基金和股票为代表的直接融资工具能够有效分流储蓄资金,在一定程度上降低金融行业的系统性风险,为产业发展和经济增长提供重要的资金来源,以利于生产力的提高和国民经济的发展。

(三)有利于证券市场的稳定和健康发展

证券投资基金在投资组合管理过程中对所投资证券进行的深入研究与分析,有利于促进信息的有效利用和传播,有利于市场合理定价,有利于市场有效性的提高和资源的合理配置。

证券投资基金发挥专业理财优势,推动市场价值判断体系的形成,倡导理性的投资文化,有助于防止市场的过度投机。

证券投资基金的发展有助于改善我国目前以个人投资者为主的不合理的投资者结构,充分发挥机构投资者对上市公司的监督和制约作用,推动上市公司完善治理结构。

不同类型、不同投资对象、不同风险与收益特性的证券投资基金在给投资者提供广泛选择的同时,也成为资本市场不断变革和金融产品不断创新的源泉之一。

(四)完善金融体系和社会保障体系

通过为保险资金提供专业化的投资服务和投资于货币市场、证券投资基金行业的发展有利于促进保险市场和货币市场的发展壮大,增强证券市场与保险市场、货币市场之间的协同,改善宏观经济政策和金融政策的传导机制,完善金融体系。

证券投资基金的专业化服务,还可为社保基金、企业年金、养老金等各类社会保障型资金提供长期投资,实现保值增值平台,促进社会保障体系的建立与完善。

真题自测

(所有题型均为单选题,每题只有1个正确答案)

1. 下列不属于全球基金业发展的趋势与特点的是( )。
   A. 基金市场竞争加剧,行业集中趋势突出
   B. 基金资产的资金来源发生了重大变化
   C. 美国占据主导地位,其他国家和地区发展迅猛
   D. 封闭式基金成为证券投资基金的主流产品

2. 我国首只在证券交易所上市交易的投资基金是( )。
   A. 天骥基金　　　B. 淄博基金　　　C. 基金开元　　　D. 基金金泰

3. 股票是一种( )凭证,债券是一种( )凭证,基金是一种( )凭证。
   A. 所有权;所有权;受益权　　　B. 所有权;债权;受益权
   C. 受益权;所有权;受益权　　　D. 所有权;受益权;债权

4. 公司型基金与契约型基金的区别是( )。
   A. 是否上市　　　　　　　　　B. 规模大小
   C. 是否具有独立法人资格　　　D. 资金是否公募

5. 下列关于基金的说法,正确的是( )。
   A. 封闭式基金没有规模限制
   B. 开放式基金规模固定

C. 封闭式基金的基金份额在证券交易所上市交易

D. 开放式基金的基金份额不能在证券交易所上市交易

6. 下列关于证券投资基金特点说法,错误的是( )。

　　A. 基金管理人负责基金的投资操作,本身并不参与基金财产的保管,基金财产的保管由独立于基金管理人的基金托管人负责

　　B. 为基金提供服务的基金托管人、基金管理人参与基金收益的分配

　　C. 基金将众多投资者的资金集中起来,委托基金管理人进行共同投资,表现出一种集合理财的特点

　　D. 公募证券投资基金的一个显著特点是严格监管与信息透明

7. ( )是基金产品的募集者和基金的管理者,其最主要的职责就是按照基金合同的约定,负责基金资产的投资运作,在风险控制的基础上为基金投资者争取最大的投资收益。

　　A. 基金份额持有人　　B. 基金管理人　　C. 基金托管人　　D. 注册登记机构

8. ( )年6月,中国证券投资基金业协会正式成立。

　　A. 2010　　　　　　B. 2011　　　　　　C. 2012　　　　　　D. 2013

9. 目前可申请从事基金代理销售的机构不包括( )。

　　A. 商业银行　　　　B. 保险公司　　　　C. 证券投资咨询机构　　D. 基金评价机构

10. 我国证券投资基金反映的是一种( )关系。

　　A. 信托　　　　　　B. 债权　　　　　　C. 股权　　　　　　D. 担保

11. 基金业协会的职责不包括( )。

　　A. 制定行业职业标准和业务规范,组织基金从业人员的从业考试、资质管理和业务培训

　　B. 依法办理非公开募集基金的登记、备案

　　C. 对会员之间、会员与客户之间发生的基金业务纠纷进行调解

　　D. 依法行使审批权或核准权,依法办理基金备案,对基金管理人、基金托管人以及其他从事基金活动的服务机构进行监督管理,对违法违规行为进行查处

12. 在我国,( )依据基金管理人、基金托管人之间所签署的基金合同设立。

　　A. 开放式基金　　　B. 封闭式基金　　　C. 契约型基金　　　D. 公司型基金

13. 封闭式基金( )公布基金单位资产净值。

　　A. 每日　　　　　　B. 每周　　　　　　C. 每月　　　　　　D. 每季度

14. 承担审查基金资产净值和基金份额净值的责任人是( )。

　　A. 基金托管人　　　　　　　　　　　B. 基金销售机构

　　C. 注册登记机构　　　　　　　　　　D. 基金审计的会计师事务所

第三章 证券投资基金的类型

本章主要介绍了各种不同类型的基金,包括股票基金、债券基金、货币市场基金、混合基金、保本基金、交易型开放式指数基金、QDII基金和分级基金等,并介绍了如何进行基金评价和投资选择。本章是证券投资基金的基础,也是重要章节。本章的学习重点是要掌握各类基金的基本特征及其区别。考生在学习的时候要注意掌握规律,进行总结比较,并通过相关练习来加强理解和记忆。

考点概览

考试大纲	考点内容	学习要求
证券投资基金分类概述	证券投资基金分类的意义	了解
	证券投资基金分类的困难性	了解
	证券投资基金的分类标准和分类介绍	掌握
股票基金	股票基金在投资组合中的作用	掌握
	股票基金与股票的区别	掌握
	股票基金的类型	掌握
债券基金	债券基金在投资组合中的作用	掌握
	债券基金与债券的区别	掌握
	债券基金的类型	掌握
货币市场基金	货币市场基金在投资组合中的作用	掌握
	货币市场工具	掌握
	货币市场基金的投资对象	掌握
	货币市场基金的功能拓展	掌握
混合基金	混合基金在投资组合中的作用	掌握
	混合基金的类型	掌握
保本基金	保本基金的特点	了解
	保本基金的保本策略	了解
	保本基金的类型	了解
交易型开放式指数基金(ETF)	ETF的特点	了解
	ETF的套利交易	了解
	ETF与LOF的区别	了解
	ETF的类型	了解

续表

考试大纲	考点内容	学习要求
交易型开放式指数基金（ETF）	ETF联接基金	了解
QDII基金	QDII基金概述	了解
	QDII基金在投资组合中的作用	了解
	QDII基金的投资对象	了解
分级基金	分级基金的基本概念	了解
	分级基金的特点	了解
	分级基金的分类	了解

第一节 证券投资基金分类概述

>> **本节导读** <<

本节主要介绍了证券投资基金分类的意义、困难性、分类标准和分类介绍，要求考生了解证券投资基金分类的意义，掌握各类基金的基本特征及其区别。

一、证券投资基金分类的意义

证券投资基金分类对不同的对象意义不同。

（1）对基金投资者而言，科学合理的基金分类将有助于投资者加深对各种基金的认识及对风险收益特征的把握，有助于投资者做出正确的投资选择与比较。

（2）对基金管理公司而言，基金业绩的比较应该在同一类别中进行才公平合理。

（3）对基金研究评价机构而言，基金的分类则是进行基金评级的基础。

（4）对监管部门而言，明确基金的类别特征将有利于针对不同基金的特点实施更有效的分类监管。

二、证券投资基金分类的困难性

基金产业为不断满足投资者的需要，基金产品创新的步伐从未停止，没有一种分类方法能够满足所有的需要，各种分类方法之间不可避免地存在重合与交叉。所以，在实际工作中对基金进行统一的分类并非易事。

为统一基金分类标准，一些国家常常由监管部门或行业协会出面制定基金分类的统一标准。但是监管部门或行业协会的分类标准往往不够精细，无法满足投资者的实际投资需要。因此，尽管存在不同的分类标准，投资者仍会借助一些基金评级公司的基金分类进行实际的投资操作。

随着我国基金品种的日益丰富，在原先简单的封闭式基金与开放式基金划分的基础上，根据中国证监会颁布的、于2014年8月8日正式生效的《公开募集证券投资基金运作管理办法》，将公募证券投资基金划分为股票基金、债券基金、货币市场基金、混合基金以及基金中的基金等类别。

三、证券投资基金的分类标准和分类介绍

构成基金的要素有多种,因此可以依据不同的标准对基金进行分类,如表3-1所示。

表3-1　　　　　　　　　　　　　　　基金的分类

分类标准	内容
法律形式	①契约型基金。目前我国公募基金全部是契约型基金 ②公司型基金。美国的绝大多数基金则是公司型基金
运作方式	①封闭式基金。基金份额在基金合同期限内固定不变,基金份额可以在依法设立的证券交易所交易,但基金份额持有人不得申请赎回 ②开放式基金。基金份额不固定,基金份额可以在基金合同约定的时间和场所进行申购或者赎回
投资对象	①股票基金。以股票为主要投资对象,基金资产80%以上投资于股票 ②债券基金。以债券为主要投资对象,基金资产80%以上投资于债券 ③货币市场基金。以货币市场工具为投资对象,且仅投资于货币市场工具 ④混合基金。同时以股票、债券等为投资对象,但股票投资和债券投资的比例不符合股票基金、债券基金规定
投资目标	①增长型基金。以追求资本增值为基本目标,较少考虑当期收入,主要以具有良好增长潜力的股票为投资对象。风险大、收益高 ②收入型基金。以追求稳定的经常性收入为基本目标,主要以大盘蓝筹股、公司债、政府债券等稳定收益证券为投资对象。风险小、收益较低 ③平衡型基金。既注重资本增值又注重当期收入。风险、收益则介于增长型基金与收入型基金之间
投资理念	①主动型基金。力图取得超越基准组合表现 ②被动(指数)型基金。不主动寻求取得超越市场的表现,而是试图复制指数的表现。一般选取特定的指数作为跟踪的对象,又被称为指数型基金
募集方式	①公募基金。可以面向社会公众公开发售基金份额和宣传推广,基金募集对象不固定;投资金额要求低,适宜中小投资者参与;必须遵守基金法律和法规的约束,并接受监管部门的严格监管 ②私募基金。只能采取非公开方式,面向特定投资者募集发售
资金来源和用途	①在岸基金。在本国募集资金并投资于本国证券市场 ②离岸基金。在他国(地区)发售证券投资基金份额,并将募集的资金投资于本国(地区)或第三国证券市场

续表

分类标准	内容
特殊类型基金	①系列基金。又称为伞形基金,是指多个基金共用一个基金合同,子基金独立运作,子基金之间可以进行相互转换的一种基金结构形式。采取伞形结构的优势体现在两个方面:一是简化管理、降低成本;二是强大的扩张功能 ②基金中的基金。以其他证券投资基金为投资对象,其投资组合由其他基金组成。目前,我国公募证券投资基金允许投资于公募基金本身。2014年8月生效的《公开募集证券投资基金运作管理办法》中规定,80%以上的基金资产投资于其他基金份额的,为基金中的基金 ③保本基金。通过一定的保本投资策略进行运作,同时引入保本保障机制,以保证基金份额持有人在保本周期到期时,可以获得投资本金保证 ④上市交易型开放式指数基金(ETF)。又称为交易所交易基金(ETF),是一种在交易所上市交易的、基金份额可变的一种开放式基金。最早产生于加拿大,发展与成熟于美国。一般采用被动式投资策略跟踪某一标的市场指数,具有指数基金的特点 ⑤上市开放式基金(LOF)。既可以在场外市场进行基金份额申购、赎回,又可以在交易所(场内市场)进行基金份额交易和基金份额申购或购回。是我国对证券投资基金的一种本土化创新。LOF所具有的转托管机制与可以在交易所进行申购、赎回的制度安排,使LOF不会出现封闭基金的大幅折价交易现象 ⑥QDII基金。是指在一国境内设立,经该国有关部门批准从事境外证券市场的股票、债券等有价证券投资的基金。2007年我国推出了首批QDII基金,为国内投资者参与国际市场投资提供了便利 ⑦分级基金。是指通过事先约定基金的风险收益分配,将基金份额拆分为预期风险收益不同的子份额,并可将其中部分或全部份额上市交易的结构化证券投资基金

【例题·单选题】不主动寻求取得超越市场表现的基金是( )。

A. 积极成长基金　B. 主动型基金　　　C. 灵活配置基金　　　D. 指数型基金

【答案】D

【解析】与主动型基金不同,被动型基金并不主动寻求取得超越市场的表现,而是试图复制指数的表现。被动型基金一般选取特定的指数作为跟踪的对象,因此通常又被称为"指数型基金"。

【例题·单选题】在本国募集资金并投资于本国证券市场的证券投资基金为( )。

A. 离岸基金　　　B. 在岸基金　　　　C. 国内基金　　　　D. 国际基金

【答案】B

【解析】在岸基金是指在本国募集资金并投资于本国证券市场的证券投资基金。

第二节　股票基金

▶ 本节导读 ◀

本节主要介绍了股票基金的相关内容,要求考生掌握股票基金在投资组合中的作用、股票基金的分类以及股票基金与股票的区别。

一、股票基金在投资组合中的作用

(1)股票基金以追求长期的资本增值为目标,比较适合长期投资。

(2)股票基金提供了长期的投资增值性,可供投资者用来满足教育支出、退休支出等远期支出的需要。

(3)股票基金是应对通货膨胀最有效的手段。

【例题·单选题】(　　)提供了一种长期的投资增值性,可供投资者用来满足教育支出、退休支出等远期支出的需要。

A.股票基金　　　B.债券基金　　　C.货币市场基金　　　D.混合基金

【答案】A

【解析】股票基金提供了一种长期的投资增值性,可供投资者用来满足教育支出、退休支出等远期支出的需要。

二、股票基金与股票的区别

作为一篮子股票组合的股票基金,与单一股票之间存在许多不同,如表3-2所示。

表3-2　　　　　　　　　股票基金与股票的区别

区别	股票基金	股票
价格/净值变动	每一交易日股票基金只有1个价格	每一交易日内价格始终处于变动之中
价格/基金份额净值影响因素	基金份额净值不会由于买卖数量或申购、赎回数量的多少而受到影响	价格会由于投资者买卖股票数量的大小和强弱的对比而受到影响
投资依据	对基金份额净值高低进行合理与否的判断没有意义,基金份额净值是由其持有的证券价格复合而成的	一般会根据上市公司的基本面信息对股票价格高低的合理性做出判断
风险程度	分散投资,投资风险低于单一股票的投资风险	风险较为集中,投资风险较大

【例题·单选题】每一交易日股票基金有(　　)个价格。

A.1　　　　　B.2　　　　　C.3　　　　　D.无数

【答案】A

【解析】股票基金净值的计算每天只进行一次,因此每一交易日股票基金只有1个价格。

三、股票基金的类型

(一)按投资市场分类

(1)按投资市场分类,股票基金可分为国内股票基金、国外股票基金与全球股票基金三大类。这三种类型的股票基金区别具体如表3-3所示。

表3-3　　　　　国内股票基金、国外股票基金和全球股票基金的区别

分类	内容
国内股票基金	以本国股票市场为投资场所,投资风险主要受国内市场的影响

续表

分类	内容
国外股票基金	以非本国的股票市场为投资场所,由于币制不同,存在一定的汇率风险
全球股票基金	以包括国内股票市场在内的全球股票市场为投资对象,进行全球化分散投资,可以有效克服单一国家或区域投资风险,但由于投资跨度大,费用相对较高

(2)国外股票基金可进一步分为单一国家型股票基金、区域型股票基金、国际股票基金三种类型,如表3-4所示。

表3-4　　　　　　　　　　　　　国外股票基金的类别

分类	内容
单一国家型股票基金	以某一国家的股票市场为投资对象,以期分享该区域股票投资的较高收益,但会面临较高的国家投资风险
区域型股票基金	以某一区域内的国家组成的区域股票市场为投资对象,以期分享该区域股票投资的较高收益,但会面临较高的区域投资风险
国际股票基金	以除本国以外的全球股票市场为投资对象,能够分散本国市场外的投资风险

(二)按股票规模分类

按股票规模分类,股票基金可分为小盘股票基金、中盘股票基金和大盘股票基金,如表3-5所示。

表3-5　　　　　　　　　小盘股票基金、中盘股票基金和大盘股票基金

分类	对应股票	划分方法
小盘股票基金	小盘股票	公司市值小于5亿元人民币或市值较小,累计市值占市场总市值20%以下
中盘股票基金	中盘股票	公司市值介于5亿~20亿元人民币或累计市值占市场总市值20%~50%
大盘股票基金	大盘股票	公司市值大于20亿元人民币或市值排名靠前、累计市值占市场总市值50%以上

(三)按股票性质分类

按股票基金分类,股票基金可分为价值型股票基金、成长型股票基金和平衡型基金,如表3-6所示。

表3-6　　　　　　　　　　　　　　　股票基金

分类	对应股票	股票性质特点
价值型股票基金	价值型股票	价值型股票通常收益稳定、价值被低估、安全性较高,其市盈率、市净率通常较低,可以进一步细分为低市盈率股、蓝筹股、收益型股票、防御型股票、逆势型股票等。专注于价值型股票投资的股票基金称为价值型股票基金,其投资风险与回报均低于成长型股票基金

续表

分类	对应股票	股票性质特点
成长型股票基金	成长型股票	成长型股票通常是指收益增长速度快、未来发展潜力大的股票,其市盈率、市净率通常较高,可以进一步细分为持续成长型股票、趋势增长型股票、周期型股票等。专注于成长型股票投资的股票基金称为成长型股票基金,从而有持续成长型基金、趋势增长型基金等
平衡型基金		同时投资于价值型股票与成长型股票的基金,收益、风险则介于价值型股票基金与成长型股票基金之间

【例题·单选题】下列属于价值型股票的是( )。
  A.趋势增长型股票　　　　B.持续增长性股票
  C.周期型股票　　　　　　D.蓝筹股
【答案】D
【解析】价值型股票可以进一步被细分为低市盈率股、蓝筹股、收益型股票、防御型股票、逆势型股票等,从而有蓝筹股基金、收益型基金等。

(四)按基金投资风格分类

根据基金所持有的全部股票市值的平均规模与性质的不同可将股票基金分为不同投资风格的基金,包括大盘价值型基金、大盘平衡型基金、大盘成长型基金、小盘价值型基金、小盘平衡型基金、小盘成长型基金等。

很多基金在投资风格上并非始终如一,而是会根据市场环境对投资风格进行不断调整,以期获得更好的投资回报。这一现象就是风格轮换现象。

(五)按行业分类

按行业分类,基金可以分为行业股票基金和行业轮换型基金。
(1)行业股票基金,以某一特定行业或板块为投资对象的基金,如基础行业基金、资源类股票基金、房地产基金、金融服务基金、科技股基金等。
(2)行业轮换型基金集中于行业投资,为追求较好的回报,投资风险相对较高。

第三节　债券基金

>> **本节导读** <<

本节主要介绍了债券基金的相关内容,要求考生掌握债券基金在投资组合中的作用、债券基金的类型以及债券基金与债券的区别。

一、债券基金在投资组合中的作用

(1)债券基金主要以债券为投资对象,因此对追求稳定收入的投资者具有较强的吸引力。
(2)债券基金的波动性通常要小于股票基金,因此常常被投资者认为是收益、风险适中的投资工具。
(3)当债券基金与股票基金进行适当的组合投资时,常常能较好地分散投资风险。

二、债券基金与债券的区别

作为投资于一篮子债券的组合投资工具,债券基金与单一债券存在重大的区别,如表3-7所示。

表3-7　　　　　　　　　　　　债券基金与债券的区别

区别	内容
收益不如债券的利息固定	投资者购买固定利率性质的债券,在购买后会定期得到固定的利息收入,并可在债券到期时收回本金。债券基金作为不同债券的组合,尽管也会定期将收益分配给投资者,但债券基金分配的收益有升有降,不如债券的利息固定
没有确定的到期日	与一般债券会有一个确定的到期日不同,债券基金由一组具有不同到期日的债券组成,因此并没有一个确定的到期日。不过为分析债券基金的特性,仍可以对债券基金所持有的所有债券计算出一个平均到期日
收益率比买入并持有到期的单一债券的收益率更难以预测	单一债券的收益率可以根据购买价格、现金流以及到期收回的本金计算其投资收益率;但债券基金由一组不同的债券组成,收益率较难计算和预测
投资风险不同	单一债券随着到期日的临近,所承担的利率风险会下降。债券基金没有固定到期日,所承担的利率风险将取决于所持有的债券的平均到期日。债券基金的平均到期日常常会相对固定,债券基金所承受的利率风险通常也会保持在一定的水平。单一债券的信用风险比较集中,而债券基金通过分散投资可以有效避免单一债券可能面临的较高的信用风险

【例题·单选题】债券基金通过分散投资可以有效避免单一债券可能面临的较高的(　　)。

A. 利率风险　　　B. 信用风险　　　C. 购买力风险　　　D. 政策风险

【答案】B

【解析】单一债券的信用风险比较集中,而债券基金通过分散投资可以有效避免单一债券可能面临的较高的信用风险。

三、债券基金的类型

(一)债券类型

(1)根据债券发行者的不同,可以将债券分为政府债券、企业债券、金融债券等。

(2)根据债券到期日的不同,可以将债券分为短期债券、长期债券等。

(3)根据债券信用等级的不同,可以将债券分为低等级债券、高等级债券等。

(二)债券基金的类型

我国债券市场上常见的债券基金类型如表3-8所示。

表3-8　　　　　　　　　　　　我国常见的债券基金类型

类型	内容
标准债券型基金	仅投资于固定收益类金融工具,不能投资于股票市场,常称为"纯债基金"。标准债券型基金中又可细分为短债基金、信用债基金等类型

续表

类型	内容
普通债券型基金	主要进行债券投资（80%以上基金资产），但也投资于股票市场，这类基金在我国市场上占主要部分。其中可再细分为两类：可参与一级市场新股申购、增发等但不参与二级市场买卖的称为"一级债基"，既可参与一级市场又可在二级市场买卖股票的称为"二级债基"
其他策略型的债券基金	如可转债基金等

第四节 货币市场基金

>> **本节导读** <<

本节主要介绍了货币市场基金的相关内容，要求考生掌握货币市场工具与货币市场基金的投资、货币市场基金在投资组合中的作用以及货币市场基金的功能拓展。

一、货币市场基金在投资组合中的作用

与其他类型基金相比，货币市场基金具有风险低、流动性好的特点。货币市场基金是厌恶风险、对资产流动性和安全性要求较高的投资者进行短期投资的理想工具，或是暂时存放现金的理想场所。但需要注意的是，货币市场基金的长期收益率较低，并不适合进行长期投资。

二、货币市场工具

理解货币市场工具需了解以下几个概念，如表3-9所示。

表3-9　　　　　　　　　　　　货币市场工具相关概念

项目	内容
定义	货币市场工具通常指到期日不足1年的短期金融工具。由于货币市场工具到期日非常短，因此也称为现金投资工具
发行方	政府、金融机构以及信誉卓著的大型工商企业
特点	流动性好、安全性高，但其收益率与其他证券相比则非常低
交易方式	货币市场属于场外交易市场，交易主要由买卖双方通过电话或电子交易系统以协商价格完成
与股票市场的区别	货币市场进入门槛通常很高，在很大程度上限制了一般投资者的进入。而货币市场基金的投资门槛极低，因此，货币市场基金为普通投资者进入货币市场提供了重要通道

【例题·单选题】厌恶风险、对资产流动性和安全性要求较高的投资者进行短期投资的理想工具是（　　）。

A．股票基金　　　B．债券基金　　　C．混合基金　　　D．货币市场基金

【答案】D

【解析】货币市场基金是厌恶风险、对资产流动性和安全性要求较高的投资者进行短期投资的理想工具。

三、货币市场基金的投资对象

货币市场基金除了可以投资金融工具外,也在一些方面受到限制,如表3-10所示。

表3-10　　　　　　　　　　货币市场基金的投资对象

投资对象	内容
货币市场基金投资对象	①现金 ②1年以内(含1年)的银行定期存款、大额存单 ③剩余期限在397天以内(含397天)的债券 ④期限在1年以内(含1年)的债券回购 ⑤期限在1年以内(含1年)的中央银行票据 ⑥剩余期限在397天以内(含397天)的资产支持证券
货币市场基金的限制投资对象	①股票 ②可转换债券 ③剩余期限超过397天的债券 ④信用等级在AAA级以下的企业债券 ⑤国内借用评级机构评定的A-1级或相当于A-1级的短期信用级别及该标准以下的短期融资券 ⑥流通受限的证券

四、货币市场基金的功能拓展

国外货币市场基金账户可以开出支票,因此货币市场基金具有了货币的支付功能。国内近年货币市场基金的发展也具有了一定的支付功能和流动性管理功能。

第五节　混合基金

>> **本节导读** <<

本节主要介绍了混合基金在投资组合中的作用和混合基金的类型两方面的内容,要求考生掌握混合基金在投资组合中的作用和混合基金的类型。

一、混合基金在投资组合中的作用

混合基金的风险低于股票基金,预期收益则要高于债券基金。它为投资者提供了一种在不同资产类别之间进行分散投资的工具,比较适合较为保守的投资者。

二、混合基金的类型

通常依据资产配置的不同,将混合基金分为偏股型基金、偏债型基金、股债平衡型基金、灵活配置型基金等,如表3-11所示。

表3-11　　　　　　　　　　混合基金的类型

类型	内容
偏股型基金	股票的配置比例较高,债券的配置比例相对较低。通常,股票的配置比例在50%~70%,债券的配置比例在20%~40%

续表

类型	内容
偏债型基金	债券的配置比例较高,股票的配置比例则相对较低
股债平衡型基金	股票与债券的配置比例较为均衡,比例通常为40%~60%
灵活配置型基金	股票、债券的配置比例会根据市场状况进行调整,有时股票的比例较高,有时债券的比例较高

【例题·单选题】混合基金的风险（　　）股票基金,预期收益则要（　　）债券基金。

A. 低于,高于　　　　　　　　B. 高于,低于

C. 低于,低于　　　　　　　　D. 高于,高于

【答案】A

【解析】混合基金的风险低于股票基金,预期收益则要高于债券基金。

第六节　保本基金

>> 本节导读 <<

本节主要介绍保本基金的特点、保本策略与类型三方面的内容,要求考生了解保本基金的特点、类型以及保本基金的保本策略。

一、保本基金的特点

保本基金的特点及相关内容如表3-12所示。

表3-12　　　　　　　　　　　　　　保本基金的特点

特点	内容
最大特点	其招募说明书中明确引入保本保障机制,以保证基金份额持有人在保本周期到期时,可以获得投资本金
投资方向	①通常会将大部分资金投资于与基金到期日一致的债券 ②为提高收益水平,保本基金会将其余部分投资于股票、衍生工具等高风险资产,使得市场不论是上涨还是下跌,该基金于投资期限到期时,都能保障其本金不遭受损失
投资目标	(1) 在锁定风险的同时力争有机会获得潜在的高回报,比较适合那些不能忍受投资亏损、比较稳健和保守的投资者 (2) 根据中国证监会2010年10月26日公布的《关于保本基金的指导意见》,现阶段我国保本基金的保本保障机制包括: ①由基金管理人对基金份额持有人的投资本金承担保本清偿义务;同时,基金管理人与符合条件的担保人签订保证合同,由担保人和基金管理人对投资人承担连带责任 ②基金管理人与符合条件的保本义务人签订风险买断合同,约定由基金管理人向保本义务人支付费用;保本义务人在保本基金到期出现亏损时,负责向基金份额持有人偿付相应损失。保本义务人在向基金份额持有人偿付损失后,放弃向基金管理人追偿的权利 ③经中国证监会认可的其他保本保障机制

二、保本基金的保本策略

保本基金于20世纪80年代中期起源于美国,其核心是运用投资组合保险策略进行基金的操作。

国际上比较流行的投资组合保险策略主要有对冲保险策略与固定比例投资组合保险策略(CPPI),如表3-13所示。

表3-13 保本基金的保本策略

策略	内容
对冲保险策略	①对冲保险策略主要依赖金融衍生产品,如股票期权、股指期货等,实现投资组合价值的保本与增值 ②国际成熟市场的保本投资策略目前较多采用衍生金融工具进行操作 ③目前,国内尚缺乏这些金融工具,国内保本基金为实现保本的目的,主要选择固定比例投资组合保险策略作为投资中的保本策略
固定比例投资组合保险策略(CPPI)	(1) CPPI是一种通过比较投资组合现时净值与投资组合价值底线,从而动态调整投资组合中风险资产与保本资产的比例,以兼顾保本与增值目标的保本策略 (2) 投资步骤 ①根据投资组合期末最低目标价值(基金的本金)和合理的折现率设定当前应持有的保本资产的价值,即投资组合的价值底线 ②计算投资组合现时净值超过价值底线的数额,该值通常称为安全垫,是风险投资(如股票投资)可承受的最高损失限额 ③按安全垫的一定倍数确定风险资产投资的比例,并将其余资产投资于保本资产(如债券投资),从而在确保实现保本目标的同时,实现投资组合的增值。风险资产投资额通常可用下式确定: 风险资产投资额 = 放大倍数×(投资组合现时净值 - 价值底线) = 放大倍数×安全垫 风险资产投资比例 = 风险资产投资额/基金净值×100% 如果安全垫不放大,将投资组合现时净值高于价值底线的资产完全用于风险资产投资,即使风险资产(股票)投资完全亏损,基金也能够实现到期保本。因此,可以适当放大安全垫的倍数,提高风险资产投资比例以增加基金的收益 安全垫放大倍数的增加,尽管能提高基金的收益,但投资风险也将趋于同步增大;但放大倍数过小,则使基金收益不足,基金管理人必须在股票投资风险加大和收益增加这两者间寻找适当的平衡点 通常,保本资产和风险资产的比例并不是经常发生变动的,必须在一定时间内维持恒定比例,以避免出现过激投资行为

【例题·单选题】保本基金的安全垫等于( )。

A. 价值底线超过投资组合现时净值的数额

B. 投资组合现时净值超过价值底线的数额

C. 投资组合中风险资产与保本资产的比例

D. 投资组合中风险资产与保本资产的比例

【答案】B

【解析】投资组合现时净值超过价值底线的数额,通常被称为安全垫。

三、保本基金的类型

基金提供的保证有本金保证、收益保证和红利保证,具体比例由基金公司自行规定。一般本金保证比例为100%,但也有低于100%或高于100%的情况。至于是否提供收益保证和红利保证,各基金情况各不相同。但我国目前的保本基金并没有保证收益的类型。

第七节 交易型开放式指数基金(ETF)

>> **本节导读** <<

本节主要介绍了ETF的相关内容,要求考生了解ETF的类型和ETF与LOF的区别、ETF的特点、套利交易原理及ETF联接基金。

一、ETF 的特点

ETF基金具有下列三大特点,如表3-14所示。

表3-14　　　　　　　　　　　　ETF基金的特点

特点	内容
被动操作的指数基金	①ETF是以某一选定的指数所包含的成分证券为投资对象,依据构成指数的股票种类和比例,采取完全复制或抽样复制,进行被动投资的指数基金 ②ETF不但具有传统指数基金的全部特色,而且是更为纯粹的指数基金
独特的实物申购、赎回机制	①所谓实物申购、赎回机制,是指投资者向基金管理公司申购ETF,需要拿这只ETF指定的一篮子股票来换取;赎回时得到的不是现金,而是相应的一篮子股票;如果想变现,需要再卖出这些股票 ②实物申购、赎回机制是ETF最大的特色,使ETF省却了用现金购买股票以及为应付赎回卖出股票的环节 ③ETF有"最小申购、赎回份额"的规定,只有资金达到一定规模的投资者才能参与ETF一级市场的实物申购、赎回
实行一级市场与二级市场并存的交易制度	(1)ETF实行一级市场与二级市场并存的交易制度 ①在一级市场上,只有资金达到一定规模的投资者(基金份额通常要求在30万份以上)在交易时间内可以随时进行以股票换份额(申购)、以份额换股票(赎回)的交易,中小投资者被排斥在一级市场之外 ②在二级市场上,ETF与普通股票一样在市场挂牌交易,正常情况下,ETF二级市场交易价格与基金份额净值比较接近 (2)与传统的指数基金相比,ETF的复制效果更好,成本更低,买卖更为方便(可以在交易日随时进行买卖),并可以进行套利交易,因此对投资者具有独特的吸引力

【例题·单选题】ETF基金最大的特色是( )。
　　A. 指数型基金　　　　　　　　　　B. 被动操作
　　C. 一级市场与二级市场并存的交易制度　D. 实物申购、赎回机制
【答案】D
【解析】实物申购、赎回机制是ETF基金最大的特色。

二、ETF 的套利交易

(一) 基本原理

当同一商品在不同市场上价格不一致时就会存在套利交易。ETF 实行一级市场与二级市场交易同步进行的制度安排,因此,投资者可以在 ETF 二级市场交易价格与基金份额净值两者之间存在差价时进行套利交易。

(1) 当二级市场 ETF 交易价格低于其份额净值,即发生折价交易时,大的投资者可以通过在二级市场低价买进 ETF,然后在一级市场赎回(高价卖出)份额,再于二级市场上卖掉股票而实现套利交易。

(2) 当二级市场 ETF 交易价格高于其份额净值,即发生溢价交易时,大的投资者可以在二级市场买进一篮子股票,于一级市场按份额净值转换为 ETF(相当于低价买入 ETF)份额,再于二级市场上高价卖掉 ETF 而实现套利交易。套利机制的存在会迫使 ETF 二级市场价格与份额净值趋于一致,使 ETF 既不会出现类似封闭式基金二级市场大幅折价交易、股票大幅溢价交易的现象,也克服了开放式基金不能进行盘中交易的弱点。

(二) 影响

折价套利会导致 ETF 总份额的减少,溢价套利会导致 ETF 总份额的扩大。但正常情况下,套利活动会使套利机会消失,因此套利机会并不多,通过套利活动引致的 ETF 规模的变动也就不会很大。ETF 规模的变动最终取决于市场对 ETF 的真正需求。

【例题·单选题】能够进行实时套利交易的基金是( )。

A. ETF　　　　B. LOF　　　　C. 伞形基金　　　　D. 保本基金

【答案】A

【解析】ETF 是能够进行实时套利交易的基金。

三、ETF 与 LOF 的区别

LOF 与 ETF 都具备开放式基金可以申购、赎回和场内交易的特点,但两者存在本质区别,如表 3-15 所示。

表 3-15　　　　　　　　　　ETF 与 LOF 的区别

区别	内容
申购、赎回的标的不同	ETF 与投资者交换的是基金份额与一篮子股票;LOF 的申购、赎回是基金份额与现金的对价
申购、赎回的场所不同	ETF 的申购、赎回通过交易所进行;LOF 的申购、赎回既可以在代销网点进行,也可以在交易所进行
对申购、赎回限制不同	只有资金在一定规模以上的投资者(基金份额通常要求在 50 万份以上)才能参与 ETF 的申购、赎回交易;LOF 在申购、赎回上没有特别要求
基金投资策略不同	ETF 通常采用完全被动式管理方法,以拟合某一指数为目标;LOF 则是普通的开放式基金增加了交易所的交易方式,它可以是指数型基金,也可以是主动型基金
净值报价频率不同	在二级市场的净值报价上,ETF 每 15 秒提供一个基金参考净值(IOPV)报价;LOF 的净值报价频率要比 ETF 低,通常 1 天只提供 1 次或几次基金净值报价

四、ETF 的类型

根据不同的分类标准,可以将 ETF 基金分为不同类型,如表 3-16 所示。

表 3-16　　　　　　　　　　　　　　ETF 的类型

分类标准	类型
按 ETF 跟踪某一标的市场指数的不同分类	①ETF 可以分为股票型 ETF、债券型 ETF 等 ②在股票型 ETF 与债券型 ETF 中,又可以根据 ETF 跟踪的具体指数的不同对股票型 ETF 与债券型 ETF 进行进一步细分。如股票型 ETF 可以进一步被分为全球指数 ETF、综合指数 ETF、行业指数 ETF、风格指数 ETF(如成长型、价值型等)等
按复制方法的不同分类	①完全复制型 ETF:依据构成指数的全部成分股在指数中所占的权重,进行 ETF 的构建 ②抽样复制型 ETF:通过选取指数中部分有代表性的成分股,参照指数成分股在指数中的比重设计样本股的组合比例进行 ETF 的构建,目的是以最低的交易成本构建样本组合,使 ETF 能较好地跟踪指数

1990 年,加拿大多伦多证券交易所(TSE)推出了世界上第一只 ETF 指数参与份额(TIPs)。1993 年,美国的第一只 ETF——标准普尔存托凭证(SPDRs)诞生,其后 ETF 在美国获得迅速发展。ETF 已成为美国基金市场上成长速度最快的基金品种之一。

我国第一只 ETF 为成立于 2004 年年底的上证 50ETF。截至 2013 年年末,我国共有 80 只 ETF,资产份额规模为 1 063.91 亿份。

五、ETF 联接基金

ETF 联接基金的概念和特征如表 3-17 所示。

表 3-17　　　　　　　　　　　　ETF 联接基金的概念和特征

项目	内容
概念	ETF 联接基金是将绝大部分基金财产投资于某一 ETF(称为目标 ETF),密切跟踪标的指数表现,可以在场外(银行渠道等)申购赎回的基金。根据中国证监会的规定,ETT 联接基金投资于目标 ETF 的资产不得低于联接基金资产净值的 90%,其余部分应投资于标的指数成分股和备选成分股。并且,ETF 联接基金的管理人不得对 ETF 联接基金财产中的 ETF 部分计提管理费
特征	①联接基金依附于主基金 ②联接基金提供了银行渠道申购 ETF 的渠道,可以吸引大量的银行客户直接通过联接基金介入 ETF 的投资,增强 ETF 市场的交易活跃度 ③联接基金可以提供目前 ETF 不具备的定期定额等方式来介入 ETF 的运作 ④联接基金不能参与 ETF 的套利,发展联接基金主要是为了做大指数基金的规模 ⑤联接基金不是基金中的基金(FOF),联接基金完全依附主基金,将所有投资通过主基金进行,而基金中的基金往往投资于不同基金管理人管理的多只基金 2009 年 9 月,我国最早的两只联接基金——华安上证 180ETF 联接基金和交银 180 治理 ETF 联接基金成立

第八节　QDII 基金

》**本节导读**《

本节主要介绍了 QDII 基金的相关内容,要求考生了解 QDII 基金在投资组合中的作用和

QDII 基金的投资对象。

一、QDII 基金概述

(一)定义

2007年6月18日,中国证监会颁布的《合格境内机构投资者境外证券投资管理试行办法》规定,符合条件的境内基金管理公司和证券公司,经中国证监会批准,可在境内募集资金进行境外证券投资管理。这种经中国证监会批准可以在境内募集资金进行境外证券投资的机构称为合格境内机构投资者(QDII)。

QDII 基金可以人民币、美元或其他主要外汇货币为计价货币募集。

【例题·单选题】在一国境内设立,经该国有关部门批准从事境外证券市场的股票、债券等有价证券投资的基金是(　　)。

A. LOF 基金　　　B. ETF 基金　　　C. ETF 联接基金　　　D. QDII 基金

【答案】D

【解析】QDII 基金是指在一国境内设立,经该国有关部门批准从事境外证券市场的股票、债券等有价证券投资的基金。

(二)发行机构

目前,除了基金管理公司和证券公司外,商业银行等其他金融机构也可以发行代客境外理财产品。

二、QDII 基金在投资组合中的作用

(1)为投资者提供了新的投资机会。

(2)由于国际证券市场常常与国内证券市场具有较低的相关性,也为投资者降低组合投资风险提供了新的途径。

三、QDII 基金的投资对象

QDII 基金除了可以投资金融产品或工具外,也有一些投资限制,如表3-18所示。

表3-18　　　　　　　　　　QDII 基金的投资对象

投资对象	内容
QDII 基金可投资的金融产品或工具	①银行存款、可转让存单、银行承兑汇票、银行票据、商业票据、回购协议、短期政府债券等货币市场工具 ②政府债券、公司债券、可转换债券、住房按揭支持证券、资产支持证券等,以及经中国证监会认可的国际金融组织发行的证券 ③与中国证监会签署双边监管合作谅解备忘录的国家或地区证券市场挂牌交易的普通股、优先股、全球存托凭证和美国存托凭证、房地产信托凭证 ④在已与中国证监会签署双边监管合作谅解备忘录的国家或地区证券监管机构登记注册的公募基金 ⑤与固定收益、股权、信用、商品指数、基金等标的物挂钩的结构性投资产品 ⑥远期合约、互换及经中国证监会认可的境外交易所上市交易的权证、期权、期货等金融衍生产品

续表

投资对象	内容
QDII 基金的禁止性行为	①购买不动产 ②购买房地产抵押按揭 ③购买贵重金属或代表贵重金属的凭证 ④购买实物商品 ⑤除应付赎回、交易清算等临时用途以外,借入现金。该临时用途借入现金的比例不得超过基金、集合计划资产净值的 10% ⑥利用融资购买证券,但投资金融衍生产品除外 ⑦参与未持有基础资产的卖空交易 ⑧从事证券承销业务 ⑨中国证监会禁止的其他行为

第九节 分级基金

>> **本节导读** <<

本节主要介绍分级基金的概念、特点与分类,要求考生了解分级基金的概念和类型以及分级基金的特点。

一、分级基金的基本概念

分级基金是指通过事先约定基金的风险收益分配,将母基金份额分为预期风险收益不同的子份额,并可将其中部分或全部类别份额上市交易的结构化证券投资基金。其中,分级基金的基础份额称为母基金份额,预期风险收益较低的子份额称为 A 类份额,预期风险收益较高的子份额称为 B 类份额。

二、分级基金的特点

分级基金作为一种创新型基金,是继 ETF 后交易所场内的重要交易工具之一,具有与普通基金不同的特点,如表 3-19 所示。

表 3-19 分级基金的特点

特点	内容
一只基金,多类份额,多种投资工具	分级基金借助结构化设计将同一基金资产划分为预期风险收益特征不同的份额类别,可以同时满足不同风险收益偏好投资者的需求
A 类、B 类份额分级,资产合并运作	分级基金将基础份额拆分为不同风险收益特征的子份额,但基金资产仍然作为一个整体进行投资运作,不同类别子份额的估值与收益分配一方面会受到基金整体投资业绩的影响,另一方面则取决于事先约定的收益分配条件
基金份额可在交易所上市交易	分级基金可以通过场外、场内两种方式募集,通过场外与场内获得的基金份额分别被注册登记在场外系统和场内系统,但基金份额可以通过跨系统转托管实现在场外市场与场内市场的转换

续表

特点	内容
内含衍生工具与杠杆特性	分级基金涉及收益分配权的分割和收益保障等结构性条款的设置,使其普遍具有杠杆化的特性,具有了内含衍生工具特性
多种收益实现方式、投资策略丰富	分级基金由于份额分类和结构化设计,使其内含了期权、杠杆等多种特性,为投资者提供了多种投资工具,投资者通过折溢价套利、A类份额持有策略、B类份额波段操作策略、定期折算与不定期折算投资机会捕捉等多种投资策略,可寻求多样化的收益实现方式

三、分级基金的分类

分级基金根据不同的分类标准,可以划分为不同的类型,如表3-20所示。

表3-20　　　　　　　　　　　分级基金的分类

分类标准	类型
运作方式	分为封闭式分级基金、开放式分级基金 ①封闭式分级基金的母基金份额只能在基金发行时购买,发行结束后不能申购赎回母基金份额,只能通过二级市场买卖分级份额(A类或B类份额),有一定存续期限,目前多为3年期或5年期,封闭期到期后分级基金通常转为普通LOF基金进行运作,分级机制不再延续。封闭式运作有利于某些债券投资策略的实施 ②开放式运作能够满足投资者在基金日常运作期间申购赎回分级基金基础份额的需求,同时通过配对转换的功能实现母基金份额与分级份额之间的联通,能保证分级基金的分级机制在正常情况下长期有效和永久存续,既为基金份额提供了流动性,结合配对转换功能还有利于平抑分级基金份额之间的总体折(溢)价率
投资对象	分为股票型分级基金、债券型分级基金(包括转债分级基金)和QDII分级基金等
投资风格	分为主动投资型分级基金、被动投资(指数化)型分级基金
募集方式	分为合并募集型分级基金、分开募集型分级基金 ①合并募集是统一以母基金代码进行募集,募集完成后,将基金份额按比例分拆为两类子份额 ②分开募集是指基金以子份额的代码进行分开募集,通过比例配售实现子份额的配比。分开募集的分级基金通常为债券型分级基金
子份额之间收益分配规则	分为简单融资型分级基金、复杂型分级基金 ①简单融资分级相当于B级份额以一定的约定成本向A级份额融资而获得杠杆。我国现有分级基金大多是简单融资型分级基金 ②复杂分级的子份额通常暗含多个期权,估值与定价更为复杂
是否存在母基金份额	分为存在母基金份额的分级基金和不存在母基金份额的分级基金 ①现有全部股票型分级基金和少量债券型分级基金都属于存在母基金份额的分级基金。大部分债券型分级基金都属于不存在母基金份额的分级基金 ②不存在母基金份额的分级基金具有两个特点:即必然不采取份额配对转换机制和其披露的基础份额净值并不代表基金整体的投资收益情况,存在一定的失真

续表

分类标准	类型
是否具有折算条款	分为具有折算条款的分级基金和不具有折算条款的分级基金
	分级基金的折算条款一般有两类：一类是定期折算条款，旨在将A类份额的约定收益分配给其持有人；另一类是不定期折算，其条款设置一般为当分级基金B类份额净值触发下阈值时进行下折算，或者当母基金份额或B类份额的份额净值触发上阈值时进行上折算

真题自测

（所有题型均为单选题，每题只有1个正确答案）

1. 下列关于交易型开放式指数基金（ETF）的说法，不正确的是（　　）。
   A. 以某一选定的指数所包含的成分证券为投资对象
   B. 本质上是一种指数基金
   C. 可以进行套利交易
   D. 会出现折价或溢价交易

2. 根据中国证监会颁布的、于2014年8月8日正式生效的《公开募集证券投资基金运作管理办法》，将公募证券投资基金划分的类别不包括（　　）。
   A. 股票基金　　　　　　　　　　B. 货币市场基金
   C. 混合基金　　　　　　　　　　D. 封闭式基金

3. 保本基金的投资目标是（　　）。
   A. 获得尽可能高的回报
   B. 使投资风险尽可能低
   C. 获得市场平均收益
   D. 在锁定下跌风险的同时力争有机会获得潜在的高回报

4. 下列选项中属于货币市场基金不得投资的金融工具的是（　　）。
   A. 现金
   B. 期限在1年以内（含1年）的中央银行票据
   C. 剩余期限在397天以内（含397天）的资产支持证券
   D. 可转换债券

5. （　　）为国内投资者参与国际市场投资提供了便利。
   A. 股票基金　　　B. QDII基金　　　C. QFII基金　　　D. 债券基金

6. 增长型基金的基本目标是（　　）。
   A. 追求稳定的经常性收入　　　　B. 追求资本增值
   C. 追求超越市场表现的投资业绩　　D. 经常性收入与资本增值兼顾

7. （　　）是我国对证券投资基金的一种本土化创新。
   A. ETF　　　　　B. LOF　　　　　C. QDII　　　　　D. ETF联接基金

8. 以追求稳定的经常性收入为基本目标的基金是（　　）。
   A. 指数基金　　　B. 成长型基金　　　C. 收入型基金　　　D. 平衡型基金

41

9. ETF 基金成熟是在(　　)。
   A. 加拿大　　　　B. 英国　　　　　　C. 美国　　　　　　　D. 澳大利亚

10. 下列关于价值型股票基金、平衡型股票基金与成长型股票基金投资风险大小比较的说法，正确的是(　　)。
    A. 价值型股票基金＞平衡型股票基金＞成长型股票基金
    B. 平衡型股票基金＞成长型股票基金＞价值型股票基金
    C. 价值型股票基金＜平衡型股票基金＜成长型股票基金
    D. 平衡型股票基金＜成长型股票基金＜价值型股票基金

11. 基金份额在基金合同期限内固定不变，基金份额可以在依法设立的证券交易所交易，但基金份额持有人不得申请赎回的一种基金类型是(　　)。
    A. 开放式基金　　B. 封闭式基金　　　C. 对冲基金　　　　　D. 契约型基金

第四章 证券投资基金的监管

本章依托《中华人民共和国证券投资基金法》以及中国证券监督管理委员会发布的相关部门规章和规范性文件,通过五部分内容系统地介绍了我国基金监管体系:第一部分介绍了基金监管的概念、体系、目标及基本原则;第二部分介绍了基金监管机构和行业自律组织的内容;第三部分介绍了对基金机构的监管;第四部分介绍了对基金活动的监管;第五部分介绍了对非公开募集基金的监管。本节内容较为重要,是基金监管的内容的基础,建议考生在学习时,重点加强对知识点的记忆,并多做练习。

考点概览

考试大纲	考点内容	学习要求
基金监管概述	基金监管的概念及特征	掌握
	基金监管体系	掌握
	基金监管目标	掌握
	基金监管的原则	掌握
基金监管机构和行业自律组织	政府基金监管机构:中国证监会	掌握
	基金行业自律组织:基金业协会	掌握
	证券市场的自律管理者:证券交易所	掌握
对基金机构的监管	对基金管理人的监管	掌握
	对基金托管人的监管	掌握
	对基金服务机构的监管	掌握
对基金活动的监管	对基金公开募集的监管	掌握
	对公开募集基金销售活动的监管	掌握
	对公开募集基金投资与交易行为的监管	掌握
	对公开募集基金信息的披露的监管	掌握
	基金份额持有人及基金份额持有人大会	掌握
对非公开募集基金的监管	非公开募集基金的基金管理人的登记	掌握
	对非公开募集基金募集行为的监管	掌握
	对非公开募集基金运作的监管	掌握

第一节 基金监管概述

>> **本节导读** <<

本节主要介绍了基金监管的概念、特征、体系、目标及基本原则,本节内容难度不大,要求考生加强记忆,牢记基础知识。

一、基金监管的概念及特征

基金监管的概念及特征如表4-1所示。

表4-1　　　　　　　　　　　基金监管的概念及特征

项目	内容
概念	广义的基金监管是指有法定监管权的政府机构、基金行业自律组织、基金机构内部监督部门以及社会力量对基金市场、基金市场主体及其活动的监督或管理。狭义的基金监管一般专指政府基金监管机构依法对基金市场、基金市场主体及其活动的监督和管理。本书采用狭义的基金监管概念,即基金监管专指政府基金监管
特征	①监管内容具有全面性。政府基金监管的内容,不仅涉及各种基金机构的设立、变更和终止,基金机构从业人员的资格和行为,基金机构的活动规则,而且还涉及基金市场其他诸多方面的监管,监管内容具有全面性 ②监管对象具有广泛性。政府基金监管机构对所有的基金机构及其从业人员乃至基金行业自律组织均有权监管 ③监管时间具有连续性。政府基金监管活动贯穿基金机构从设立直至终止的全过程,体现为事前监管、事中监管和事后监管的连续活动 ④监管主体及其权限具有法定性。与基金行业相关的法律法规明确规定政府基金监管机构及其权限和职责,政府基金监管机构依法行使其职责 ⑤监管活动具有强制性。政府基金监管机构依法行使审批权、检查权、禁止权、撤销权、行政处罚权和行政处分权等监管权,均具有法律效力,具有强制性。这是政府对基金行业有效监管的保证,政府基金监管是最为广泛、最具权威、最为有效的监管

【例题·单选题】政府监管较之基金行业自律、基金机构内控以及社会力量监督具有的特征不包括下列中的(　　)。

A. 监管对象具有广泛性　　　　　　B. 监管活动具有自觉性
C. 监管主体及其权限具有法定性　　D. 监管时间具有连续性

【答案】B
【解析】政府监管较之基金行业自律、基金机构内控以及社会力量监督具有以下特征:监管内容具有全面性;监管对象具有广泛性;监管时间具有连续性;监管主体及其权限具有法定性;监管活动具有强制性。

二、基金监管体系

(一)基金监管活动的要素

基金监管体系,即为基金监管活动各要素及其相互间的关系。基金监管活动的要素主要包括目标、体制、内容和方式等,如表4-2所示。

表4-2　　　　　　　　　　　基金监管活动的要素

要素	内容
目标	是指基金监管活动所要达到的目的和效果
体制	是指基金监管活动主体及其职权的制度体系
内容	是指基金监管具体对象的范围,既包括基金市场活动的主体也包括基金市场主体的活动
方式	是指基金监管所采用的方法和形式,也称基金监管的手段和措施。广义的监管方式,包括对基金市场主体即基金机构的市场准入监管、对基金机构市场行为的监管以及对基金机构各种违法违规行为或出现某些法定情形后的处置措施,也即对基金机构的审核注册、对基金机构行为的检查以及检查后对存在问题的基金机构的各种行政处置措施,分别体现了事前监管、事中监管和事后监管。狭义的监管方式,也称为监管措施,仅包括检查及其后续的处置措施

(二)基金监管活动各要素之间的关系

基金监管目标是基金监管活动的出发点和价值归宿,基金监管体制的设置、内容的选择、方式的采用等均须以基金监管目标的实现为宗旨,而基金监管目标的实现也必须依赖于基金监管体制、基金监管内容和基金监管方式的有机配置。

总而言之,基金监管就是为实现监管目标,由监管主体行使其法定职权,采用必要的监管手段和措施,对需要监管的诸对象所进行监督和管理的活动。这些与基金监管有关的各要素及其相互间关系的集合便构成了基金监管体系。

三、基金监管目标

基金监管目标是基金监管活动的出发点和价值归宿,基金监管活动须依法进行,因此,我国基金监管的目标,也体现为《证券投资基金法》的立法宗旨,具体包括:

(一)保护投资人及相关当事人的合法权益

基金监管的首要目标是保护投资人利益。投资人是基金市场的支撑者,但在基金市场中却处于弱势地位,相对于基金管理人,投资人往往专业知识欠缺、信息获取途径不足、风险识别和承受能力薄弱,其合法权益容易受到侵害,因此,基金监管必须要切实保护投资者的合法权益,使投资者避免遭受不公平对待。同时,基金监管对于基金市场相关当事人的合法权益也应依法给予保护。

(二)规范证券投资基金活动

规范证券投资基金活动,是保护投资人及相关当事人合法权益的监管目标的必然要求。基金监管只有以有效地规范证券投资基金活动为切入点和着力点,才能切实保护投资人及相关当事人合法权益。在这个意义上,规范证券投资基金活动是基金监管的直接目标,也是促进证券投资基金和资本市场健康发展的前提条件。

(三)促进证券投资基金和资本市场的健康发展

投资人及相关当事人是基金市场的主体,证券投资基金活动是基金市场的行为,这是基金市场的两大基本要素。基金市场主体进入基金市场,进行证券投资基金活动,是基金市场活力的源泉。保护投资人的合法权益,提振其对基金市场的信心和投资动机,是基金市场的原动力和价值归宿。而规范证券投资基金活动,则是保护投资人合法权益的主要手段和制度保障。

四、基金监管的原则

基金监管的基本原则,是贯穿于基金监管活动始终的、起统帅和指导作用的基本准则。作为基本原则,应该集中体现基金监管的本质属性和根本价值,它具有基础性和宏观性的特征。

基金监管的基本原则包括以下几个方面,如表4-3所示。

表4-3　　　　　　　　　　　　　　基金监管的原则

原则	内容
保障投资人利益原则	保障投资人利益原则是基金监管活动的目的和宗旨的集中体现,基金监管应以保障投资人的利益为首要目标。投资人的合法权益能否得到有效的保障,是投资基金行业能否持续健康发展的关键
适度监管原则	政府监管体现了政府对经济的干预。在现代市场经济环境下,市场失灵要求政府干预,但政府干预应是"适度"的干预,即政府监管应适度 对于基金而言,政府监管范围应严格限定在基金市场失灵的领域,应完善基金行业自律机制、健全基金机构内控机制和培育社会力量监督机制,充分发挥基金行业自律、基金机构内控和社会力量监督在基金监管方面的积极作用,形成以政府监管为核心、行业自律为纽带、机构内控为基础、社会监督为补充的"四位一体"的监管格局
高效监管原则	所谓高效监管,是指基金监管活动不仅要以价值最大化的方式实现基金监管的根本目标,而且还要通过基金监管活动促进基金行业的高效发展 高效监管原则首先要求基金监管机构具有权威性,要赋予基金监管机构以合法的监管地位和合理的监管权限和职责。还要求确定合理的监管内容体系,要有所管有所不管,要管得有效。同时,对于违法行为,要规定明确的法律责任和制裁手段 在现代市场经济条件下,规范的监管程序、科学的监管技术、现代化的监管手段也是高效基金监管的保证
依法监管原则	所谓依法监管原则,是指监管机构的设置及其监管职权的取得,必须有法律依据;监管职权的行使,必须依据法律程序,既不能超越法律的授权滥用权力,也不能怠于行使法定的职责;对违法行为的制裁,必须依据法律的明确规定,秉公执法,不偏不倚。依法监管原则是行政法治原则的集中体现和保障,政府基金监管必须坚持依法监管原则 政府基金监管的行政法律关系是:政府基金监管机构是行政主体,监管对象是行政相对人,政府基金监管机构所采取的监管手段和措施是具体行政行为。政府基金监管的性质决定其应遵循行政法的基本原则,即行政法治原则
审慎监管原则	基金监管遵循审慎监管原则,是指基金监管机构在制定监管规范以及实施监管行为时,注重基金机构的偿付能力和风险防控,以确保基金运行稳健和基金财产安全,切实保护投资者合法权益 审慎监管原则贯穿于基金市场准入和持续监管的全过程,体现为基金监管机构对基金机构内部治理结构、内部稽核监控制度、风险控制制度以及资本充足率、资产流动性等方面的监管规制
公开、公平、公正监管原则	公开、公平、公正监管原则,也称"三公"原则,是证券市场活动以及证券监管的基本原则 作为基金监管原则的"三公"原则,重在"公正",即公正监管、公正执法,是依法监管原则的具体化

第二节 基金监管机构和行业自律组织

>> **本节导读** <<

本节主要介绍了基金监管机构和行业自律组织——中国证监会、基金业协会和证券交易所三大机构的相关内容。本节内容较为重要,考生应熟练掌握。

基金监管体制,是指基金监管活动主体及其职权的制度体系。依据《中华人民共和国证券法》(以下简称《证券法》)和《证券投资基金法》的规定,国务院证券监督管理机构即中国证监会是我国基金市场的监管主体,依法对基金市场主体及其活动实施监督管理。基金业协会作为行业自律性组织,对基金业实施行业自律管理。证券交易所负责组织和监督基金的上市交易,并对上市交易基金的信息披露进行监督。

一、政府基金监管机构:中国证监会

(一)中国证监会对基金市场的监管职责

1. 中国证监会的职责

中国证监会依法担负国家对证券市场实施集中统一监管的职责,派出机构即各地方证监局是中国证监会的内部组成部门,依照中国证监会的授权履行职责。

中国证监会依法履行下列职责:

(1)制定有关证券投资基金活动监督管理的规章、规则,并行使审批、核准或者注册权。

(2)办理基金备案。

(3)对基金管理人、基金托管人及其他机构从事证券投资基金活动进行监督管理,对违法行为进行查处,并予以公告。

(4)制定基金从业人员的资格标准和行为准则,并监督实施。

(5)监督检查基金信息的披露情况。

(6)指导和监督基金业协会的活动。

(7)法律、行政法规规定的其他职责。

2. 基金监管职责分工的目的

依据《证券投资基金监管职责分工协作指引》的规定,基金监管职责分工的目的是在集中统一监管体制下,进一步明确监管系统各单位的基金监管职责,落实监管责任制,形成各部门、各单位各司其职、各负其责、密切协作的基金监管体系。总体要求是职责清晰、分工明确、反应快速、协调有序。

3. 证券基金机构监管部的职责

(1)负责涉及证券投资基金行业的重大政策研究。

(2)草拟或制定证券投资基金行业的监管规则。

(3)对有关证券投资基金的行政许可项目进行审核。

(4)全面负责对基金管理公司、基金托管银行及基金代销机构的监管。

(5)指导、组织和协调证监局、证券交易所等部门对证券投资基金的日常监管。

(6)对证监局的基金监管工作进行督促检查。
(7)对日常监管中发现的重大问题进行处置。

(二)中国证监会对基金市场的监管措施

依据《证券投资基金法》的规定,中国证监会依法履行职责,有权采取检查、调查取证、限制交易和行政处罚等监管措施,如表4-4所示。

表4-4 中国证监会对基金市场的监管措施

措施	内容
检查	检查是基金监管的重要措施,属于事中监管方式。检查可分为日常检查和年度检查,也可分为现场检查和非现场检查。中国证监会可以根据实际情况,定期或不定期地对基金机构的合规监控、风险管理、内部稽核、行为规范等方面进行检查。中国证监会有权对基金管理人、基金托管人、基金服务机构进行现场检查,并要求其报送有关的业务资料。现场检查是指基金监管机构的检查人员亲临基金机构业务场所,通过现场察看、听取汇报、查验资料等方式进行实地检查
调查取证	查处基金违法案件是中国证监会的法定职责之一,《证券投资基金法》赋予中国证监会以下职权: ①进入涉嫌违法行为发生场所调查取证 ②询问当事人和与被调查事件有关的单位和个人,要求其对与被调查事件有关的事项做出说明 ③查阅、复制与被调查事件有关的财产权登记、通信记录等资料 ④查阅、复制当事人和与被调查事件有关的单位和个人的证券交易记录、登记过户记录、财务会计资料及其他相关文件和资料 ⑤对可能被转移、隐匿或者毁损的文件和资料,可以予以封存 ⑥查询当事人和与被调查事件有关的单位和个人的资金账户、证券账户和银行账户 ⑦对有证据证明已经或者可能转移或者隐匿违法资金、证券等涉案财产或者隐匿、伪造、毁损重要证据的,经中国证监会主要负责人批准,可以冻结或者查封
限制交易	《证券投资基金法》赋予中国证监会限制证券交易权。中国证监会在调查操纵证券市场、内幕交易等重大证券违法行为时,经中国证监会主要负责人批准,可以限制被调查事件当事人的证券买卖,但限制的期限不得超过15个交易日;案情复杂的,可以延长15个交易日
行政处罚	中国证监会可以采取的行政处罚措施主要包括没收违法所得、罚款、责令改正、警告、暂停或者撤销基金从业资格、暂停或者撤销相关业务许可、责令停业等

(三)中国证监会工作人员的义务和责任

(1)中国证监会工作人员依法履行职责,进行调查或者检查时,不得少于2人,并应当出示合法证件。

(2)对调查或者检查中知悉的商业秘密负有保密的义务。

(3)中国证监会工作人员应当忠于职守,依法办事,公正廉洁,接受监督,不得利用职务谋取私利。中国证监会工作人员玩忽职守、滥用职权、徇私舞弊或者利用职务上的便利索取或者收受他人财物的,应当承担相应的法律责任。

(4)中国证监会工作人员在任职期间,或者离职后在《中华人民共和国公务员法》(以下简称《公务员法》)规定的期限内,不得在被监管的机构中担任职务。中国证监会领导干部离职后3年内,一般工作人员离职后2年内,不得到与原工作业务直接相关的机构任职。但经过中国证监会批准,可以在基金管理公司、证券公司、期货公司等机构担任督察长、合规总监、首席风险官等职务。

【例题·单选题】(　　)是最为广泛、最具权威、最为有效的监管。
　　A.基金行业自律　B.政府基金监管　　　C.社会力量监督　　　D.基金机构内控
【答案】B
【解析】相比基金行业自律、基金机构内控以及社会力量监督而言,政府基金监管是最为广泛、最具权威、最为有效的监管。

二、基金行业自律组织:基金业协会

(一)我国基金业协会的发展

我国基金业协会的发展历程如表4-5所示。

表4-5　　　　　　　　　　我国基金业协会的发展历程

时间	历程
2001年8月	中国证券业协会基金公会成立
2004年12月	中国证券业协会证券投资基金业委员会成立。该委员会承接了原基金公会的职能和任务,在中国证券业协会的领导下开展工作
2007年	中国证券业协会设立了基金公司会员部,负责基金管理公司和基金托管银行特别会员的自律管理
2012年6月	中国证券投资基金业协会正式成立,原中国证券业协会基金公司会员部的行业自律职责转入中国证券投资基金业协会
2013年	《证券投资基金法》专门增设"基金行业协会"一章,详细规定了基金业协会的性质、组成以及主要职责等内容

(二)基金业协会的性质和组成

1. 基金业协会的性质

基金业协会是证券投资基金行业的自律性组织,是社会团体法人。基金管理人、基金托管人和基金服务机构,应当依法成立基金业协会,进行行业自律,协调行业关系,提供行业服务,促进行业发展。

2. 基金业协会的组成

基金管理人、基金托管人应当加入基金业协会,基金服务机构可以加入基金业协会。会员分为三类:普通会员、联席会员和特别会员。基金管理人和基金托管人加入协会的为普通会员;基金服务机构加入协会的为联席会员;证券期货交易所、登记结算机构、指数公司、地方基金业协会及其他资产管理相关机构加入协会的为特别会员。

基金业协会的权力机构为全体会员组成的会员大会,协会章程由会员大会制定,并报中国证监会备案。基金业协会设理事会,理事会是基金业协会的执行机构。理事会成员依章程的规定由会员大会选举产生。在会员大会闭会期间,理事会依据章程的规定执行会员大会决议,组织和领导基金业协会开展日常工作,其会议机制、决议程序、具体职权等由协会章程规定。

(三)基金业协会的职责

依据《证券投资基金法》的规定,基金业协会的职责包括:
(1)教育和组织会员遵守有关证券投资的法律、行政法规,维护投资人合法权益。

(2)依法维护会员的合法权益,反映会员的建议和要求。

(3)制定和实施行业自律规则,监督、检查会员及其从业人员的执业行为,对违反自律规则和协会章程的,按照规定给予纪律处分。

(4)制定行业执业标准和业务规范,组织基金从业人员的从业考试、资质管理和业务培训。

(5)提供会员服务,组织行业交流,推动行业创新,开展行业宣传和投资人教育活动。

(6)对会员之间、会员与客户之间发生的基金业务纠纷进行调解。

(7)依法办理非公开募集基金的登记、备案。

(8)协会章程规定的其他职责。

三、证券市场的自律管理者:证券交易所

(一)证券交易所的法律地位

证券交易所是为证券集中交易提供场所和设施,组织和监督证券交易,实行自律管理的法人。证券交易所具有监管者和被监管者的双重身份,一方面,作为证券市场组织者,其为众多证券机构提供集中交易场所,组织证券交易,实行自律管理,是市场的管理者,具有法定的监管权限;另一方面,其作为特殊的市场主体,也要接受政府证券监管机构的监管。

证券交易所享有交易所业务规则制定权,这是其自律管理职能的重要内容。依据《证券法》的规定,证券交易所依法可以制定上市规则、交易规则、会员管理规则等。依据《证券投资基金监管职责分工协作指引》的规定,证券交易所负责对基金在交易所内的投资交易活动进行监管;负责交易所上市基金的信息披露监管工作。

(二)对基金份额上市交易的监管

我国上海证券交易所、深圳证券交易所都制定有《证券投资基金上市规则》(2013年修订)以及其他类型基金的业务指引,对在证券交易所挂牌上市的封闭式基金、交易型开放式指数基金、上市开放式基金的上市条件和程序、信息披露的要求等均有具体规定。基金份额在证券交易所上市交易,应当遵守证券交易所的业务规则,接受证券交易所的自律性监管。

(三)对基金投资行为的监管

证券交易所设有基金交易监控系统,对投资者买卖基金的交易行为以及基金在证券市场的投资运作行为的合法合规性进行日常监控,重点监控涉嫌违法违规的交易行为,并监控基金财产买卖高风险股票的行为等。

证券交易所在监控中发现基金交易行为异常,涉嫌违法违规的,可以根据具体情况,采取电话提示、警告、约见谈话、公开谴责等措施,并同时向中国证监会报告。

第三节 对基金机构的监管

》本节导读《

本节主要介绍了对公开募集基金参与方——基金管理人、基金托管人和基金服务机构的监管。本节内容较多,考生应认真学习,注意对重点内容的把握。

基金机构即基金市场主体,包括基金管理人、基金托管人以及基金销售机构、基金注册登

记机构等基金服务机构。对基金机构的监管,包括基金机构的市场准入监管、基金机构从业人员的资格和行为的监管等,是基金监管的重要内容。

一、对基金管理人的监管

(一)基金管理人的市场准入监管

1. 基金管理人的法定组织形式

基金管理人,就是按照法律、行政法规的规定和基金合同的约定,为保护基金份额持有人的利益,对基金财产进行管理、运用的机构。由于基金管理存在风险,因此,担任基金管理人需要相对完善的治理结构和相应的责任承担能力。

依据《证券投资基金法》的规定,基金管理人由依法设立的公司或者合伙企业担任。而担任公开募集基金的基金管理人的主体资格受到严格限制,只能由基金管理公司或者经中国证监会按照规定核准的其他机构担任。

2. 管理公开募集基金的基金管理公司的审批

中国证监会作为基金政府监管机构,应当依法履行监管职责,按照法定条件和程序对基金管理公司的设立申请进行严格审查,做出批准或者不予批准的决定。

设立管理公开募集基金的基金管理公司,应当具备下列条件:

(1)有符合《证券投资基金法》和《中华人民共和国公司法》(以下简称《公司法》)规定的章程。

(2)注册资本不低于1亿元人民币,且必须为实缴货币资本。

(3)主要股东应当具有经营金融业务或者管理金融机构的良好业绩、良好的财务状况和社会信誉,资产规模达到国务院规定的标准,最近3年没有违法记录。基金管理公司的主要股东是指持有基金管理公司股权比例最高且不低于25%的股东。基金公司主要股东为法人或者其他组织的,净资产不低于2亿元人民币;主要股东为自然人的,个人金融资产不低于3 000万元人民币,在境内外资产管理行业从业10年以上。

(4)对基金管理公司持有5%以上股权的非主要股东,非主要股东为法人或者其他组织的,净资产不低于5 000万元人民币,资产质量良好,内部监控制度完善;非主要股东为自然人的,个人金融资产不低于1 000万元人民币,在境内外资产管理行业从业5年以上。

(5)取得基金从业资格的人员达到法定人数。依据《证券投资基金管理公司管理办法》的规定,设立基金管理公司,应当有符合法律、行政法规和中国证监会规定的拟任高级管理人员以及从事研究、投资、估值、营销等业务的人员,拟任高级管理人员、业务人员不少于15人,并应当取得基金从业资格。

(6)董事、监事、高级管理人员具备相应的任职条件。

(7)有符合要求的营业场所、安全防范设施和与基金管理业务有关的其他设施。

(8)有良好的内部治理结构、完善的内部稽核监控制度、风险控制制度。

(9)法律、行政法规规定的和经国务院批准的中国证监会规定的其他条件。

中国证监会应当自受理基金管理公司设立申请之日起6个月内依照上述条件和审慎监管原则进行审查,做出批准或者不予批准的决定,并通知申请人;不予批准的,应当说明理由。

基金管理公司变更持有5%以上股权的股东,变更公司的实际控制人,或者变更其他重大事项,应当报经国务院证券监督管理机构批准。国务院证券监督管理机构应当自受理申请之日起60日内做出批准或者不予批准的决定,并通知申请人;不予批准的,应当说明理由。

此外，按照《证券投资基金管理公司子公司管理暂行规定》，经中国证监会批准，基金管理公司可以设立全资子公司，也可以与其他投资者共同出资设立子公司。基金管理公司子公司是指依照《公司法》设立，由基金管理公司控股，经营特定客户资产管理、基金销售以及中国证监会许可的其他业务的有限责任公司。未经中国证监会批准，基金管理公司不得设立或者变相设立子公司。

【例题·单选题】基金管理公司变更持有（　　）以上股权的股东，变更公司的实际控制人，或者变更其他重大事项，应当报经国务院证券监督管理机构批准。

A.1%　　　　B.3%　　　　C.5%　　　　D.10%

【答案】C

【解析】基金管理公司变更持有5%以上股权的股东，变更公司的实际控制人，或者变更其他重大事项，应当报经国务院证券监督管理机构批准。

【例题·单选题】中国证监会应当自受理基金管理公司设立申请之日起（　　）个月内依照规定条件和审慎监管原则进行审查，做出批准或者不予批准的决定，并通知申请人；不予批准的，应当说明理由。

A.3　　　　B.12　　　　C.6　　　　D.36

【答案】C

【解析】中国证监会应当自受理基金管理公司设立申请之日起6个月内依照规定条件和审慎监管原则进行审查，做出批准或者不予批准的决定，并通知申请人；不予批准的，应当说明理由。

（二）对基金管理人从业人员资格的监管

基金管理人的从业人员是指基金管理人的董事、监事、高级管理人员、投资管理人员以及其他从业人员。基金管理人属于金融机构，在法律关系上属于信托关系中的受托人。

1.基金管理人的从业人员的资格

依据《证券投资基金法》的规定，基金管理人的董事、监事和高级管理人员，应当熟悉证券投资方面的法律、行政法规，具有3年以上与其所任职务相关的工作经历；高级管理人员还应当具备基金从业资格。

基金经理任职应当具备以下条件：

(1)取得基金从业资格。

(2)通过中国证监会或者其授权机构组织的高级管理人员证券投资法律知识考试。

(3)具有3年以上证券投资管理经历。

(4)没有《公司法》《证券投资基金法》等法律、行政法规规定的不得担任公司董事、监事、经理和基金从业人员的情形。

(5)最近3年没有受到证券、银行、工商和税务等行政管理部门的行政处罚。

依据《证券投资基金法》的规定，有下列情形之一的，不得担任基金管理人的董事、监事、高级管理人员和其他从业人员：

(1)因犯有贪污贿赂、渎职、侵犯财产罪或者破坏社会主义市场经济秩序罪，被判处刑罚的。

(2)对所任职的公司、企业因经营不善破产清算或者因违法被吊销营业执照负有个人责任的董事、监事、厂长、高级管理人员，自该公司、企业破产清算终结或者被吊销营业执照之日起未逾 5 年的。

(3) 个人所负债务数额较大,到期未清偿的。

(4) 因违法行为被开除的基金管理人、基金托管人、证券交易所、证券公司、证券登记结算机构、期货交易所、期货公司及其他机构的从业人员和国家机关工作人员。

(5) 因违法行为被吊销执业证书或者被取消资格的律师、注册会计师和资产评估机构、验证机构的从业人员、投资咨询从业人员。

(6) 法律、行政法规规定不得从事基金业务的其他人员。

2. 基金管理人从业人员的兼任和竞业禁止

基于基金从业人员不得兼任不相容职务、竞业禁止和防止利益冲突的规则,《证券投资基金法》规定,公开募集基金的基金管理人的董事、监事、高级管理人员和其他从业人员,不得担任基金托管人或者其他基金管理人的任何职务,不得从事损害基金财产和基金份额持有人利益的证券交易及其他活动。

高级管理人员、基金管理公司基金经理应当维护所管理基金的合法利益,在基金份额持有人的利益与基金管理公司、基金托管银行的利益发生冲突时,应当坚持基金份额持有人利益优先的原则;不得从事或者配合他人从事损害基金份额持有人利益的活动。

(三) 对基金管理人及其从业人员执业行为的监管

1. 基金管理人的法定职责

依据《证券投资基金法》的规定,公开募集基金的基金管理人应当履行下列职责:

(1) 依法募集资金,办理基金份额的发售和登记事宜。

(2) 办理基金备案手续。

(3) 对所管理的不同基金财产分别管理、分别记账,进行证券投资。

(4) 按照基金合同的约定确定基金收益分配方案,及时向基金份额持有人分配收益。

(5) 进行基金会计核算并编制基金财务会计报告。

(6) 编制中期和年度基金报告。

(7) 计算并公告基金资产净值,确定基金份额申购、赎回价格。

(8) 办理与基金财产管理业务活动有关的信息披露事项。

(9) 按照规定召集基金份额持有人大会。

(10) 保存基金财产管理业务活动的记录、账册、报表和其他相关资料。

(11) 以基金管理人名义,代表基金份额持有人利益行使诉讼权利或者实施其他法律行为。

(12) 中国证监会规定的其他职责。

2. 基金管理人及其从业人员的执业禁止行为

依据《证券投资基金法》的规定,公开募集基金的基金管理人及其董事、监事、高级管理人员和其他从业人员不得有下列行为:

(1) 将其固有财产或者他人财产混同于基金财产从事证券投资。

(2) 不公平地对待其管理的不同基金财产。

(3) 利用基金财产或者职务之便为基金份额持有人以外的人谋取利益。

(4) 向基金份额持有人违规承诺收益或者承担损失。

(5) 侵占、挪用基金财产。

(6)泄露因职务便利获取的未公开信息,利用该信息从事或者明示、暗示他人从事相关的交易活动。

(7)玩忽职守,不按照规定履行职责。

(8)法律、行政法规和中国证监会规定禁止的其他行为。

3. 基金管理人的从业人员证券投资的限制

2013年《证券投资基金法》借鉴发达国家的监管思路和做法,一方面允许基金从业人员进行证券投资,另一方面强化对其监管。即在避免利益冲突的情况下,允许基金从业人员投资股票、债权、封闭式基金、可转债等证券;同时,要求相关人员进行事先申报,披露其投资行为,接受各方面的监督。

依据《证券投资基金法》的规定,基金管理人的董事、监事、高级管理人员和其他从业人员,其本人、配偶、利害关系人进行证券投资,应当事先向基金管理人申报,并不得与基金份额持有人发生利益冲突。公开募集基金的基金管理人应当建立董事、监事、高级管理人员和其他从业人员进行证券投资的申报、登记、审查、处置等管理制度,并报中国证监会备案。

(四)对基金管理人内部治理的监管

1. 基金份额持有人利益优先原则

基金份额持有人利益优先原则是基金管理人内部治理的法定基本原则,当基金管理人及其从业人员的利益与基金份额持有人利益发生冲突时,应以基金份额持有人利益优先。

2. 对基金管理人内部治理结构的监管

良好的内部治理结构是保证公开募集基金稳健运行、保护基金份额持有人利益的必要条件。建立良好的内部治理结构的基本途径是明确股东会、董事会、监事会和高级管理人员的职责权限,建立长效的激励和约束机制,完善监督和内控机制,确保基金管理人合法合规地行使职权,审慎高效地运作基金,维护基金份额持有人的利益。

3. 对基金管理人的股东、实际控制人的监管

基金管理人的股东、实际控制人应当按照中国证监会的规定及时履行重大事项报告义务,并不得有下列行为:

(1)虚假出资或者抽逃出资。

(2)未依法经股东会或者董事会决议擅自干预基金管理人的基金经营活动。

(3)要求基金管理人利用基金财产为自己或者他人谋取利益,损害基金份额持有人利益。

(4)中国证监会规定禁止的其他行为。

根据《国务院关于管理公开募集基金的基金管理公司有关问题的批复》,存在以下情形的,不得成为基金管理公司实际控制人:

(1)因故意犯罪被判处刑罚,刑罚执行完毕未逾3年。

(2)净资产低于实收资本的50%,或者或有负债达到净资产的50%。

(3)不能清偿到期债务。

4. 风险准备金制度

依据《证券投资基金法》的规定,公开募集基金的基金管理人应当从管理基金的报酬中计提风险准备金。公开募集基金的基金管理人因违法违规,违反基金合同等原因给基金财产或者基金份额持有人合法权益造成损失,应当承担赔偿责任的,可以优先使用风险准备金予以赔偿。

(五)中国证监会对基金管理人的监管措施

1. 对基金管理人违法违规行为的监管措施

依据《证券投资基金法》的规定,公开募集基金的基金管理人违法违规,或者其内部治理结构、稽核监控和风险控制管理不符合规定的,中国证监会应当责令其限期改正;逾期未改正,或者其行为严重危及该基金管理人的稳健运行、损害基金份额持有人合法权益的,中国证监会可以区别情形,对其采取下列措施:

(1)限制业务活动,责令暂停部分或者全部业务。
(2)限制分配红利,限制向董事、监事、高级管理人员支付报酬、提供福利。
(3)限制转让固有财产或者在固有财产上设定其他权利。
(4)责令更换董事、监事、高级管理人员或者限制其权利。
(5)责令有关股东转让股权或者限制有关股东行使股东权利。

基金管理人整改后,应当向中国证监会提交报告。中国证监会经验收,符合有关要求的,应当自验收完毕之日起3日内解除对其采取的有关措施。

2. 对基金管理人出现重大风险的监管措施

依据《证券投资基金法》的规定,公开募集基金的基金管理人的董事、监事、高级管理人员未能勤勉尽责,致使基金管理人存在重大违法违规行为或者重大风险的,中国证监会可以责令更换。

公开募集基金的基金管理人违法经营或者出现重大风险,严重危害证券市场秩序、损害基金份额持有人利益的,中国证监会可以对该基金管理人采取责令停业整顿、指定其他机构托管、接管、取消基金管理资格或者撤销等监管措施。

在公开募集基金的基金管理人被责令停业整顿、被依法指定托管、接管或者清算期间,或者出现重大风险时,经中国证监会批准,可以对该基金管理人直接负责的董事、监事、高级管理人员和其他直接责任人员采取下列措施:

(1)通知出境管理机关依法阻止其出境。
(2)申请司法机关禁止其转移、转让或者以其他方式处分财产,或者在财产上设定其他权利。

3. 对基金管理人职责终止的监管措施

依据《证券投资基金法》的规定,公开募集基金的基金管理人职责终止的事由包括:

(1)被依法取消基金管理资格。
(2)被基金份额持有人大会解任。
(3)依法解散、被依法撤销或者被依法宣告破产。
(4)基金合同约定的其他情形。

基金管理人职责终止后,如果基金合同不终止,则应当选任新的基金管理人。基金份额持有人大会应当在6个月内选任新基金管理人;新基金管理人产生前,由中国证监会指定临时基金管理人。在指定临时管理人或者选任新的基金管理人之前,原基金管理人应当担负妥善保管基金管理业务资料的责任。在临时管理人或者选任新的基金管理人产生后,原基金管理人与其应当及时办理基金管理业务的交接手续。

基金管理人职责终止的,应当按照规定聘请会计师事务所对基金财产进行审计,并将审计结果予以公告,同时报中国证监会备案。

【例题·单选题】依据《证券投资基金法》的规定,基金管理人的董事、监事和高级管理人员,应当熟悉证券投资方面的法律、行政法规,具有( )年以上与其所任职务相关的工作经历。
A. 1　　　　　B. 3　　　　　C. 5　　　　　D. 10

【答案】B

【解析】依据《证券投资基金法》的规定,基金管理人的董事、监事和高级管理人员,应当熟悉证券投资方面的法律、行政法规,具有3年以上与其所任职务相关的工作经历。

二、对基金托管人的监管

(一)基金托管人的市场准入监管

1. 基金托管人资格的审核

基金托管人由依法设立的商业银行或者其他金融机构担任。商业银行担任基金托管人的,由中国证监会会同中国银监会核准;其他金融机构担任基金托管人的,由中国证监会核准。

2. 担任基金托管人的条件

担任基金托管人,应当具备下列条件:

(1)净资产和风险控制指标符合有关规定。
(2)设有专门的基金托管部门。
(3)取得基金从业资格的专职人员达到法定人数。
(4)有安全保管基金财产的条件。
(5)有安全高效的清算、交割系统。
(6)有符合要求的营业场所、安全防范设施和与基金托管业务有关的其他设施。
(7)有完善的内部稽核监控制度和风险控制制度。
(8)法律、行政法规规定的和经国务院批准的中国证监会、中国银监会规定的其他条件。

基金托管人与基金管理人不得为同一机构,不得相互出资或者持有股份。且对基金托管人的专门基金托管部门的高级管理人员和其他从业人员任职资格以及兼任和竞业禁止的要求,适用法律法规对基金管理人相关人员的规定。

(二)对基金托管人业务行为的监管(见表4-6)

表4-6　　　　　　　对基金托管人业务行为的监管

监管	内容
基金托管人的职责	①安全保管基金财产 ②按照规定开设基金财产的资金账户和证券账户 ③对所托管的不同基金财产分别设置账户,确保基金财产的完整与独立 ④保存基金托管业务活动的记录、账册、报表和其他相关资料 ⑤按照基金合同的约定,根据基金管理人的投资指令,及时办理清算、交割事宜 ⑥办理与基金托管业务活动有关的信息披露事项 ⑦对基金财务会计报告、中期和年度基金报告出具意见 ⑧复核、审查基金管理人计算的基金资产净值和基金份额申购、赎回价格 ⑨按照规定召集基金份额持有人大会 ⑩按照规定监督基金管理人的投资运作 ⑪中国证监会规定的其他职责

续表

监管	内容
基金托管人的监督义务	基金托管人发现基金管理人的投资指令违反法律、行政法规和其他有关规定,或者违反基金合同约定的,应当拒绝执行,立即通知基金管理人,并及时向中国证监会报告。基金托管人发现基金管理人依据交易程序已经生效的投资指令违反法律、行政法规和其他有关规定,或者违反基金合同约定的,应当立即通知基金管理人,并及时向中国证监会报告

(三)中国证监会对基金托管人的监管措施(见表4-7)

表4-7　　　　　　中国证监会对基金托管人的监管措施

措施	内容
责令整改措施	依据《证券投资基金法》的规定,基金托管人不再具备法定条件,或者未能勤勉尽责,在履行法定职责时存在重大失误的,中国证监会、中国银监会应当责令其改正;逾期未改正,或者其行为严重影响所托管基金的稳健运行、损害基金份额持有人利益的,上述金融监管机构可以区别情形,对其采取下列措施: ①限制业务活动,责令暂停办理新的基金托管业务 ②责令更换负有责任的专门基金托管部门的高级管理人员 基金托管人整改后,应当向上述金融监管机构提交报告;经验收,符合有关要求的,应当自验收完毕之日起3日内解除对其采取的有关措施
取消托管资格措施	中国证监会、中国银监会对有下列情形之一的基金托管人,可以取消其基金托管资格: ①连续3年没有开展基金托管业务的 ②违反本法规定,情节严重的 ③法律、行政法规规定的其他情形
对基金托管人职责终止的监管措施	依据《证券投资基金法》的规定,有下列情形之一,基金托管人职责终止: ①被依法取消基金托管资格 ②被基金份额持有人大会解任 ③依法解散、被依法撤销或者被依法宣告破产 ④基金合同约定的其他情形 基金托管人职责终止的,基金份额持有人大会应当在6个月内选任新基金托管人;新基金托管人产生前,由中国证监会指定临时基金托管人。且应当按照规定聘请会计师事务所对基金财产进行审计,并将审计结果予以公告,同时报中国证监会备案

【例题·单选题】基金托管人整改后,应当向中国证监会、中国银监会提交报告;经验收,符合有关要求后,应当自验收完毕之日起(　　)日内解除对其采取的有关措施。
　A.10　　　　B.5　　　　C.7　　　　D.3
【答案】D
【解析】基金托管人整改后,应当向中国证监会、中国银监会提交报告;经验收,符合有关要求后,应当自验收完毕之日起3日内解除对其采取的有关措施。

三、对基金服务机构的监管

(一)基金服务机构的注册或者备案

开展基金服务业务,首先应取得相应的业务许可,也即市场准入监管。

依据《证券投资基金法》的规定,从事公开募集基金的销售、销售支付、份额登记、估值、投资顾问、评价、信息技术系统服务等基金服务业务的机构,应当按照中国证监会的规定进行注册或者备案。

依据中国证监会发布《证券投资基金销售管理办法》及相关的规范性文件,基金管理人可以办理其募集的基金产品的销售业务。商业银行、证券公司、期货公司、保险机构、证券投资咨询机构、独立基金销售机构以及中国证监会认定的其他机构申请注册基金销售业务资格,应当具备下列条件:

(1)具有健全的治理结构、完善的内部控制和风险管理制度,并得到有效执行。

(2)财务状况良好,运作规范稳定。

(3)有与基金销售业务相适应的营业场所、安全防范设施和其他设施。

(4)有安全、高效的办理基金发售、申购和赎回等业务的技术设施,且符合中国证监会对基金销售业务信息管理平台的有关要求,基金销售业务的技术系统已与基金管理人、中国证券登记结算公司相应的技术系统进行了联网测试,测试结果符合国家规定的标准。

(5)制定了完善的资金清算流程,资金管理符合中国证监会对基金销售结算资金管理的有关要求。

(6)有评价基金投资人风险承受能力和基金产品风险等级的方法体系。

(7)制定了完善的业务流程、销售人员执业操守、应急处理措施等基金销售业务管理制度,符合中国证监会对基金销售机构内部控制的有关要求。

(8)有符合法律法规要求的反洗钱内部控制制度。

(9)中国证监会规定的其他条件。

基金销售支付机构可以是具有基金销售业务资格的商业银行或者取得中国人民银行颁发的《支付业务许可证》的非金融支付机构,且应当具备具有安全高效的办理支付结算业务的信息系统等条件。基金销售支付机构需要根据中国证监会的规定予以备案。中国证监会对于公开募集基金的基金份额登记机构、基金估值核算机构实行注册管理,对于基金投资顾问机构、基金评价机构、基金信息技术系统服务机构实行备案管理。

(二)基金服务机构的法定义务(见表4-8)

表4-8　　　　　　　　　基金服务机构的法定义务

基金服务机构	内容		
基金销售机构	①向投资人充分揭示投资风险 ②根据投资人的风险承担能力销售不同风险等级的基金产品	①确保基金销售结算资金、基金份额的安全、独立 ②禁止任何单位或者个人以任何形式挪用基金销售结算资金、基金份额	①勤勉尽责、恪尽职守 ②建立应急等风险管理制度和灾难备份系统
基金销售支付机构	①按照规定办理基金销售结算资金的划付 ②确保基金销售结算资金安全、及时划付		
基金份额登记机构	①妥善保存登记数据,并将基金份额持有人名称、身份信息及基金份额明细等数据备份至中国证监会认定的机构。其保存期限自基金账户销户之日起不得少于20年 ②基金份额登记机构应当保证登记数据的真实、准确、完整,不得隐匿、伪造、篡改或毁损		

续表

基金服务机构	内容	
基金评价机构及其从业人员	①客观公正,按照依法制定的业务规则开展基金评价业务 ②禁止误导投资人,防范可能发生的利益冲突	③不得泄露与基金份额持有人、基金投资运作相关的非公开信息
律师事务所、会计师事务所	①接受基金管理人、基金托管人的委托,为有关基金业务活动出具法律意见书、审计报告、内部控制评价报告等文件,应当勤勉尽责,对所依据的文件资料内容的真实性、准确性、完整性进行核查和验证 ②制作、出具的文件有虚假记载、误导性陈述或者重大遗漏,给他人财产造成损失的,应当与委托人承担连带赔偿责任	

第四节 对基金活动的监管

》 **本节导读** 《

本节主要介绍了对公开募集基金活动的监管的相关内容,本节内容较多,且较繁杂,需要考生认真学习,多做练习辅助记忆。

一、对基金公开募集的监管

(一)公开募集基金的注册

1. 注册制度

我国改革基金募集核准制为基金募集注册制,即对于公开募集基金,监管机构不再进行实质性审核,而只是进行合规性审查。依据《证券投资基金法》的规定,公开募集基金应当经中国证监会注册。未经注册,不得公开或者变相公开募集基金。

2. 基金注册的申请(见表4-9)

表4-9   基金注册的申请

项目	内容
拟任基金管理人向中国证监会提交的文件	①申请报告 ②基金合同草案 ③基金托管协议草案 ④招募说明书草案 ⑤律师事务所出具的法律意见书 ⑥中国证监会规定提交的其他文件
公开募集基金的基金合同内容	①募集基金的目的和基金名称 ②基金管理人、基金托管人的名称和住所 ③基金的运作方式 ④封闭式基金的基金份额总额和基金合同期限,或者开放式基金的最低募集份额总额 ⑤确定基金份额发售日期、价格和费用的原则 ⑥基金份额持有人、基金管理人和基金托管人的权利、义务 ⑦基金份额持有人大会召集、议事及表决的程序和规则

续表

项目	内容
公开募集基金的基金合同内容	⑧基金份额发售、交易、申购、赎回的程序、时间、地点、费用计算方式,以及给付赎回款项的时间和方式 ⑨基金收益分配原则、执行方式 ⑩基金管理人、基金托管人报酬的提取、支付方式与比例 ⑪与基金财产管理、运用有关的其他费用的提取、支付方式 ⑫基金财产的投资方向和投资限制 ⑬基金资产净值的计算方法和公告方式 ⑭基金募集未达到法定要求的处理方式 ⑮基金合同解除和终止的事由、程序及基金财产清算方式 ⑯争议解决方式 ⑰当事人约定的其他事项
基金招募说明书的内容	①基金募集申请的准予注册文件名称和注册日期 ②基金管理人、基金托管人的基本情况 ③基金合同和基金托管协议的内容摘要 ④基金份额的发售日期、价格、费用和期限 ⑤基金份额的发售方式、发售机构及登记机构名称 ⑥出具法律意见书的律师事务所和审计基金财产的会计师事务所的名称和住所 ⑦基金管理人、基金托管人报酬及其他有关费用的提取、支付方式与比例 ⑧风险警示内容 ⑨中国证监会规定的其他内容

3. 基金注册的审查

中国证监会应当自受理公开募集基金的募集注册申请之日起6个月内依照法律、行政法规及中国证监会的规定进行审查,做出注册或者不予注册的决定,并通知申请人;不予注册的,应当说明理由。

(二)公开募集基金的发售(见表4-10)

表4-10　　　　　　　　　　公开募集基金的发售

项目	内容
基金的发售条件	①基金募集申请经注册后,方可发售基金份额 ②基金份额的发售,由基金管理人或者其委托的基金销售机构办理 ③基金管理人应当在基金份额发售的3日前公布招募说明书、基金合同及其他有关文件。这些文件应当真实、准确、完整 ④对基金募集所进行的宣传推介活动,应当符合有关法律、行政法规的规定,不得有虚假记载、误导性陈述或者重大遗漏等法律规定的公开披露基金信息禁止行为
基金的募集期限	基金管理人应当自收到准予注册文件之日起6个月内进行基金募集。超过6个月开始募集,原注册的事项未发生实质性变化的,应当报中国证监会备案;发生实质性变化的,应当向中国证监会重新提交注册申请。基金募集不得超过中国证监会准予注册的基金募集期限。基金募集期限自基金份额发售之日起计算

续表

项目	内容
基金的备案	基金募集期限届满,封闭式基金募集的基金份额总额达到准予注册规模的80%以上,开放式基金募集的基金份额总额超过准予注册的最低募集份额总额,并且基金份额持有人人数符合中国证监会规定的,基金管理人应当自募集期限届满之日起10日内聘请法定验资机构验资,自收到验资报告之日起10日内,向中国证监会提交验资报告,办理基金备案手续,并予以公告
募集基金失败时基金管理人的责任	投资人交纳认购的基金份额的款项时,基金合同成立;基金管理人依法向中国证监会办理基金备案手续,基金合同生效 基金募集期限届满,不能满足法律规定的条件,无法办理基金备案手续,基金合同不生效,也即基金募集失败。基金募集失败,基金管理人应当承担下列责任:①以其固有财产承担因募集行为而产生的债务和费用;②在基金募集期限届满后30日内返还投资人已交纳的款项,并加计银行同期存款利息

【例题·单选题】基金募集失败,基金管理人应当在基金募集期限届满后( )日内返还投资人已交纳的款项,并加计银行同期存款利息。
A.10　　　　B.30　　　　C.20　　　　D.60
【答案】B
【解析】基金募集失败,基金管理人应当在基金募集期限届满后30日内返还投资人已交纳的款项,并加计银行同期存款利息。

二、对公开募集基金销售活动的监管

(一)基金销售适用性监管

(1)依据《证券投资基金销售管理办法》的规定,基金销售机构在销售基金和相关产品的过程中,应当坚持投资人利益优先原则,注重根据投资人的风险承受能力销售不同风险等级的产品,把合适的产品销售给合适的基金投资人。

(2)基金销售机构应当建立基金销售适用性管理制度,至少包括以下内容:
①对基金管理人进行审慎调查的方式和方法。
②对基金产品的风险等级进行设置、对基金产品进行风险评价的方式和方法。
③对基金投资人风险承受能力进行调查和评价的方式和方法。
④对基金产品和基金投资人进行匹配的方法。

(二)对基金宣传推介材料的监管

基金宣传推介材料,是指为推介基金向公众分发或者公布,使公众可以普遍获得的书面、电子或者其他介质的信息,包括:①公开出版资料;②宣传单、手册、信函、传真、非指定信息披露媒体上刊发的与基金销售相关的公告等面向公众的宣传资料;③海报、户外广告;④电视、电影、广播、互联网资料、公共网站链接广告、短信及其他音像、通信资料;⑤中国证监会规定的其他材料。

依据《证券投资基金销售管理办法》的规定,基金管理人的基金宣传推介材料,应当事先经基金管理人负责基金销售业务的高级管理人员和督察长检查,出具合规意见书,并自向公众分发或者发布之日起5个工作日内报主要经营活动所在地中国证监会派出机构备案;其他基金销售机构的基金宣传推介材料,应当事先经基金销售机构负责基金销售业务和合规的高级管理人员检查,出具合规意见书,并自向公众分发或者发布之日起5个工作日内报工商注册登记所在地中国证监会派出机构备案。

基金宣传推介材料必须真实、准确,与基金合同、基金招募说明书相符,不得有下列情形:①虚假记载、误导性陈述或者重大遗漏;②预测基金的证券投资业绩;③违规承诺收益或者承担损失;④诋毁其他基金管理人、基金托管人或者基金销售机构,或者其他基金管理人募集或者管理的基金;⑤夸大或者片面宣传基金,违规使用安全、保证、承诺、保险、避险、有保障、高收益、无风险等可能使投资人认为没有风险的或者片面强调集中营销时间限制的表述;⑥登载单位或者个人的推荐性文字;⑦中国证监会规定的其他情形。

(三)对基金销售费用的监管

基金销售机构办理基金销售业务,可以按照基金合同和招募说明书的约定向投资人收取认购费、申购费、赎回费、转换费和销售服务费等费用。基金销售机构收取基金销售费用的,应当符合中国证监会关于基金销售费用的有关规定。基金销售机构为基金投资人提供增值服务的,可以向基金投资人收取增值服务费。

基金销售机构收取增值服务费的,应当符合下列要求:①遵循合理、公开、质价相符的定价原则;②所有开办增值服务的营业网点应当公示增值服务的内容;③统一印制服务协议,明确增值服务的内容、方式、收费标准、期限及纠纷解决机制等;④基金投资人应当享有自主选择增值服务的权利,选择接受增值服务的基金投资人应当在服务协议上签字确认;⑤增值服务费应当单独缴纳,不应从申购(认购)资金中扣除;⑥提供增值服务和签订服务协议的主体应当是基金销售机构,任何销售人员不得私自收取增值服务费;⑦相关监管机构规定的其他情形。基金销售机构提供增值服务并以此向投资人收取增值服务费的,应当将统一印制的服务协议向中国证监会备案。

基金管理人与基金销售机构可以在基金销售协议中约定依据基金销售机构销售基金的保有量提取一定比例的客户维护费,用以向基金销售机构支付客户服务及销售活动中产生的相关费用。

三、对公开募集基金投资与交易行为的监管

(一)基金的投资方式和范围

基金管理人运用基金财产进行证券投资,除中国证监会另有规定外,应当采用资产组合的方式。资产组合的具体方式和投资比例,依照法律和中国证监会的规定在基金合同中约定。采用资产组合投资方式是分散投资风险、保持基金财产适当流动性和收益稳定性的重要手段。

基金财产应当用于下列投资:①上市交易的股票、债券;②中国证监会规定的其他证券及其衍生品种。

(二)基金的投资与交易行为的限制

依据《证券投资基金法》的规定,基金财产不得用于下列投资或者活动:①承销证券;②违反规定向他人贷款或者提供担保;③从事承担无限责任的投资;④买卖其他基金份额,但是中国证监会另有规定的除外;⑤向基金管理人、基金托管人出资;⑥从事内幕交易,操纵证券交易价格及其他不正当的证券交易活动;⑦法律、行政法规和中国证监会规定禁止的其他活动。

运用基金财产买卖基金管理人、基金托管人及其控股股东、实际控制人或者与其有其他重大利害关系的公司发行的证券或承销期内承销的证券,或者从事其他重大关联交易的,应当遵循基金份额持有人利益优先的原则,防范利益冲突,符合中国证监会的规定,并履行信息披露义务。

四、对公开募集基金信息的披露的监管

(一)对基金信息披露的要求

基金管理人、基金托管人和其他基金信息披露义务人应当依法披露基金信息,并保证所披露信息的真实性、准确性和完整性。基金信息披露义务人应当确保应予披露的基金信息在中国证监会规定时间内披露,并保证投资人能够按照基金合同约定的时间和方式查阅或者复制公开披露的信息资料。

(二)基金披露的内容

公开披露的基金信息包括:①基金招募说明书、基金合同,基金托管协议;②基金募集情况;③基金份额上市交易公告书;④基金资产净值、基金份额净值;⑤基金份额申购、赎回价格;⑥基金财产的资产组合季度报告、财务会计报告及中期和年度基金报告;⑦临时报告;⑧基金份额持有人大会决议;⑨基金管理人、基金托管人的专门基金托管部门的重大人事变动;⑩涉及基金财产、基金管理业务、基金托管业务的诉讼或者仲裁;⑪中国证监会规定应予披露的其他信息。

(三)基金信息披露的禁止行为

公开披露基金信息,不得有下列行为:①虚假记载、误导性陈述或者重大遗漏;②对证券投资业绩进行预测;③违规承诺收益或者承担损失;④诋毁其他基金管理人、基金托管人或者基金销售机构;⑤法律、行政法规和中国证监会规定禁止的其他行为。

五、基金份额持有人及基金份额持有人大会

(一)基金份额持有人的法定权利

依据《证券投资基金法》的规定,基金份额持有人享有下列权利:
(1)分享基金财产收益。
(2)参与分配清算后的剩余基金财产。
(3)依法转让或者申请赎回其持有的基金份额。
(4)按照规定要求召开基金份额持有人大会或者召集基金份额持有人大会。
(5)对基金份额持有人大会审议事项行使表决权。
(6)对基金管理人、基金托管人、基金服务机构损害其合法权益的行为依法提起诉讼。
(7)基金合同约定的其他权利。公开募集基金的基金份额持有人有权查阅或者复制公开披露的基金信息资料;非公开募集基金的基金份额持有人对涉及自身利益的情况,有权查阅基金的财务会计账簿等财务资料。

(二)基金份额持有人大会及其日常机构

(1)基金份额持有人大会由全体基金份额持有人组成,行使下列职权:
①决定基金扩募或者延长基金合同期限。

②决定修改基金合同的重要内容或者提前终止基金合同。
③决定更换基金管理人、基金托管人。
④决定调整基金管理人、基金托管人的报酬标准。
⑤基金合同约定的其他职权。
(2)按照基金合同约定,基金份额持有人大会可以设立日常机构,行使下列职权:
①召集基金份额持有人大会。
②提请更换基金管理人、基金托管人。
③监督基金管理人的投资运作、基金托管人的托管活动。
④提请调整基金管理人、基金托管人的报酬标准。
⑤基金合同约定的其他职权。基金份额持有人大会的日常机构,由基金份额持有人大会选举产生的人员组成;其议事规则,由基金合同约定。

基金份额持有人大会及其日常机构不得直接参与或者干涉基金的投资管理活动。

(三)公开募集基金的基金份额持有人权利行使

1. 基金份额持有人大会的召集

依据《证券投资基金法》的规定,基金份额持有人大会由基金管理人召集。基金份额持有人大会设立日常机构的,由该日常机构召集;该日常机构未召集的,由基金管理人召集。基金管理人未按规定召集或者不能召集的,由基金托管人召集。代表基金份额10%以上的基金份额持有人就同一事项要求召开基金份额持有人大会,而基金份额持有人大会的日常机构、基金管理人、基金托管人都不召集的,代表基金份额10%以上的基金份额持有人有权自行召集,并报中国证监会备案。

召开基金份额持有人大会,召集人应当至少提前30日公告基金份额持有人大会的召开时间、会议形式、审议事项、议事程序和表决方式等事项。基金份额持有人大会不得就未经公告的事项进行表决。

2. 基金份额持有人大会的召开

依据《证券投资基金法》的规定,基金份额持有人大会可以采取现场方式召开,也可以采取通信等方式召开。每一基金份额具有一票表决权,基金份额持有人可以委托代理人出席基金份额持有人大会并行使表决权。基金份额持有人大会应当有代表1/2以上基金份额的持有人参加,方可召开。参加基金份额持有人大会的持有人的基金份额低于前款规定比例的,召集人可以在原公告的基金份额持有人大会召开时间的3个月以后、6个月以内,就原定审议事项重新召集基金份额持有人大会。重新召集的基金份额持有人大会应当有代表1/3以上基金份额的持有人参加,方可召开。

3. 基金份额持有人大会的决议规则

基金份额持有人大会就审议事项做出决定,应当经参加大会的基金份额持有人所持表决权的1/2以上通过;但是,转换基金的运作方式、更换基金管理人或者基金托管人、提前终止基金合同、与其他基金合并,应当经参加大会的基金份额持有人所持表决权的2/3以上通过。基金份额持有人大会决定的事项,应当依法报中国证监会备案,并予以公告。

【例题·单选题】转换基金的运作方式、更换基金管理人或者基金托管人、提前终止基金合同、与其他基金合并,应当经参加大会的基金份额持有人所持表决权的(　　)以上通过。

A. 1/2　　　　B. 1/3　　　　C. 2/3　　　　D. 3/4

【答案】C

【解析】转换基金的运作方式、更换基金管理人或者基金托管人、提前终止基金合同、与其他基金合并,应当经参加大会的基金份额持有人所持表决权的 2/3 以上通过。

第五节　对非公开募集基金的监管

>> 本节导读 <<

本节以区别监管的视角介绍了对非公开募集基金的监管,内容较为繁杂,考生需要在熟记的基础上进行掌握,切勿混淆。

一、非公开募集基金的基金管理人的登记

非公开募集基金,也称为私募基金,是指在中华人民共和国境内,以非公开方式向投资者募集资金设立的投资基金。

我国对于非公开募集基金的基金管理人没有严格的市场准入限制,担任非公开募集基金的基金管理人无须中国证监会审批,而实行登记制度,即非公开募集基金的基金管理人只需向基金业协会登记即可。对于非公开募集基金管理人的内部治理结构由基金业协会制定相关指引和准则,实行自律管理。这降低了非公开募集基金管理人的设立难度和设立成本,也利于非公开募集基金灵活运作,体现了区别监管的理念。

中国证监会 2014 年 8 月 21 日发布的《私募投资基金监督管理暂行办法》规定,设立私募基金管理机构和发行私募基金不设行政审批,允许各类发行主体在依法合规的基础上,向累计不超过法律规定数量的投资者发行私募基金。

各类私募基金管理人应当根据基金业协会《私募投资基金管理人登记和基金备案办法(试行)》的规定,向基金业协会申请登记。应当通过私募基金登记备案系统,如实填报基金管理人基本信息、高级管理人员及其他从业人员基本信息、股东或合伙人基本信息、管理基金基本信息。

登记申请材料不完备或不符合规定的,私募基金管理人应当根据基金业协会的要求及时补正。申请登记期间,登记事项发生重大变化的,私募基金管理人应当及时告知基金业协会并变更申请登记内容。

基金业协会应当在私募基金管理人登记材料齐备后的 20 个工作日内,通过网站公告私募基金管理人名单及其基本情况的方式,为私募基金管理人办结登记手续。网站公示的私募基金管理人基本情况包括私募基金管理人的名称、成立时间、登记时间、住所、联系方式、主要负责人等基本信息以及基本诚信信息。

【例题·单选题】基金业协会应当在私募基金登记材料齐备后的(　　)个工作日内,通过网站公告私募基金名单及其基本情况的方式,为私募基金办结登记手续。

A. 7　　　　B. 10　　　　C. 15　　　　D. 20

【答案】D

【解析】基金业协会应当在私募基金登记材料齐备后的 20 个工作日内,通过网站公告私募基

金名单及其基本情况的方式,为私募基金办结登记手续。

二、对非公开募集基金募集行为的监管

我国对于非公开募集基金的监管的重点集中在募集环节,主要体现为:确立合格投资者制度;禁止公开宣传推介;规范基金合同必备条款并强化违反监管规定的法律责任。

(一)对非公开募集基金募集对象的限制

依据《证券投资基金法》的规定,非公开募集基金应当向合格投资者募集,合格投资者累计不得超过200人。

私募基金的合格投资者是指具备相应风险识别能力和风险承担能力,投资于单只私募基金的金额不低于100万元且符合下列相关标准的单位和个人:①净资产不低于1 000万元的单位;②金融资产不低于300万元或者最近3年个人年均收入不低于50万元的个人。上述金融资产包括银行存款、股票、债券、基金份额、资产管理计划、银行理财产品、信托计划、保险产品、期货权益等。

下列投资者视为合格投资者:①社会保障基金、企业年金等养老基金,慈善基金等社会公益基金;②依法设立并在基金业协会备案的投资计划;③投资于所管理私募基金的私募基金管理人及其从业人员;④中国证监会规定的其他投资者。

合格投资者制度是非公开募集基金在募集对象方面的一项重要制度,目前在我国股指期货、融资融券、信托公司信托计划等金融领域都有所体现,是将风险不同的金融产品提供给具有相风险承受能力投资者的"投资者适当性"原则的体现。限制合格投资者的人数的依据在于防止非公开募集基金丧失其私募特征而构成实质上的公开募集基金。

(二)对非公开募集基金推介方式的限制

非公开募集基金的募集对象是特定的,这就决定了采用非公开方式推介是其区别于公开募集基金的关键性特征。

依据《证券投资基金法》和《私募投资基金监督管理暂行办法》的规定,非公开募集基金不得向合格投资者之外的单位和个人募集资金,不得通过报刊、电台、电视台、互联网等公众传播媒体或者讲座、报告会、分析会和布告、传单、手机短信、微信、博客和电子邮件等方式向不特定对象宣传推介。对于违反法律法规,擅自公开或者变相公开募集基金的,应当承担相应的法律后果。这一规定同样适用于非公开募集基金份额的转让,基金份额持有人也不得采用公开宣传的方式向非合格投资者转让基金份额。

(三)规定非公开募集基金的基金合同的必备条款

基金合同对基金当事人具有约束力,也是保护基金份额持有人的最重要的法律文件。法律规定非公开募集基金的基金合同的必备条款,有利于投资者权益的保护。

依据《证券投资基金法》的规定,非公开募集基金,应当制定并签订基金合同。基金合同应当包括下列内容:①基金份额持有人、基金管理人、基金托管人的权利、义务;②基金的运作方式;③基金的出资方式、数额和认缴期限;④基金的投资范围、投资策略和投资限制;⑤基金收益分配原则、执行方式;⑥基金承担的有关费用;⑦基金信息提供的内容、方式;⑧基金份额的认购、赎回或者转让的程序和方式;⑨基金合同变更、解除和终止的事由、程序;⑩基金财产清算方式;⑪当事人约定的其他事项。

按照基金合同约定,非公开募集基金可以由部分基金份额持有人作为基金管理人负责基金的投资管理活动,并在基金财产不足以清偿其债务时对基金财产的债务承担无限连带责任。

以有限合伙方式组织的非公开募集基金,其基金合同还应载明:①承担无限连带责任的基金份额持有人和其他基金份额持有人的姓名或者名称、住所;②承担无限连带责任的基金份额持有人的除名条件和更换程序;③基金份额持有人增加、退出的条件、程序以及相关责任;④承担无限连带责任的基金份额持有人和其他基金份额持有人的转换程序。

三、对非公开募集基金运作的监管

(一)非公开募集基金的备案

依据《证券投资基金法》的规定,非公开募集基金募集完毕,基金管理人应当向基金业协会备案。对募集的资金总额或者基金份额持有人的人数达到规定标准的基金,基金业协会应当向中国证监会报告。

《私募投资基金监督管理暂行办法》规定,各类私募基金募集完毕,私募基金管理人应当根据基金业协会的规定,办理基金备案手续,报送以下基本信息:①主要投资方向及根据主要投资方向注明的基金类别。②基金合同、公司章程或者合伙协议。资金募集过程中向投资者提供基金招募说明书的,应当报送基金招募说明书。以公司、合伙等企业形式设立的私募基金,还应当报送工商登记和营业执照正副本复印件。③采取委托管理方式的,应当报送委托管理协议。委托托管机构托管基金财产的,还应当报送托管协议。④基金业协会规定的其他信息。

基金业协会应当在私募基金备案材料齐备后的20个工作日内,通过网站公告私募基金名单及其基本情况的方式,为私募基金办结备案手续。

(二)非公开募集基金的托管

《私募投资基金监督管理暂行办法》规定,除基金合同另有约定外,私募基金应当由基金托管人托管。基金合同约定私募基金不进行托管的,应当在基金合同中明确保障私募基金财产安全的制度措施和纠纷解决机制。

(三)非公开募集基金的投资运作行为规范

依据《证券投资基金法》的规定,非公开募集基金财产的证券投资,包括买卖公开发行的股份有限公司股票、债券、基金份额,以及中国证监会规定的其他证券及其衍生品种。

《私募投资基金监督管理暂行办法》规定,同一私募基金管理人管理不同类别私募基金的,应当坚持专业化管理原则;管理可能导致利益输送或者利益冲突的不同私募基金的,应当建立防范利益输送和利益冲突的机制。

私募基金管理人、私募基金托管人、私募基金销售机构及其他私募服务机构及其从业人员从事私募基金业务,不得有以下行为:①将其固有财产或者他人财产混同于基金财产从事投资活动;②不公平地对待其管理的不同基金财产;③利用基金财产或者职务之便,为本人或者投资者以外的人牟取利益,进行利益输送;④侵占、挪用基金财产;⑤泄露因职务便利获取的未公开信息,利用该信息从事或者明示、暗示他人从事相关的交易活动;⑥从事损害基金财产和投资者利益的投资活动;⑦玩忽职守,不按照规定履行职责;⑧从事内幕交易、操纵交易价格及其他不正当交易活动;⑨法律、行政法规和中国证监会规定禁止的其他行为。

(四)非公开募集基金的信息披露和报送

私募基金管理人应当根据基金业协会的规定,及时填报并定期更新管理人及其从业人员的有关信息、所管理私募基金的投资运作情况和杠杆运用情况,保证所填报内容真实、准确、完整。发生重大事项的,应当在10个工作日内向基金业协会报告。

私募基金管理人应当于每个会计年度结束后的4个月内,向基金业协会报送经会计师事务所审计的年度财务报告和所管理私募基金年度投资运作基本情况。

私募基金管理人、私募基金托管人及私募基金销售机构应当妥善保存私募基金投资决策、交易和投资者适当性管理等方面的记录及其他相关资料,保存期限自基金清算终止之日起不得少于10年。

对于创业投资基金,基金业协会在基金管理人登记、基金备案、投资情况报告要求和会员管理等环节,采取区别于其他私募基金的差异化行业自律,并提供差异化会员服务。中国证监会及其派出机构对创业投资基金在投资方向检查等环节,采取区别于其他私募基金的差异化监督管理;在账户开立、发行交易和投资退出等方面,为创业投资基金提供便利服务。

真题自测

(所有题型均为单选题,每题只有1个正确答案)

1. (　　)投资基金业协会正式成立,原中国证券业协会基金公司会员部的行业自律职责转入中国证券投资基金业协会。
   A. 2012年3月　　B. 2012年6月　　C. 2013年5月　　D. 2014年7月

2. 注册公开募集基金,由拟任基金管理人向中国证监会提交的文件不包括(　　)。
   A. 基金合同草案　　　　　　　B. 招募说明书草案
   C. 律师事务所出具的律师意见书　　D. 基金宣传推介材料

3. 基金募集期限自(　　)起计算。
   A. 基金份额发售前两天　　　B. 基金份额发售前一天
   C. 基金份额发售之日　　　　D. 基金份额发售第二天

4. 基金公司主要股东为法人或其他组织的,净资产不低于(　　)亿元人民币。
   A. 1　　　　B. 2　　　　C. 5　　　　D. 10

5. 申请登记期间,登记事项发生重大变化的,私募基金管理人应当及时告知(　　)并变更申请登记内容。
   A. 证券业协会　　B. 证监会　　C. 银监会　　D. 基金业协会

6. 公开募集基金的基金合同不包括(　　)。
   A. 基金份额持有人、基金管理人和基金托管人的权利、义务
   B. 基金财产的投资方向和投资限额
   C. 基金管理人和基金托管人的名称和住所
   D. 基金份额的发售方式、发售机构及登记机构名称

7. 网站公示的私募基金管理人基本情况不包括(　　)。
   A. 过往业绩　　　　　　　B. 住所、联系方式、主要负责人

C. 基本诚信信息　　　　　　　　　　D. 名称、成立时间、登记时间

8. 基金托管人职责终止的,基金份额持有人大会应当在6个月内选任新基金托管人,新基金托管人产生前,由(　　)指定临时基金托管人。
   A. 中国基金业协会　　　　　　　　B. 中国银监会
   C. 中国证监会　　　　　　　　　　D. 基金管理人

9. 对基金管理公司持有5%以上股权的非主要股东,非主要股东为自然人的,个人金融资产不低于(　　)万元人民币,在境内外资产管理行业从业(　　)年以上。
   A. 1 000;5　　　B. 1 000;10　　　C. 3 000;5　　　D. 3 000;10

10. 依据《证券投资基金法》的规定,中国证监会依法履行职责,有权采取的监管措施不包括(　　)。
    A. 调查取证　　　B. 行政处罚　　　C. 限制交易　　　D. 刑事处罚

11. 基金监管的首要目标是(　　)。
    A. 保护投资人利益
    B. 保护基金管理人利益
    C. 保证证券投资基金和资本市场的健康发展
    D. 规范证券投资基金活动

12. 下列选项中不属于基金经理任职应当具备条件的是(　　)。
    A. 取得基金从业资格
    B. 最近3年没有受到证券、银行、工商和税务等行政管理部门的行政处罚
    C. 通过中国证监会或者其他授权机构组织的高级管理人员证券投资法律知识考试
    D. 具有5年以上证券投资管理经历

第五章 基金职业道德

本章分三部分介绍了基金职业道德的相关内容。第一部分介绍了道德与职业道德的概念和特征、道德与法律的联系与区别;第二部分重点介绍了基金职业道德规范的具体内容;第三部分主要对基金职业道德教育和修养的含义以及途径或方法进行了分析说明。本章内容较为简单,考生可结合现实生活帮助理解所学知识。

考点概览

考试大纲	考点内容	学习要求
道德与职业道德	道德	理解
	职业道德	理解
基金职业道德规范	守法合规	掌握
	诚实守信	掌握
	专业审慎	掌握
	客户至上	掌握
	忠诚尽责	掌握
	保守秘密	掌握
基金职业道德教育与修养	基金职业道德教育	理解
	基金职业道德修养	理解

第一节 道德与职业道德

本节导读

本节主要介绍了道德与职业道德的相关内容,本节内容较为简单,考生只需理解即可。

一、道德

(一)道德的概念

所谓道德,是一种社会意识形态,是由一定的社会经济基础决定并形成的,以是与非、善与恶、美与丑、正义与邪恶、公正与偏私、诚实与虚伪等范畴为评价标准,依靠社会舆论、传统习俗和内心信念等约束力量,实现调整人与人之间、人与社会之间关系的行为规范的总和。

(二)道德的特征(见表5-1)

表5-1　　　　　　　　　　　　　　道德的特征

特征	内容
差异性	不同的社会有不同的道德。道德是由一定的社会经济基础决定的,是一定社会关系的反映。因此,社会经济基础和社会关系的不同就决定了道德的差异性。不同的社会条件下有着不同的社会价值观念和道德标准,以及与其相适应的道德规范体系
继承性	道德总是随着社会经济的发展而不断地改变着,因为决定或者影响道德形成和发展的各种因素具有历史延续性,所以,道德也必然与文化、民俗、宗教、伦理等一样有着历史的传承。而且,传统道德的传承力往往是巨大的,现代道德都深深烙有传统道德的印记
约束性	道德是建立在调整人们关系、维护社会秩序理念基础之上的,是社会认可和人们普遍接受的具有一般约束力的行为规范。因此,道德对全体社会成员具有约束的作用。但是,道德并不像法律那样依靠国家强制力保证其实施,其约束力是有限的
具体性	不论是成文的还是不成文的道德,作为行为规范,其内容都是具体的。道德规范虽然是具体的,但仍有层次的划分。有些规范内涵比较丰富,具有一定的概括性,可以称为道德原则,在道德原则之下通常包含若干更为具体的道德规则

(三)道德与法律的关系

1. 道德与法律的区别(见表5-2)

表5-2　　　　　　　　　　　　　　道德与法律的区别

区别	内容
表现形式不同	①道德。是社会认可和人们普遍接受的行为规范,既可以是成文的,也可以是不成文的,没有特定的表现形式 ②法律。由国家制定或认可的一种行为规范,主要表现为各种制定法或者判例法,内容明确,通常以文字作为载体,以便人们认知和遵守
内容结构不同	①道德。一般只以义务为内容,并不要求有对等的权利。道德规范一般没有明确的制裁措施或者行为后果 ②法律。以权利义务为内容,要求权利义务对等。法律规范的结构是假定、处理和制裁,或者说是行为模式和法律后果
调整范围不同	①道德。调整的范围比法律调整的范围更为广泛。绝大多数法律规范是以道德评价为基础的,同时也是道德规范 ②法律。有一些法律调整的领域道德并不调整,例如一些专门的程序性规范
调整手段不同	①道德。主要依靠社会舆论、传统习俗和内心信念等力量来实现其约束力。相比法律,道德的调整手段更多,但均不具有强制性 ②法律。主要依靠国家强制力保证实施

2. 道德与法律的联系（见表5-3）

表5-3 道德与法律的联系

联系	内容
目的一致	道德和法律都是行为规范，都是重要的社会调控手段。二者都属于上层建筑范畴，都为一定的社会经济基础服务。绝大多数的法律规范都是以道德作为价值基础的，在评价标准上与道德是一致的，因此，二者在根本目的上具有一致性
内容交叉	道德一般可分为两类：一类是维护社会秩序所要求的最低限度的道德；另一类是有助于提高人的精神素质、增进人与人之间和谐关系的较高要求的道德。前者通常也是法律所调整的内容，而对于后者法律一般不予调整。同时，法律调整的内容并不限于道德所调整的范畴。因此，道德与法律在内容上是交叉关系
功能互补	道德在调整范围上对法律具有补充作用。有些行为不宜由法律调整或者本应由法律调整但因立法滞后而尚"无法可依"的，道德调整就起了补充作用。同时，法律在约束力上对道德具有补充作用。相比法律，道德的约束是"软"约束，因此，重要的道德转化为法律，就可以依靠国家强制力来保证实施
相互促进	法律对传播道德具有促进作用。法律的实施，不但有助于人们法律意识的形成，还有助于人们道德观念的培养。因为法律与道德的评价标准虽有不同，但在绝大多数情况下是一致或接近的，而且更为明确，所以法律的实施对道德观念的培养可以起到强化促进作用。同时，道德对法律的实施也具有促进作用。遵纪守法通常是道德最基本的要求，增强道德观念有助于人们自觉守法 另外，规章、制度、纪律等也属于行为规范的范畴，是介于法律和道德之间的一种特殊的规范。这些规范通常由特定组织制定，效力限于组织内部人员

二、职业道德

（一）职业道德的概念

职业道德，也称职业道德规范，是一般社会道德在职业活动和职业关系中的特殊表现，是与人们的职业行为紧密联系的符合职业特点要求的道德规范的总和。它既是对从业人员在职业活动中行为的要求，同时又是职业对社会所负的道德责任与义务的体现。

我国《公民道德建设实施纲要》指出："职业道德是所有从业人员在职业活动中应该遵循的行为守则，涵盖了从业人员与服务对象、职业与职工、职业与职业之间的关系。"

（二）职业道德的特征（见表5-4）

表5-4 职业道德的特征

特征	内容
特殊性	相对于一般社会道德，职业道德具有特殊性。职业道德与一般社会道德之间的关系，是特殊与一般、个性与共性之间的关系。任何职业道德，都在不同程度上体现着一般社会道德的要求，职业道德是一般社会道德在职业活动中的具体化
继承性	随着社会的发展和进步，每种职业道德的内容也会随之不断丰富和深化，但它的基本内容往往会保持相对的稳定性和连续性。从职业道德的发展轨迹来看，与一般社会道德一样，具有历史的继承性

续表

特征	内容
规范性	职业道德相比于一般社会道德以及其他领域的道德，具有规范性更强的特征。所谓规范性，是指具有完整的规范结构和有保证的约束力。就像法律规范一样，由假定、处理和制裁构成，违法行为要承担相应的法律后果
具体性	职业是多种多样的，每种职业都有其特有的职业活动和职业关系，都承担着特定的职业义务和责任。虽然不同职业道德的内容有所不同，但其作为行为规范，具有具体性

（三）职业道德的作用（见表5-5）

表5-5　　　　　　　　　　　职业道德的作用

作用	内容
调整职业关系	①职业道德是职业行为规范，告诫从业人员应该做什么、不应该做什么以及应该如何做，具有引导和规范的功能 ②职业道德通过引导和规范职业行为，可以发挥调整职业关系的作用。从调节的范围来看，职业道德一方面调整从业人员的内部关系，加强职业内部人员的凝聚力；另一方面，它也调整从业人员与其服务对象之间的关系，用以塑造本职业从业人员的形象。职业道德引导和规范职业行为，可增进沟通，加深理解，化解矛盾，维护秩序，有利于建立良好的职业关系
提升职业素质	职业素质既包括专业技能，也包括道德素养。各个行业的快速健康发展，不仅需要具备较高业务素质的人才，更需要具有良好道德素养的从业人员。职业道德具有评价和教化的功能，可以培养从业人员的职业情感，评价从业人员的职业行为，可以教化从业人员坚持原则，更好地认识职责和利益的关系，是提升道德素养的重要途径。加强职业道德建设，不仅有利于从业人员提高业务能力，而且也有利于从业人员在追求业绩的同时坚守道德底线，提升职业素质
促进行业发展	加强职业道德建设有助于推动行业发展、树立行业新形象。加强职业道德建设，可以帮助从业人员树立正确的世界观、人生观、价值观和道德观，全面提高从业人员的思想道德品质，逐步形成"为客户服务，对单位负责，为行业争光"的职业道德风尚，进而提高行业服务质量，促进行业健康发展

第二节　基金职业道德规范

> **本节导读**

本节主要介绍了我国基金职业道德的五大内容，考生需要熟练掌握五大内容的含义与基本要求。

基金职业道德是一般社会道德、职业道德基本规范在基金行业的具体化，是基于基金行业以及基金从业人员所承担的特定的职业义务和责任，在长期的基金职业实践中所形成的职业行为规范。2014年12月15日，基金业协会颁布了《基金从业人员执业行为自律准则》（以下简称《自律准则》），引导全体从业人员以合乎职业道德规范的方式对待客户、公众、所在机构、其他同业机构以及行业其他参与者。

我国基金职业道德主要包括守法合规、诚实守信、专业审慎、客户至上、忠诚尽责、保守秘密等内容。

一、守法合规

(一)守法合规的含义

1. 定义

守法合规,是指基金从业人员不但要遵守国家法律、行政法规和部门规章,还应当遵守与基金业相关的自律规则及其所属机构的各种管理规范,并配合基金监管机构的监管。守法合规调整的是基金从业人员与基金行业及基金监管之间的关系。

2. 目的

守法合规的目的是避免基金从业人员自己实施或者参与违法违规的行为,或者为他人违法违规的行为提供帮助。

3. 内容

守法合规中的"法"和"规",除了包括宪法、刑法、民法等所有公民都需要遵守的法律外,主要是指规范证券投资基金领域的法律、行政法规、部门规章,还包括基金行业自律性规则以及基金从业人员所在机构的章程、内部规章制度、工作规程、纪律等行为规范。

(二)守法合规的基本要求(见表5-6)

表5-6　　　　　　　　　守法合规的基本要求

基本要求	内容
熟悉法律法规等行为规范	对于基金机构而言,一方面,要注重培养从业人员的守法合规意识,强化工作流程管理,完善各项规章制度,在机构内部形成守法合规的企业文化;另一方面,要建立健全重视法律法规等行为规范、学习和运用法律法规等行为规范的各项机制,为从业人员熟悉法律法规等行为规范创造条件
遵守法律法规等行为规范	①基金从业人员应当严格遵守法律法规等行为规范,当不同效力级别的规范对同一行为均有规定时,应选择遵守更为严格的规范 ②基金从业人员应当自觉遵守《自律准则》规定的各类行为规范 ③基金从业人员应当积极配合基金监管机构的监管 ④负有监督职责的基金从业人员,要忠实履行自己的监督职责,及时发现并制止违法违规行为,防止违法违规行为造成更加严重的后果 ⑤普通的基金从业人员,尽管不负有监督职责,但是也应当监督他人的行为是否符合法律法规的要求。一旦发现违法违规的行为,应当及时制止并向上级部门或者监管机构报告

二、诚实守信

(一)诚实守信的含义

诚实守信也称为诚信,就是真诚老实、表里如一、言而有信、一诺千金。诚实守信是调整各种社会人际关系的基本准则,也是基金职业道德的核心规范。基金机构从业人员在执业过程中是否诚实守信,直接关系投资人的合法权益,决定了投资人对基金市场的信心和对基金行业的信任。基金行业要健康发展,必须以诚实守信为本;而诚实守信必然要落实到基金从业人员的执业行为上,体现为基金职业道德的核心内容。

(二)诚实守信的基本要求(见表5-7)

表5-7　　　　　　　　　　　　诚实守信的基本要求

基本要求	内容
不得欺诈客户	欺诈的方式主要有两种:一是虚假陈述;二是舞弊行为 在宣传销售基金产品时,基金从业人员应如实告知投资人可能影响其利益的重要情况,正确向其揭示投资风险,不得做出不当承诺或者保证。具体而言: ①基金从业人员在宣传、推介和销售基金产品时,应当客观、全面、准确地向投资者推介基金产品、揭示投资风险 ②基金从业人员对基金产品的陈述、介绍和宣传,应当与基金合同、招募说明书等相符,不得进行虚假或误导性陈述,或出现重大遗漏 ③基金从业人员在销售基金或者为投资者提供咨询服务时,应当向客户和潜在客户披露用于分析投资、选择证券、构建投资组合的投资过程的基本流程和一般原则 ④基金从业人员在陈述所推介基金或同一基金管理人管理的其他基金的过往业绩时,应当客观、全面、准确,并提供业绩信息的原始出处,不得片面夸大过往业绩,也不得预测所推介基金的未来业绩 ⑤基金从业人员分发或公布的基金宣传推介材料应为基金管理机构或基金代销机构统一制作的材料 ⑥基金从业人员不得违规向投资人做出投资不受损失或保证最低收益的承诺 ⑦基金从业人员不得从事隐匿、伪造、篡改或损毁交易数据等舞弊的行为,或做出任何与执业声誉、正直性相背离的行为
不得进行内幕交易和操纵市场	①内幕交易,是指利用内幕信息进行证券交易,以为自己或者他人牟取利益。内幕信息的构成要素有三:一是来源可靠的信息。二是"重要"的信息,即该信息对于证券价格的影响明确。三是"非公开"的信息 ②操纵市场,是指通过歪曲证券价格或人为虚增交易量等方式而意图误导市场参与者的行为。操纵市场的构成要素有二:一是有误导市场参与者的意图。二是实施了歪曲证券价格或者人为虚增交易量等不当影响证券价格的行为
不得进行不正当竞争	①诚实守信规范要求基金从业人员不得进行不正当竞争,不得以排挤竞争对手为目的,压低基金的收费水平,低于基金销售成本销售基金;不得采取抽奖、回扣或者赠送实物、保险、基金份额等方式销售基金。基金从业人员应当公平、合法、有序地进行竞争 ②公平竞争是正当竞争的前提,要求竞争的内容要公平;合法竞争是正当竞争的基础,要求竞争的手段要合法;有序竞争是正当竞争的表现,正当竞争是在公平、合法的基础上,依据市场经济基本规则进行的有秩序的竞争 ③基金业协会2014年8月发布的《公开募集证券投资基金销售公平竞争行为规范》规定,基金管理人和基金销售机构在基金销售活动中应严格贯彻国家关于治理商业贿赂和反不正当竞争行为的各项规定,不得违反商业道德和市场规则,影响公平竞争

三、专业审慎

(一)专业审慎的含义

专业审慎,是指基金从业人员应当具备与其执业活动相适应的职业技能,应当具备从事相关活动所必需的专业知识和技能,并保持和提高专业胜任能力,勤勉审慎开展业务,提高风险管理能力,不得做出任何与专业胜任能力相背离的行为。专业审慎是调整基金从业人员与职业关系的道德规范。基金从业人员必须具备能够胜任专业工作的职业技能,并审慎开展相关活动。

(二)专业审慎的基本要求(见表5-8)

表5-8　　　　　　　　　　　专业审慎的基本要求

基本要求	内容
持证上岗	持证上岗,是指基金从业人员应当具备从事相关活动所必需的法律法规、金融、财务等专业知识和技能,必须通过基金从业人员资格考试,取得基金从业资格,并经由所在机构向基金业协会申请执业注册后,方可执业 ①持证上岗的目的在于保证基金从业人员具备必要的执业能力和专业水平 ②注册监管,可以保证基金从业人员的执业活动处于监管机构的监督之下
持续学习	持续学习,是指基金从业人员应当热爱本职工作,努力钻研业务,注重业务实践,积极参加基金业协会和所在机构组织的后续职业培训。只有持续学习,才能保证持续的专业胜任能力
审慎开展执业活动	①基金从业人员在进行投资分析、提供投资建议、采取投资行动时,应当具有合理充分的依据,有适当的研究和调查支撑,保持独立性与客观性,坚持原则,不得受各种外界因素的干扰 ②基金从业人员应该牢固树立风险控制意识,强化投资风险管理,提高风险管理水平 ③基金从业人员应当合理分析、判断影响投资分析、建议或行动的重要因素 ④基金从业人员应当区分投资分析和建议演示中的事实和假设 ⑤基金从业人员必须记载和保留适当的记录,以支持投资分析、建议、行动等相关事项 ⑥基金从业人员在向客户推荐或者销售基金时,应充分了解客户的投资需求和投资目标以及客户的财务状况、投资经验、流动性要求和风险承受能力等信息,坚持销售适用性原则,向客户推荐或者销售合适的基金

四、客户至上

(一)客户至上的含义

"客户"是指投资人,也即基金份额持有人。客户至上,是指基金从业人员的执业活动应一切从投资人的根本利益出发。其基本含义有两点:一是客户利益优先;二是公平对待客户。客户利益优先是指当客户的利益与机构的利益、从业人员个人的利益相冲突时,要优先满足客户的利益。客户至上是调整基金从业人员与投资人之间关系的道德规范。

(二)客户至上的基本要求(见表5-9)

表5-9　　　　　　　　　　　客户至上的基本要求

基本要求	内容
客户利益优先	①不得从事与投资人利益相冲突的业务 ②应当采取合理的措施避免与投资人发生利益冲突 ③在执业过程中遇到自身利益或相关方利益与投资人利益发生冲突时,应以投资人利益优先,并应及时向所在机构报告 ④不得侵占或者挪用基金投资人的交易资金和基金份额 ⑤不得在不同基金资产之间、基金资产和其他受托资产之间进行利益输送 ⑥不得在执业活动中为自己或他人谋取不正当利益 ⑦不得利用工作之便向任何机构和个人输送利益,损害基金持有人利益

续表

基本要求	内容
公平对待客户	公平对待客户，是指基金从业人员应当尊重所有客户并公平对待所有客户，不能因为基金份额多寡或者其他原因而厚此薄彼。公平对待客户要求基金从业人员在进行投资分析、提供投资建议、采取投资行动或从事其他专业活动时，应当公平地对待所有客户

五、忠诚尽责

(一)忠诚尽责的含义

忠诚，是指基金从业人员应当忠实于所在机构，避免与所在机构利益发生冲突，不得损害所在机构的利益。尽责，是指基金从业人员应当以对待自己事情一样的谨慎和注意来对待所在机构的工作，尽职尽责。忠诚尽责是调整基金从业人员与其所在机构之间关系的职业道德规范。

(二)忠诚尽责的基本要求(见表5-10)

表5-10   忠诚尽责的基本要求

基本要求	内容
廉洁公正	①不得接受利益相关方的贿赂或对其进行商业贿赂，如接受或赠送礼物、回扣、补偿或报酬等 ②不得利用基金财产或者所在机构固有财产为自己或者他人谋取非法利益 ③不得利用职务之便或者机构的商业机会为自己或者他人谋取非法利益 ④不得侵占或者挪用基金财产或者机构固有财产 ⑤不得为了迎合客户的不合理要求而损害社会公共利益、所在机构或者他人的合法权益，不得私下接受客户委托买卖证券期货 ⑥不得从事可能导致与投资者或所在机构之间产生利益冲突的活动 ⑦抵制来自于上级、同事、亲友等各种关系因素的不当干扰，坚持原则，独立自主
忠诚敬业	①基金从业人员应当与所在机构签订正式的劳动合同或其他形式的聘任合同，保证基金从业人员在相应机构对其进行直接管理的条件下从事执业活动 ②基金从业人员有义务保护公司财产、信息安全，防止所在机构资产损坏、丢失 ③基金从业人员应当严格遵守所在机构的授权制度，在授权范围内履行职责；超出授权范围的，应当按照所在机构制度履行批准程序 ④基金从业人员提出辞职时，应当按照聘用合同约定的期限提前向公司提出申请，并积极配合有关部门完成工作移交。已提出辞职但尚未完成工作移交的，从业人员应认真履行各项义务，不得擅自离岗；已完成工作移交的从业人员应当按照聘用合同的规定，认真履行保密、竞业禁止等义务 ⑤基金从业人员本人、配偶、利害关系人进行证券投资，应当遵守所在机构有关从业人员的证券投资管理制度办理报批或报备手续

六、保守秘密

(一)保守秘密的含义

保守秘密，是指基金从业人员不应泄露或者披露客户和所属机构或者相关基金机构向其传达的信息，除非该信息涉及客户或潜在客户的违法活动，或者属于法律要求披露的信息，或者客户或潜在客户允许披露此信息。保守秘密是基金从业人员的一项法定义务，也是基金职业道德的一项基本规范。对所有的基金从业人员均有约束效力。

基金从业人员在执业活动中接触到的秘密主要包括三类：一是商业秘密；二是客户资料；三是内幕信息。

需要注意的是,保守秘密与守法合规中的举报他人违法行为并不冲突。职业道德要求基金从业人员保守秘密的信息是内容合法的信息,对于违反法律规定的行为,不构成秘密,应该积极监督和举报。

(二)保守秘密的基本要求

基金从业人员应当做到以下三点:

(1)应当妥善保管并严格保守客户秘密,非经许可不得泄露客户资料和交易信息。且无论是在任职期间还是离职后,均不得泄露任何客户资料和交易信息。

(2)不得泄露在执业活动中所获知的各相关方的信息及所属机构的商业秘密,更不得用以为自己或他人牟取不正当的利益。

(3)不得泄露在执业活动中所获知的内幕信息。基金从业人员应当严格遵守所在机构的保密制度,不打听不属于自己业务范围的秘密,不与同事交流自己获知的秘密。如果某一秘密已经被泄露,应当尽快通知有关部门做出补救措施,防止损失进一步扩大。

第三节 基金职业道德教育与修养

> **本节导读**

本节主要介绍了基金职业道德教育与基金职业道德修养,本节内容较为简单,但是需要记忆,考生一定要在理解的基础上加强记忆。

一、基金职业道德教育

(一)基金职业道德教育的含义

职业道德教育,是指通过受教育者自身以外的力量,对其进行职业行为规范、职业义务和责任等职业道德核心内容的教育活动。职业道德教育的目的就是通过外在教育帮助和引导受教育者实现由被动接受教育到主动自我教育。

基金职业道德教育,是指根据基金行业工作的特点,有目的、有组织、有计划地对基金从业人员施行的职业道德影响,促使其形成基金职业道德品质,正确履行基金职业道德义务的教育活动,是提高基金从业人员职业道德素养的基本手段。

(二)基金职业道德教育的内容

基金职业道德教育的内容主要包括两个方面,如表 5 – 11 所示。

表 5 – 11   基金职业道德教育的内容

内容	含义
培养基金职业道德观念	基金职业道德教育,首先是职业道德观念教育,通过强化职业道德观念教育,使基金从业人员不仅要重视专业技能和监管法规,也要重视职业道德;不仅要认识到遵守基金职业道德规范的重要意义,也要牢记违反基金职业道德规范将受到的惩戒和处罚
	基金职业道德观念教育是基金职业道德规范教育的基础和保障,只有首先树立了基金职业道德观念,才能使得基金从业人员在职业活动中,潜移默化地提升职业道德素养,进而把职业道德规范变成自发自觉的职业行为

续表

内容	含义
灌输基金职业道德规范	基金职业道德规范教育,是指对基金从业人员开展的以基金职业道德具体规范为内容的教育。基金职业道德规范的主要内容是守法合规、诚实守信、专业胜任、客户至上、忠实勤勉、保守秘密等。这是基金职业道德教育的核心内容,应贯穿于基金职业道德教育的始终 基金职业道德规范教育的作用在于把基金职业道德规范灌输到基金从业人员的意识之中,引导基金从业人员能够依据具体的职业道德规范实行自我监督、自我评价和自我行为调整。自觉遵循基金职业道德规范从事基金活动,是基金从业人员正常发挥职业能力和职业作用的基本保障,也是基金从业人员维护其职业形象和职业信用的关键因素

(三)基金职业道德教育的途径(见表5-12)

表5-12　　　　　　　　　基金职业道德教育的途径

内容	含义
岗前职业道德教育	岗前教育,是指在基金从业人员就业上岗之前,对其所进行的入职必备知识和职业道德的教育。岗前教育主要是通过职业资格考试来督促完成的 基金职业道德教育需要完成三个方面目标:①使拟从业者了解基金职业道德规范的主要内容;②使拟从业者了解基金职业所面临的道德风险;③培养拟从业者的基金职业道德情感和观念
岗位职业道德教育	岗位教育,是指在基金从业人员就业上岗之后,对其所进行的业务能力和职业道德的继续教育。岗位教育主要是通过在职培训的方式来完成
基金业协会的自律	基金职业道德教育是基金职业道得以实施的重要保障。基金业协会应当采取切实有效的措施,加强基金职业道德教育。一方面,要制定完备的基金职业道德规范,宣传并组织基金从业人员学习和领会职业道德规范;另一方面,还应建立必要的职业道德奖惩机制,促进和保证基金职业道德的实施
树立基金职业道德典型	基金职业道德教育要与基金市场以及基金实践活动的环境结合起来,既要有正面事例的引导,也要有反面案例的警示,坚持宣传正面典型与剖析反面典型相结合
社会各界持续监督	社会各界应当齐抓共管,共同抓好基金职业道德教育工作。社会各界的监督,不仅是对基金职业道德教育成果的检验环节,监督本身也是教育的有效组成部分

二、基金职业道德修养

(一)基金职业道德修养的含义

基金职业道德修养,是指基金从业人员通过主动自觉的自我学习、自我改造、自我完善,将基金职业道德外在的职业行为规范内化为内在的职业道德情感、认知和信念,使自己形成良好的职业道德品质和达到一定的职业道德境界。

（二）基金职业道德修养的方法（见表5-13）

表5-13　　　　　　　　　基金职业道德修养的方法

方法	内容
正确树立基金职业道德观念	基金职业道德修养必须首先解决内在动力问题，也即必须正确树立基金职业道德观念。科学的世界观、人生观和价值观是正确树立职业道德观念的基础
深刻领会基金职业道德规范	基金职业道德修养，一方面要自我学习基金职业道德规范，另一方面要主动接受基金职业道德教育。内在的学习需求与外在的教育灌输相结合，有利于基金从业人员更快速、更准确地把握和领悟基金职业道德规范的精神实质，可以起到事半功倍的效果
积极参加基金职业道德实践	树立基金职业道德观念和领会基金职业道德规范的根本目的在于践行基金职业道德。积极参加基金职业道德实践，是基金职业道德修养的有效途径。基金从业人员应当积极参加基金职业道德实践，并虚心向先进人物学习

真题自测

（所有题型均为单选题，每题只有1个正确答案）

1. 下列关于道德与法律的关系，说法不正确的是（　　）。
   A. 功能互补　　　　B. 表现形式相同　　　C. 调整范围不同　　　D. 都是行为规范
2. 客户至上是调整基金从业人员与投资人之间关系的道德规范。这里的"客户"是指（　　）。
   A. 基金管理人　　　B. 基金份额持有人　　C. 基金托管人　　　　D. 基金服务机构
3. 下列不属于道德的特征的是（　　）。
   A. 道德具有差异性　B. 道德具有强制性　　C. 道德具有继承性　　D. 道德具有具体性

第六章 基金的募集、交易与登记

本章内容包括三部分，分别是基金的募集和认购，基金的交易、申购和赎回，基金份额的登记。本章的学习重点是基金的交易、申购和赎回。本章内容大多属于识记性知识点，考生需要理解相关概念，在此基础上加强记忆。

考点概览

考试大纲	考点内容	考查概率
基金的募集与认购	基金的募集程序	掌握
	基金的认购	掌握
基金的交易、申购和赎回	封闭式基金的上市与交易	理解
	开放式基金的申购、赎回、转换及特殊业务处理	理解
	ETF 的上市交易与申购、赎回	理解
	LOF 的上市交易与申购、赎回	理解
	QDII 基金的申购与赎回	理解
	分级基金份额的上市交易及申购、赎回	了解
基金的登记	开放式基金份额登记的概念	了解
	我国开放式基金注册登记机构及其职责	了解
	基金份额登记流程	了解
	申购、赎回的资金结算	理解

第一节 基金的募集与认购

本节导读

本节需要掌握的知识较多，难度较大，要求考生了解基金募集的程序，熟悉基金合同生效的条件，掌握开放式基金的认购步骤、认购方式、收费模式，掌握开放式基金认购份额的计算，掌握封闭式基金、ETF 与 LOF 份额、QDII 基金份额的认购。考生可以以学代练，加强相关知识的理解和记忆。

一、基金的募集程序

基金的募集是指基金管理公司根据有关规定向中国证监会提交募集申请文件、发售基金份额、募集基金的行为。基金的募集一般要经过以下 4 个步骤。

(一)基金募集申请

我国基金管理人进行基金募集,需向中国证监会提交相关文件,主要包括募集基金的申请报告、基金合同草案、基金托管协议草案、招募说明书草案、律师事务所出具的法律意见书等。

申请期间申请材料涉及的事项发生重大变化的,基金管理人应当自变化发生之日起5个工作日内向中国证监会提交更新材料。

(二)基金募集申请的注册

1. 注册程序

中国证监会应当自受理基金募集申请之日起6个月内做出注册或者不予注册的决定。基金募集申请经中国证监会注册后方可发售基金份额。

中国证监会在基金注册审查过程中,可以委托基金业协会进行初步审查并就基金信息披露文件合规性提出意见。

2. 基金产品注册制度改革

对基金募集的注册审查以要件齐备和内容合规为基础,不对基金的投资价值及市场前景等作出实质性判断或者保证,并将注册程序分为简易程序和普通程序。

对常规基金产品,按照简易程序注册,注册审查时间原则上不超过20个工作日;对其他产品,按照普通程序注册,注册审查时间不超过6个月。

适用于简易程序的产品包括常规股票基金、混合基金、债券基金、指数基金、货币基金、发起式基金、合格境内机构投资者(QDII)基金、理财基金和交易型指数基金(含单市场、跨市场/跨境ETF)及其联接基金。分级基金及中国证监会认定的其他特殊产品暂不实行简易程序。

(三)基金份额的发售

(1)基金管理人应当自收到核准文件之日起6个月内进行基金份额的发售。基金的募集期限自基金份额发售日开始计算,募集期限不得超过3个月。

(2)基金管理人应当在基金份额发售的3日前公布招募说明书、基金合同及其他有关文件。

(3)基金募集期间募集的资金应当存入专门账户,在基金募集行为结束前任何人不得动用。

(四)基金合同生效

基金合同生效的条件、程序以及募集失败的责任如表6-1所示。

表6-1　　　　　　　　　　　　　　基金合同生效

项目	内容
基金合同生效条件	①封闭式基金需募集基金份额总额达到核准规模80%以上、基金份额持有人的人数达到200人以上 ②开放式基金需募集基金份额总额不少于2亿份、基金募集金额不少于2亿元人民币、基金份额持有人的人数不少于200人

续表

项目	内容
基金合同生效程序	①基金管理人应当自募集期限届满之日起10日内聘请法定验资机构验资,并自收到验资报告起10日内,向中国证监会提交备案申请和验资报告,办理基金的备案手续 ②中国证监会自收到基金管理人验资报告和基金备案材料之日起3个工作日内予以书面确认;自中国证监会书面确认之日起,基金备案手续办理完毕,基金合同生效 ③基金管理人应当在收到中国证监会确认文件的次日发布基金合同生效公告
基金募集失败的责任	①以固有财产承担因募集行为而产生的债务和费用 ②在基金募集期限届满后30日内返还投资者已缴纳的款项,并加计银行同期存款利息

【例题·单选题】根据有关规定,我国封闭式基金的募集期限为(　　)内。

A.1个月　　　　B.2个月　　　　C.3个月　　　　D.4个月

【答案】C

【解析】封闭式基金募集期限不得超过3个月,募集期满未能募集成功的,基金管理人需要承担相应责任。

二、基金的认购

在基金募集期内购买基金份额的行为通常被称为"基金的认购"。

(一)开放式基金的认购

开放式基金的认购内容如表6-2所示。

表6-2　　　　　　　　　　　开放式基金的认购

认购		内容
认购步骤	开户	①拟进行基金投资的投资人,必须先开立基金账户和资金账户 ②基金账户是基金注册登记机构为基金投资人开立的、用于记录其持有的基金份额及其变动情况的账户 ③资金账户是投资人在基金代销银行、证券公司开立的用于基金业务的资金结算账户
	认购	①投资人在办理基金认购申请时,须填写认购申请表,并需按销售机构规定的方式全额缴款 ②投资者在募集期内可以多次认购基金份额 ③一般情况下,已经正式受理的认购申请不得撤销
	确认	①销售机构对认购申请的受理并不代表该申请一定成功,而仅代表销售机构接受了认购申请,申请的成功与否应以注册登记机构的确认结果为准 ②投资者T日提交认购申请后,可于T+2日起到办理认购的网点查询认购申请的受理情况 ③认购申请被确认无效的,认购资金将退回投资人资金账户 ④认购的最终结果要待基金募集期结束后才能确认
认购方式		认购申请时,按金额认购。结束后再将金额换算成投资人应得的基金份额

续表

认购		内容
认购费率和收费模式	认购费率	①开放式基金的认购费率不得超过认购金额的5% ②我国股票基金的认购费率一般按照认购金额设置不同的费率标准,最高一般不超过1.5%,债券基金的认购费率通常在1%以下,货币市场基金一般不收取认购费
	收费模式	①前端收费:指在认购基金份额时就支付认购费用的付费模式 ②后端收费:指在认购基金份额时不收费,在赎回基金份额时才支付认购费用的收费模式
认购份额的计算		中国证监会于2007年3月对认购费用及认购份额计算方法进行了统一规定,基金认购费用将统一以净认购金额为基础收取,计算公式如下: 净认购金额 = 认购金额/(1 + 认购费率) 认购费用 = 认购金额 - 净认购金额(对于适用固定金额认购费的认购,认购费用 = 固定认购费金额) 认购份额 = (净认购金额 + 认购利息)/基金份额面值 其中,"认购金额"指投资人在认购申请中填写的认购金额总额;"认购费率"指与投资人认购金额对应的认购费率;"认购利息"指认购款项在基金合同生效前产生的利息

【例题·单选题】某投资人投资1万元认购基金,认购资金在募集期产生的利息为3元,其对应的认购费率为1.2%,基金份额面值为1元,则其认购费用及认购份额为( )。

　　A.118.58元;9 884.2份　　　　　　B.120元;10 000份
　　C.117元;10 000份　　　　　　　　D.118.58元;10 000份

【答案】A

【解析】净认购金额 = 10 000 ÷ (1 + 1.2%) = 9 881.42(元);认购费用 = 10 000 - 9 881.42 = 118.58(元);认购份额 = (9 881.42 + 3) ÷ 1 = 9 884.42(份);投资人投资10 000元认购基金,认购费用为118.58元,可得到基金份额9 884.42份。

(二)封闭式基金的认购

封闭式基金认购的内容如表6-3所示。

表6-3　　　　　　　　　　　　　　封闭式基金的认购

项目	内容
发售人	封闭式基金份额的发售,由基金管理人负责办理。基金管理人一般会选择证券公司组成承销团代理基金份额的发售。基金管理人应当在基金份额发售的3日前公布招募说明书、基金合同及其他有关文件
发售方式	①网上发售:指通过与证券交易所的交易系统联网的全国各地的证券营业部,向公众发售基金份额的发售方式 ②网下发售:指通过基金管理人指定的营业网点和承销商的指定账户,向机构或者个人投资者发售基金份额的发售方式

续表

项目	内容
认购价格	按1.00元募集,外加券商自行按认购费率收取的认购费
认购程序	①开立沪、深证券账户或沪、深基金账户及资金账户 ②在资金账户存入足够资金 ③以"份额"为单位提交认购申请

【例题·单选题】封闭式基金采用上网定价方式发行时,每份基金单位发行价格为( )元。
A.1.00　　　　　B.1.01　　　　　C.1.05　　　　　D.1.10
【答案】B
【解析】我国封闭式基金的发售价格一般采用1元基金份额面值加计0.01元发售费用的方式加以确定,因此每份基金单位发行价格为1.01元。

(三)ETF和LOF份额的认购

1. ETF份额的认购(见表6-4)

表6-4　　　　　　　　　　　　ETF份额的认购

认购	内容
认购方式	ETF份额认购可分为现金认购和证券认购。现金认购是指用现金换购ETF份额的行为,证券认购是指用指定证券换购ETF份额的行为 ①场内现金认购:投资者通过基金管理人指定的发售代理机构以现金方式参与证券交易所上网定价发售,需具有沪、深证券账户 ②场外现金认购:投资者通过基金管理人及其指定的发售代理机构以现金进行的认购,需具有开放式基金账户或沪、深证券账户 ③证券认购:投资者通过基金管理人及其指定的发售代理机构以指定的证券进行的认购,需具有沪、深A股证券账户
认购开户	①场内现金认购:具有沪、深证券账户 ②场外现金认购:具有开放式基金账户或沪、深证券账户 ③证券认购:沪、深A股证券账户

2. LOF份额的认购(见表6-5)

表6-5　　　　　　　　　　　ETF和LOF份额的认购

认购	内容
LOF份额的认购方式	①场外认购:投资者应使用中国结算公司深圳证交所开放式基金账户,基金份额注册登记在中国结算公司的开放式基金注册登记系统 ②场内认购:投资者应持深圳人民币普通证券账户或证券投资基金账户,基金份额注册登记在中国结算公司的证券登记结算系统
LOF份额的认购渠道	①基金募集期内,投资者可通过具有基金代销业务资格的证券经营机构营业部场内认购LOF份额,也可通过基金管理人及其代销机构的营业网点场外认购LOF份额 ②目前,我国只有深圳证券交易所开办LOF业务
开户	①场内认购:深证证交所人民币普通证券账户或证券投资基金账户 ②场外认购:中国证券登记结算有限责任公司深圳证交所开放式基金账户

(四) QDII 基金份额的认购(见表 6-6)

表 6-6　　　　　　　　　　　　QDII 基金份额的认购

认购	内容
认购程序	与一般开放式基金的认购程序基本相同,主要包括开户、认购、确认三个步骤
认购渠道	与一般开放式基金类似。在募集期间内,投资者应当在基金管理人、代销机构办理基金发售业务的营业场所或按基金管理人、代销机构提供的其他方式办理基金的认购
特点	①发售 QDII 基金的基金管理人必须具备合格境内机构投资者资格和经营外汇业务资格 ②基金管理人可以根据产品特点确定 QDII 基金份额面值的大小 ③QDII 基金份额可以用人民币认购外,也可以用美元或其他外汇货币为计价货币认购

(五) 分级基金份额的认购(见表 6-7)

表 6-7　　　　　　　　　　　　分级基金份额的认购

认购	内容
募集方式	①合并募集:投资者以母基金代码进行认购,募集完成后,场外募集基础份额不进行拆分,场内募集基础份额在募集结束后自动拆分成子份额 ②分开募集:分别以子代码进行认购,通过比例配售实现子份额的配比。目前我国分开募集的分级基金仅限于债券型分级基金
认购方式	分级基金份额的认购方式与 LOF 类似,详见 LOF 份额的认购。目前,我国只有深圳证券交易所开办场内认购分级基金份额

第二节　基金的交易、申购和赎回

》本节导读《

本节要求考生掌握开放式基金申购与赎回的概念;掌握开放式基金申购与赎回的费用结构;了解开放式基金转换和非交易过户、份额和金额计算等;理解巨额赎回处理等;了解不同产品的交易方式与流程(ETF、LOF、封闭式、QDII 及市场创新产品的特殊方式)。考生要区别掌握不同种类基金不同的操作程序,可通过对比法进行记忆。

一、封闭式基金的上市与交易

申请封闭式基金份额上市交易,应当经由基金管理人向证券交易所提出申请,证券交易所依法审核同意的,双方应当签订上市协议。中国证监会可以授权证券交易所依照法定条件和程序核准基金份额上市交易。封闭式基金的交易内容如表 6-8 所示。

表 6-8　　　　　　　　　　　　封闭式基金的交易内容

项目	内容
上市交易条件	①基金的募集符合《证券投资基金法》的规定 ②基金合同期限为 5 年以上 ③基金募集金额不低于 2 亿元人民币 ④基金份额持有人不少于 1 000 人 ⑤基金份额上市交易规则规定的其他条件

续表

项目	内容
交易账户的开立	①投资者买卖封闭式基金必须开立深、沪证券账户或深、沪基金账户及资金账户,基金账户只能用于基金、国债及其他债券的认购及交易 ②个人投资者开立基金账户,需持本人身份证到证券登记机构办理开户手续 ③办理资金账户需持本人身份证和已经办理的股票账户卡或基金账户卡,到证券经营机构办理 ④每个有效证件只允许开设1个基金账户,已开设证券账户的不能再重复开设基金账户 ⑤每位投资者只能开设和使用1个资金账户,并只能对应一个股票账户或基金账户
交易规则	①发行结束后,不能按基金净值买卖,投资者可委托券商(证券公司)在证券交易所按市价(二级市场)买卖,直到到期日 ②交易时间:每周一至周五(法定公众节假日除外)9:30~11:30 和 13:00~15:00 ③交易原则:遵从"价格优先、时间优先"的原则 ④报价单位:申报价格最小变动单位为 0.001 元人民币 ⑤申报数量:为 100 份或其整数倍,单笔最大数量应低于 100 万份 ⑥涨跌幅限制:实行与对 A 股交易同样的 10% 的涨跌幅限制 ⑦资金交割:T+1 日交割,二级市场交易份额和股份的交割是在 T+0 日
交易费用	①佣金不得高于成交金额的 0.3%,起点 5 元(不足 5 元的,按 5 元收取),由证券公司向投资者收取 ②交易不收取印花税
折(溢)价率	①当基金二级市场价格高于基金份额净值时,为溢价交易,对应的是溢价率 ②当二级市场价格低于基金份额净值时,为折价交易,对应的是折价率 折(溢)价率=(二级市场价格-基金份额净值)/基金份额净值×100% =二级市场价格/(基金份额净值-1)×100%

二、开放式基金的申购、赎回、转换及特殊业务处理

(一)封闭期及基金开放申购和赎回

1. 相关概念

①封闭期:开放式基金合同生效后,可以在基金合同和招募说明书规定的期限内不办理赎回,但该期限最长不超过 3 个月。封闭期结束后,开放式基金将进入日常申购、赎回期。

②基金申购:是指投资者在开放式基金合同生效后,申请购买基金份额的行为通常被称为基金的申购。

③基金赎回:是指开放式基金份额持有人要求基金管理人购回其所持有的开放式基金份额的行为。

2. 申购和认购的区别

①认购费一般低于申购费,在基金募集期内认购基金份额,一般会享受到一定的费率优惠。

②认购是按 1 元进行认购,而申购通常是按未知价确认。

③认购份额要在基金合同生效时确认,并且有封闭期;而申购份额通常在 T+2 日之内确认,确认后的下一个工作日就可以赎回。

(二)开放式基金的申购和赎回的原则(见表6-9)

表6-9　　　　　　　　　　开放式基金的申购和赎回的原则

分类	内容
股票基金、债券基金的申购和赎回原则	①未知价交易原则。申购、赎回价格只能以申购、赎回日交易时间结束后基金管理人公布的基金份额净值为基准进行计算 ②金额申购、份额赎回原则。股票基金、债券基金申购以金额申请,赎回以份额申请
货币市场基金的申购和赎回原则	①确定价原则。货币市场基金申购和赎回基金份额价格以1元人民币为基准进行计算 ②金额申购、份额赎回原则。货币市场基金申购以金额申请,赎回以份额申请

(三)开放式基金申购和赎回的场所及时间

1. 开放式基金申购和赎回的场所

基金管理人的直销中心与基金销售代理网点。投资者也可通过基金管理人或其指定的基金销售代理人以电话、传真或互联网等形式进行申购和赎回。

2. 开放式基金申购和赎回时间

基金管理人应在申购和赎回开放日前3个工作日在至少一种中国证监会指定的媒体上刊登公告。目前,上海证券交易所、深圳证券交易所的交易时间为9:30~11:30和13:00~15:00。

(四)申购、赎回的费用及销售服务费

申购、赎回费用及销售服务费的相关内容如表6-10所示。

表6-10　　　　　　　　　　申购、赎回费用及销售服务费

分类	内容
申购费用	①前端收费。在基金份额申购时收取。根据投资人申购金额分段设置申购费率 ②后端收费。在赎回时从赎回金额中扣除。根据投资人持有期限不同分段设置申购费,对于持有期低于3年的投资人,基金管理人不得免收其后端申购费用
赎回费用	①赎回费率:赎回费在扣除手续费后的余额不得低于赎回费总额的25%,并应当归入基金财产 ②对于短期交易的投资人,基金管理人可以在基金合同、招募说明书中约定按以下费用标准收取赎回费: · 对于持续持有期少于7日的投资人,收取不低于赎回金额1.5%的赎回费 · 对于持续持有期少于30日的投资人,收取不低于赎回金额0.75%的赎回费,并全额计入基金财产 · 对于持续持有期少于3个月的投资人,收取不低于0.5%的赎回费,并将不低于赎回费总额的75%计入基金财产 · 对于持续持有期长于3个月但少于6个月的投资人收取不低于0.5%的赎回费,并将不低于赎回费总额的50%计入基金财产 · 对持续持有期长于6个月的投资人,应当将不低于赎回费总额的25%计入基金财产 ③基金管理人可以根据基金份额持有人持有基金份额的期限适用不同的赎回费标准。通常,持有时间越长,适用的赎回费率越低
销售服务费	基金管理人可以从开放式基金财产中计提一定比例的销售服务费,用于基金的持续销售和给基金份额持有人提供服务

(五)申购份额、赎回金额的计算

1. 申购费用及申购份额

(1)基金申购费用与申购份额的计算公式如下：

$$净申购金额 = 申购金额/(1+申购费率)$$

$$申购费用 = 申购金额 - 净申购金额$$

$$申购份额 = 净申购金额/申购当日基金份额净值$$

(2)当申购费用为固定金额时,申购份额的计算方法如下：

$$净申购金额 = 申购金额 - 固定金额$$

$$申购份额 = 净申购金额/T日基金份额净值$$

2. 赎回金额的确定

赎回金额的计算公式如下：

$$赎回总额 = 赎回数量 \times 赎回日基金份额净值$$

$$赎回费用 = 赎回总额 \times 赎回费率$$

$$赎回金额 = 赎回总额 - 赎回费用$$

赎回费率一般按持有时间的长短分级设置。持有时间越长,适用的赎回费率越低。

实行后端收费模式的基金,还应扣除后端认购/申购费,才是投资者最终得到的赎回金额。即：

$$赎回金额 = 赎回总额 - 赎回费用 - 后端收费金额$$

3. 货币市场基金的手续费

货币市场基金手续费较低,通常申购和赎回费率为0。一般地,货币市场基金从基金财产中计提比例不高于0.25%的销售服务费,用于基金的持续销售和给基金份额持有人提供服务。

【例题·单选题】某投资者通过场外(某银行)投资1万元申购某上市开放式基金,假设基金管理人规定的申购费率为1.5%,申购当日基金份额净值为1.025元,则其可得到的申购份额为( )份。

A. 9 852.22　　　B. 9 756.09　　　C. 9 611.92　　　D. 6 666.66

【答案】C

【解析】净申购金额 = 10 000/(1 + 1.5%) = 9 852.22(元);申购手续费 = 10 000 - 9 852.22 = 147.78(元);申购份额 = 9 852.22/1.025 = 9 611.92(份)。

(六)开放式基金申购和赎回登记及款项的支付

申购、赎回登记与款项的支付内容如表6-11所示。

表6-11　　　　　　　申购、赎回登记与款项支付

项目	内容
申购、赎回的登记	①申购登记:投资者申购基金成功后,注册登记机构一般在T+1日为投资者办理增加权益的登记手续,投资者在T+2日起有权赎回该部分的基金份额 ②赎回登记:投资者赎回基金份额成功后,注册登记机构一般在T+1日为投资者办理扣除权益的登记手续 ③基金管理人可以在法律法规允许的范围内,对登记办理时间进行调整,并最迟于开始实施前3个工作日内在至少一种中国证监会指定的信息披露媒体公告

续表

项目	内容
款项的支付	①申购款项支付:基金申购采用全额缴款方式。若资金在规定的时间内未全部到账,则申购不成功。申购不成功或无效,款项将退回投资者资金账户 ②赎回款项支付:投资者提交赎回申请成交后,基金管理人应通过销售机构按规定向投资者支付赎回款项。对一般基金而言,基金管理人应当自受理基金投资者有效赎回申请之日起7个工作日内支付赎回款项

【例题·单选题】投资者申购基金成功后,注册登记机构一般在( )日为投资者办理增加权益的登记手续。

A. T　　　　　B. T+1　　　　　C. T+2　　　　　D. T+3

【答案】B

【解析】投资者申购基金成功后,注册登记机构一般在T+1日为投资者办理增加权益的登记手续,投资者在T+2日起有权赎回该部分的基金份额。

(七)开放式基金巨额赎回的认定及处理方式

巨额赎回的认定及处理方式如表6-12所示。

表6-12　　　　　　　　巨额数额的认定及处理方式

项目	内容
巨额赎回认定	①单个开放日基金净赎回申请超过基金总份额的10%时,为巨额赎回 ②单个开放日的净赎回申请,是指该基金的赎回申请加上基金转换中的该基金的转出申请之和,扣除当日发生的该基金申购申请及基金转换中该基金的转入申请之和后得到的余额
处理方式	①基金管理人可以根据基金当时的资产组合状况,决定接受全额赎回或者部分延迟赎回 ②接受全额赎回。当基金管理人认为有能力兑付投资者的全额赎回申请时,按正常赎回程序执行 ③部分延期赎回 ·当基金管理人认为兑付投资者的赎回申请有困难,或认为兑付投资者的赎回申请进行的资产变现可能使基金份额净值发生较大波动时,基金管理人可以在当日接受赎回比例不低于上一日基金总份额10%的前提下,对其余赎回申请延期办理 ·对单个基金份额持有人的赎回申请,应当按照其申请赎回份额占申请赎回总份额的比例确定该单个基金份额持有人当日办理的赎回份额 ·未受理部分,除投资者在提交赎回申请时选择将当日未获受理部分予以撤销外,延迟至下一开放日办理。转入下一个开放日的赎回申请不享有赎回优先权,并将以下一个开放日的基金份额净值为基准计算赎回金额 ·以此类推,直到全部赎回为止 ④基金连续2个开放日以上发生巨额赎回,如基金管理人认为有必要,可暂停接受赎回申请;已经接受的赎回申请可以延缓支付赎回款项,但不得超过正常支付时间20个工作日,并应当在至少一种中国证监会指定的信息披露媒体公告

⚠️ **注意**：当发生巨额赎回及部分延期赎回时，基金管理人应立即向中国证监会备案，在3个工作日内在至少一种证监会指定的信息披露媒体公告，并说明有关处理方法。

【例题·单选题】基金连续2个开放日以上发生巨额赎回，基金管理人已经接受的赎回申请可以延缓支付赎回款项，但不得超过正常支付时间(　　)个工作日。

A.3　　　　　B.7　　　　　C.10　　　　　D.20

【答案】D

【解析】基金连续2个开放日以上发生巨额赎回，如基金管理人认为有必要，可暂停接受赎回申请；已经接受的赎回申请可以延缓支付赎回款项，但不得超过正常支付时间20个工作日，并应当在至少一种中国证监会指定的信息披露媒体公告。

(八)基金份额的转换、非交易过户、转托管与冻结

1. 开放式基金份额的转换

开放式基金份额转换指投资者将其所持有的基金份额转换为同一基金管理人管理的另一基金份额的一种业务模式。基金份额的转换一般采取未知价法，按照转换申请日的基金份额净值为基础计算转换基金份额数量。基金份额转换综合费用较低。

2. 开放式基金的非交易过户

开放式基金非交易过户是指不采用申购、赎回等交易方式，将一定数量的基金份额按照一定规则从某一投资者基金账户转移到另一投资者基金账户的行为，主要包括继承、司法强制执行等方式。接受划转的主体必须是合格的个人投资者或机构投资者。

3. 开放式基金份额的转托管

基金持有人可以办理其基金份额在不同销售机构的转托管手续。转托管在转出方进行申报，基金份额转托管一次完成。一般情况下，投资者于T日转托管基金份额成功后，转托管份额于T+1日到达转入方网点，投资者可于T+2日起赎回该部分基金份额。

4. 基金份额的冻结

基金注册登记机构只受理国家有权机关依法要求的基金账户或基金份额的冻结与解冻。基金账户或基金份额被冻结的，被冻结部分产生的权益(包括现金分红和红利再投资)一并冻结。

三、ETF的上市交易与申购、赎回

(一)ETF份额折算与变更登记

ETF的基金合同生效后，基金管理人应逐步调整实际组合直至达到跟踪指数要求，此过程为ETF建仓阶段。ETF建仓期不超过3个月。基金建仓期结束后，基金管理人通常会以某一选定日期作为基金份额折算日，以标的指数的1‰(或1%)作为份额净值，对原来的基金份额及其净值进行折算。ETF份额折算和变更登记的具体内容如表6-13所示。

表6-13　　　　　　　　　　　ETF份额折算与变更登记

项目	内容
份额折算	①假设基金管理人确定基金份额折算日(T日)。T日收市后,基金管理人计算当日的基金资产净值X和基金份额总额Y。T日标的指数收盘值为I,若以标的指数的1‰作为基金份额净值进行基金份额的折算,则T日的目标基金份额净值为I/1 000 ②基金份额折算比例的计算公式: $$折算比例 = \frac{X/Y}{I/1000}(以四舍五入的方法保留小数点后8位)$$ $$折算后的份额 = 原持有份额 \times 折算比例$$
变更登记	①ETF基金份额折算由基金管理人办理,并由登记结算机构进行基金份额的变更登记 ②基金份额折算后,基金份额总额与基金份额持有人持有的基金份额将发生调整,但调整后的基金份额持有人的基金份额占基金份额总额的比例不发生变化 ③基金份额折算后,基金份额持有人将按照折算后的基金份额享有权利并承担义务

(二)ETF份额的上市交易

ETF的基金合同生效后,基金管理人可以向证券交易所申请上市,上市后要遵循一定的交易规则,具体如表6-14所示。

表6-14　　　　　　　　　　　ETF上市交易规则

项目	内容
首日开盘价	上市首日开盘参考价为前一工作日的基金份额净值
涨跌幅限制	涨跌幅设置为10%,从上市首日开始实行
申报数量	买入申报数量为100份及其整数倍,不足100份的部分可以卖出
价格最小变动单位	0.001元

基金管理人在每一交易日开市前需向证券交易所提供当日的申购、赎回清单。证券交易所在开市后根据申购、赎回清单和组合证券内各只证券的实时成交数据,计算并每15秒发布一次基金份额参考净值(IOPV),供投资者交易、申购、赎回基金份额时参考。

(三)ETF份额的申购、赎回

ETF份额的申购、赎回流程如图6-1所示。

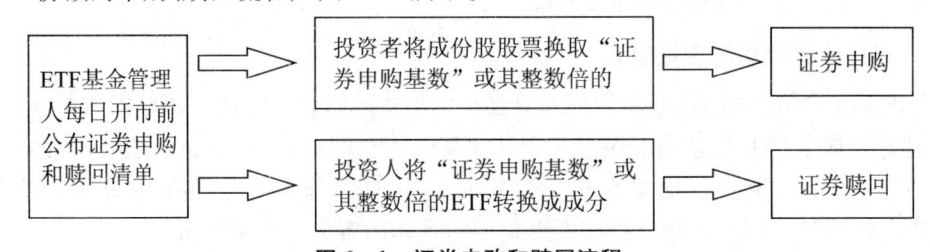

图6-1　证券申购和赎回流程

ETF份额的申购和赎回要遵循一定的规则,具体内容如表6-15所示。

表 6-15　　　　　　　　　　　证券申购、赎回的规则

项目	内容
开始时间	在基金份额折算日之后可开始办理申购 ETF 基金;自基金合同生效日后不超过 3 个月的时间起开始办理赎回
开放日及开放时间	开放日为证券交易所的交易日;开放时间为 9:30 ~ 11:30 和 13:00 ~ 15:00
数额限制	申购、赎回的基金份额需为最小申购、赎回单位的整数倍,一般最小申购、赎回单位为 50 万份或 100 万份
原则	①场内申购、赎回 ETF 采用份额申购、份额赎回的方式。场外申购、赎回采用金额申购、份额赎回的方式 ②场内申购、赎回 ETF 的申购对价、赎回对价包括组合证券、现金替代、现金差额及其他对价。场外申购、赎回 EIF 时,申购对价和赎回对价均为现金 ③申购、赎回申请提交后不得撤销
程序	①申购和赎回申请的提出 ②确认与通知 ③清算交收与登记
对价、费用与价格	①场内申购和赎回时,申购对价是指投资者申购基金份额时应交付的组合证券、现金替代、现金差额及其他对价;赎回对价是指投资者赎回基金份额时,基金管理人应交付给赎回人的组合证券、现金替代、现金差额及其他对价 ②场外申购和赎回时,申购对价和赎回对价均为现金 ③投资者在申购或赎回基金份额时,申购或赎回参与券商可按照 0.5% 的标准收取佣金,其中包含证券交易所、登记结算机构等收取的相关费用

(四)申购清单和赎回清单

1. 申购、赎回清单的内容

T 日申购、赎回清单公告内容包括最小申购、赎回单位所对应的组合证券内各成份证券数据;现金替代;T 日预估现金部分;T-1 日现金差额;基金份额净值及其他相关内容。

2. 组合证券相关内容

组合证券是指基金标的指数所包含的全部或部分证券。申购、赎回清单将公告最小申购、赎回单位所对应的各成份证券名称、证券代码及数量。

3. 现金替代相关内容

现金替代是指申购、赎回过程中,投资者按基金合同和招募说明书的规定,用于替代组合证券中部分证券的一定数量的现金。现金替代的相关内容如表 6-16 所示。

表 6-16　　　　　　　　　　　现金替代相关内容

分类	内容
目的	在相关成份股股票停牌等情况下便利投资者的申购,提高基金运作的效率
原则	遵循公平、公开的原则,以保护基金份额持有人利益为出发点,并进行及时充分的信息披露

续表

分类	内容	
类型	禁止现金替代	指在申购、赎回基金份额时，该成分证券不允许使用现金作为替代
	可以现金替代	指在申购基金份额时，允许使用现金作为全部或部分该成分证券的替代，但在赎回基金份额时，该成分证券不允许使用现金作为替代。替代金额的计算公式为： 替代金额＝替代证券数量×该证券最新价格×（1＋现金替代溢价比例）
	必须现金替代	指在申购、赎回基金份额时，该成分证券必须使用现金作为替代。对于必须现金替代的证券，基金管理人将在申购、赎回清单中公告替代的一定数量的现金，即"固定替代金额"，其计算公式为： 固定替代金额＝申购、赎回清单中该证券的数量×该证券经除权调整的 T－4 日收盘价

"最新价格"的确定原则为：①该证券正常交易时，采用最新成交价；②该证券正常交易中出现涨停时，采用涨停价格；③该证券停牌且当日有成交时，采用最新成交价；④该证券停牌且当日无成交时，采用前一交易日收盘价。

4. 预估现金部分相关内容

预估现金部分是指为便于计算基金份额参考净值及申购、赎回，参与券商预先冻结申请申购、赎回的投资者的相应资金，由基金管理人计算的现金数额。

T 日申购、赎回清单中公告 T 日预估现金部分。其计算公式为：

T 日预估现金部分＝T－1 日最小申购、赎回单位的基金资产净值 －（申购、赎回清单中必须用现金替代的固定替代金额＋申购、赎回清单中可以用现金替代成份证券的数量与 T 日预计开盘价相乘之和＋申购、赎回清单中禁止用现金替代成份证券的数量与 T 日预计开盘价相乘之和）

式中："T 日预计开盘价"主要根据上海证券交易所提供的标的指数成份证券的预计开盘价确定。另外，若 T 日为基金分红除息日，则计算公式中的"T－1 日最小申购、赎回单位的基金资产净值"需扣减相应的收益分配数额。预估现金部分的数值可能为正、为负或为零。

5. 现金差额相关内容

T 日现金差额应在 T＋1 日的申购、赎回清单中公告。计算公式为：

T 日现金差额＝T 日最小申购、赎回单位的基金资产净值 －（申购、赎回清单中必须用现金替代的固定替代金额＋申购、赎回清单中可以用现金替代成份证券的数量与 T 日收盘价相乘之和＋申购、赎回清单中禁止用现金替代成份证券的数量与 T 日收盘价相乘之和）

注意事项：①T 日投资者申购、赎回基金份额时，需按 T＋1 日公告的 T 日现金差额进行资金的清算交收；②现金差额的数值可能为正、为负或为零；③在投资者申购时，如现金差额为正数，则投资者应根据其申购的基金份额支付相应的现金；如现金差额为负数，则投资者将根据其申购的基金份额获得相应的现金；④在投资者赎回时，如现金差额为正数，则投资者将根据其赎回的基金份额获得相应的现金；如现金差额为负数，则投资者应根据其赎回的基金份额支付相应的现金。

四、LOF 的上市交易与申购、赎回

（一）LOF 的上市交易

LOF 在交易所的交易规则与封闭式基金基本相同：①首日的开盘参考价为上市首日前一

交易日的基金份额净值;②申报数量为100份或其整数倍;③价格最小变动单位为0.001元人民币;④价格涨跌幅限制为10%;⑤投资者T日卖出基金份额后的资金T+1日即可到账,而赎回资金至少T+2日到账。

(二)LOF 份额的申购和赎回

LOF 份额的场内、场外申购和赎回均采取"金额申购、份额赎回"原则,申购申报单位为1元人民币,赎回申报单位为1份基金份额。

T 日在深证证券交易所申购的基金份额,自 T+1 日开始可在深圳证券交易所卖出或赎回。

(三)LOF 份额转托管

LOF 份额的转托管业务包含两种类型:系统内转托管和跨系统转托管。

系统内转托管是指投资者将托管在某证券经营机构的 LOF 份额转托管到其他证券经营机构(场内到场内),或将托管在某基金管理人或其代销机构的 LOF 份额转托管到其他基金代销机构或基金管理人(场外到场外)。

跨系统转托管是指投资者将托管在某证券经营机构的 LOF 份额转托管到基金管理人或代销机构(场内到场外),或将托管在基金管理人或其代销机构的 LOF 份额转托管到某证券经营机构(场外到场内)。

处于下列情形之一的 LOF 份额不得办理跨系统转托管:

(1)分红派息前 R-2 日至 R 日(R 日为权益登记日)的 LOF 份额。

(2)处于质押、冻结状态的 LOF 份额。

此外,对于处于募集期内或封闭期内的 LOF 份额进行跨系统转托管虽没有明确规定禁止,但一般的运作方式均为在封闭期结束后再开通跨系统转托管。

(四)LOF 与 ETF 的区别

LOF 与 ETF 都具备开放式基金可以申购、赎回和场内交易的特点,但两者存在本质区别,主要表现如表 6-17 所示。

表 6-17   LOF 与 ETF 的区别

区别	内容
申购和赎回的标的不同	ETF 与投资者交换的是基金份额与"一篮子"股票;而 LOF 的申购和赎回是基金份额与现金的对价
申购和赎回的场所不同	ETF 的申购和赎回通过交易所进行;LOF 的申购和赎回既可以在代销网点进行,也可以在交易所进行
对申购和赎回限制不同	只有资金在一定规模以上的投资者(基金份额通常要求在 50 万份以上)才能参与 ETF 的申购和赎回交易,而 LOF 在申购和赎回上没有特别要求
在二级市场的净值报价上	ETF 每 15 秒提供一个基金参考净值报价;而 LOF 的净值报价频率要比 ETF 低,通常每 1 天只提供 1 次或几次基金净值报价
基金投资策略不同	ETF 通常采用完全被动式管理方法,以拟合某一个指数为目标;而 LOF 则是普通的开放式基金增加了交易所的交易方式,它可以是指数型基金,也可以是主动管理型基金

五、QDII 基金的申购与赎回

QDII 基金申购和赎回与一般开放式基金的申购和赎回的相同点与区别如表 6-18 所示。

表 6-18　QDII 基金申购和赎回与一般开放式基金的申购和赎回的相同点与区别

分类	项目	内容
相同点	申购和赎回渠道	QDII 基金的申购和赎回渠道与一般开放式基金基本相同,投资者可通过基金管理人的直销中心及代销机构的网站进行 QDII 基金的申购与赎回。基金管理人可根据情况变更或增减代销机构,并予以公告
相同点	申购和赎回的开放时间	证券交易所的交易日(基金管理人公告暂停申购或赎回时除外)为 QDII 基金申购和赎回开放日,投资者应当在开放日的开放时间办理申购和赎回申请。开放时间为 9:30~11:30 和 13:00~15:00
相同点	申购和赎回的原则与程序	申购份额和赎回金额的确定,巨额赎回的处理办法等都与一般开放式基金类似
区别	币种	一般情况下,QDII 基金申购、赎回的币种为人民币;但基金管理人可以在不违反法律法规规定的情况下,接受其他币种的申购、赎回,并提前公告
区别	申购和赎回登记	一般情况下,基金管理公司会在 T+2 日内对该申请的有效性进行确认。T 日提交的有效申请,投资者应在 T+3 日到销售网点柜台或以销售机构规定的其他方式查询申请的确认情况 对 QDII 基金而言,赎回申请成功后,基金管理人将在 T+10 日(含该日)内支付赎回款项。在发生巨额赎回时,款项的支付办法按基金合同有关规定处理
区别	拒绝或暂停申购的情形	QDII 基金主要投资于海外市场,拒绝或暂停申购的情形与一般开放式基金有所不同,如基金资产规模不可超出中国证监会、国家外汇管理局核准的境外证券投资额度等

六、分级基金份额的上市交易及申购、赎回

(一)分级基金份额的上市交易

1. 分开募集的分级基金

分开募集的分级基金分别以子代码进行募集,基金成立后,向深交所提交上市申请,仅以子代码上市交易,母基金不上市交易,也不申购、赎回。

2. 合并募集的分级基金

以母基金代码进行合并募集的分级基金,募集后,拆分,部分或全部类别份额上市交易。

目前,我国发行的合并募集分级基金,通常是子份额上市交易,基础份额仅进行申购赎回,不上市。所以,募集完后,场内认购的按比例分拆,场外认购的以基础份额的形式持有。

(二)开放式分级基金份额的申购和赎回

开放式分级基金份额的申购和赎回具体内容如表 6-19 所示。

表 6-19　　　　　　　　　　开放式分级基金份额的申购和赎回

项目	内容
申购和赎回方式	①分开募集的,以子代码进行申购赎回,母基金代码不能进行申购赎回 ②合并募集的,通常只能以母基金代码进行申购赎回,子基金份额只能上市交易,不能单独申购赎回。场内申购的基础份额可以按比例分拆为子份额上市交易,也可以按初始份额配比比例转换为基础份额,然后以母基金代码进行赎回
原则和流程	开放式分级基金份额的场内、场外申购和赎回遵循 LOF 的原则和流程
认/申购流程	自 2012 年起,新募集的分级基金要求设定单笔认/申购金额的下限 ①合并募集的,单笔不得低于 5 万元 ②分开募集的 B 类份额单笔认购申购不得低于 5 万元

(三)分级基金的跨系统转托管

分级基金份额分系统登记。登记在基金注册登记系统中的基金份额的只能申请赎回,不能在交易所卖出,在登记结算系统的可以在交易所卖出。

第三节　基金的登记

》本节导读《

本节主要介绍开放式基金份额的登记流程,要求掌握基金份额登记的概念;了解现行登记模式;掌握登记机构职责;理解登记业务流程。

一、开放式基金份额登记的概念

开放式基金份额的登记是指基金注册登记机构通过设立和维护基金份额持有人名册,确认基金份额持有人持有基金份额的事实的行为。

二、我国开放式基金注册登记机构及其职责

我国《证券投资基金法》规定,开放式基金的注册登记业务可以由基金管理人办理,也可以委托中国证监会认定的其他机构办理。

(一)我国开放式基金的注册登记体系的模式

(1)基金管理人自建注册登记系统的"内置"模式。
(2)委托中国结算公司作为注册登记机构的"外置"模式。
(3)以上两种情况兼有的"混合"模式。

(二)注册登记机构的主要职责

(1)建立并管理投资者基金份额账户。
(2)负责基金份额登记,确认基金交易。
(3)发放红利。
(4)建立并保管基金投资者名册。

(5)基金合同或者登记代理协议规定的其他职责。

三、基金份额登记流程

基金份额登记过程实际上是基金注册登记机构通过注册登记系统对基金投资者所投资基金份额及其变动的确认、记账的过程。这个过程与基金的申购、赎回过程是一致的,具体流程如图6-2所示。

投资者申购(认购)、赎回申请 ⇄ 代销机构网点 ⇄ 代销机构总部 ⇄ 注册登记机构 ⇄ 基金托管人

图6-2 基金注册登记流程

(1)T日,投资者的申购、赎回申请信息通过代销机构网点传送至代销机构总部,由代销机构总部将本代销机构的申购、赎回申请信息汇总后统一传送至注册登记机构。

(2)T+1日,注册登记机构根据T日各代销机构的申购、赎回申请数据及T日的基金份额净值统一进行确认处理,并将确认的基金份额登记至投资者的账户,然后将确认后的申购、赎回数据信息下发至各代销机构。各代销机构再下发至各所属网点。同时,注册登记机构也将登记数据发送至基金托管人。至此,注册登记机构完成对基金份额持有人的基金份额登记。

【例题·单选题】投资者在T日申购、赎回ETF成功后,登记结算机构在(   )日后为投资者办理现金差额的交收并将结果发送给申购赎回代理券商、基金管理人和基金托管人。
A.T　　　　　B.T+1　　　　　C.T+2　　　　　D.T+3
【答案】B
【解析】投资者在T日申购、赎回ETF成功后,登记结算机构在T+1日后为投资者办理现金差额的交收并将结果发送给申购赎回代理券商、基金管理人和基金托管人。

四、申购、赎回的资金结算

资金结算分清算和交收两个环节。清算是按照确定的规则计算出基金当事各方应收应付资金数额的行为。交收是基金当事各方根据确定的清算结果进行资金的收付,从而完成整个交易过程。

基金份额申购、赎回的资金清算是由注册登记机构根据确认的投资者申购、赎回数据信息进行的。按照清算结果,投资者的申购、赎回资金将会从投资者的资金账户转移至基金在托管银行开立的银行存款账户或从基金的银行存款账户转移至投资者的资金账户。资金交收流程如图6-3所示。

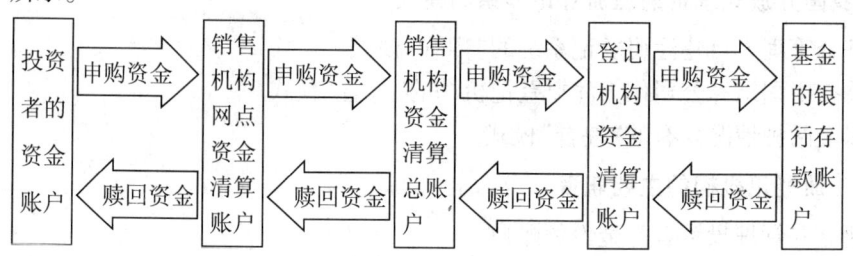

投资者的资金账户 ⇄ 销售机构网点资金清算账户 ⇄ 销售机构资金清算总账户 ⇄ 登记机构资金清算账户 ⇄ 基金的银行存款账户
(申购资金 / 赎回资金)

图6-3 资金交收流程

资金交收过程中应注意以下事项:
(1)有关法规明确规定,基金管理人应当自收到投资者的申购(认购)、赎回申请之日起3

个工作日内,对该申购(认购)、赎回申请的有效性进行确认。

(2)目前,我国境内基金申购款一般能在 T+2 日内到达基金的银行存款账户;赎回款一般于 T+3 日内从基金的银行存款账户划出。

(3)货币市场基金的赎回资金划付更快一些,一般 T+1 日即可从基金的银行存款账户划出,最快可在划出当天到达投资者资金账户。

真题自测

(所有题型均为单选题,每题只有 1 个正确答案)

1. 通过基金管理人指定的营业网点和承销商的指定账户,向机构或个人投资者发售基金份额的方式称为( )。
   A. 网上发售　　　　B. 网下发售　　　　C. 回拨机制　　　　D. 回购机制

2. 封闭式基金募集的资金小于该基金批准规模的( )时,该基金不能成立。
   A. 50%　　　　　　B. 80%　　　　　　C. 90%　　　　　　D. 100%

3. 个人投资者开立基金账户时,每个有效证件允许开设( )个基金账户。
   A. 1　　　　　　　B. 2　　　　　　　C. 3　　　　　　　D. 4

4. 封闭式基金的交易原则是( )。
   A. 份额优先　　　　　　　　　　　　B. 价格优先、时间优先
   C. 时间优先、价格优先　　　　　　　D. 大宗交易优先

5. 赎回费在扣除手续费之后,余额不得低于赎回费总额的( )。
   A. 10%　　　　　　B. 15%　　　　　　C. 20%　　　　　　D. 25%

6. 某投资者投资 3 万元认购某开放式基金,认购资金在募集期间产生的利息为 5 元,其对应的认购费率为 1.8%,基金份额面值为 1 元,则其认购份额为( )元。
   A. 30 000　　　　　B. 29 474.55　　　　C. 26 355.46　　　　D. 29 350.36

7. 某投资者赎回上市开放式基金 1 万份基金单位,持有时间为 1 年半,对应的赎回费率为 0.5%。假设赎回当日基金单位净值为 1.025 0 元,则其可得净赎回金额为( )元。
   A. 10 250　　　　　B. 125 000　　　　　C. 10 198.75　　　　D. 15 352.30

8. 假设某投资者在某 ETF 基金募集期内认购了 5 000 份 ETF,基金份额折算日的基金资产净值为 3 127 000 230.95 元,折算前的基金份额总额为 3 013 057 000 份,当日标的指数收盘值为 966.45 元。则该投资者折算后的基金份额为( )份。
   A. 5 359.22　　　　B. 5 349.22　　　　C. 5 359.22　　　　D. 5 369.22

9. 自 2012 年起,合并募集的分级基金,单笔认购/申购金额不得低于( )万元。
   A. 4　　　　　　　B. 5　　　　　　　C. 6　　　　　　　D. 7

10. ETF 通常采用( )管理方法。
    A. 完全开放式　　　B. 半开放式　　　　C. 半被动式　　　　D. 完全被动式

第七章　基金的信息披露

基金信息披露是证券投资基金的重要内容,本章主要内容有:基金信息披露概述,基金主要当事人的信息披露义务,基金募集信息披露,基金运作信息披露,基金临时信息披露,特殊基金品种的信息披露。本章重点要求掌握基金主要当事人的信息披露义务和基金运作信息披露以及特殊品种的基金信息披露。本章内容较为重要,且知识点较多,考生需要善于把握重点,在理解的基础上加强记忆。

考点概览

考试大纲	考点内容	学习要求
基金信息披露概述	基金信息披露的含义与作用	掌握
	基金信息披露的原则和制度体系	掌握
	基金信息披露的内容	掌握
	基金信息披露的禁止行为	了解
	XBRL 在基金信息披露中的应用	了解
基金主要当事人的信息披露义务	基金管理人的信息披露义务	理解
	基金托管人的信息披露义务	理解
	基金份额持有人的信息披露义务	理解
基金募集信息披露	基金合同	理解
	基金招募说明书	理解
	基金托管协议	理解
基金运作信息披露	基金净值公告	掌握
	基金定期公告	理解
	基金上市交易公告书	理解
	基金临时信息披露	理解
特殊基金品种的信息披露	QDII 基金的信息披露	了解
	ETF 基金的信息披露	了解

第一节　基金信息披露概述

本节导读

本节要求考生掌握基金信息披露的作用与原则;了解我国基金信息披露体系及 XBRL 的

应用。难度不大,考生识记即可。

一、基金信息披露的含义与作用

(一)信息披露的含义

基金信息披露是指基金市场上的有关当事人在基金募集、上市交易、投资运作等一系列环节中,依照法律法规规定向社会公众进行的信息披露。信息披露被称为"阳光是最好的消毒剂"。

【例题·单选题】"阳光是最好的消毒剂"指的是( )。
　　A.基金交易　　　B.基金募集　　　C.基金信息披露　　　D.基金申购
【答案】C
【解析】"阳光是最好的消毒剂"指的是基金信息披露。依靠强制性信息披露,培育和完善市场运行机制,增强市场参与各方对市场的理解和信心,是世界各国(地区)证券市场监管的普遍做法,基金市场作为证券市场的组成部分也不例外。

(二)信息披露的作用

(1)有利于投资者的价值判断。
(2)有利于防止利益冲突与利益输送。
(3)有利于提高证券市场的效率。
(4)有效防止信息滥用。

二、基金信息披露的原则和制度体系

(一)基金信息披露的原则

基金信息披露的原则体现在对披露内容和披露形式两方面的要求上。具体如表7-1所示。

表7-1　　　　　　　　　　信息披露的原则

分类	基本原则	具体内容
披露内容	真实性原则	要求披露的信息应当以客观事实为基础,以没有扭曲和不加粉饰的方式反映真实状态
	准确性原则	要求用精确的语言披露信息,不使人误解,不使用模棱两可的语言
	完整性原则	要求披露所有可能影响投资者决策的重大信息
	及时性原则	要求公开披露最新的信息,信息披露义务人应在法规要求的时限内尽快履行披露义务。在重大事件发生之日起2日内披露临时报告
	公平性原则	要求将信息向市场上所有的投资者平等公开地披露,而不是仅向个别机构或投资者披露
披露形式	规范性原则	要求基金信息必须按照法定的内容和格式进行披露,保证披露信息的可比性
	易解性原则	要求信息披露的表述应当简明扼要、通俗易懂,避免使用冗长费解的技术性用语
	易得性原则	要求公开披露的信息容易被一般公众投资者所获取

【例题·单选题】( )原则要求披露所有可能影响投资者决策的重大信息。

A. 规范性　　　　B. 及时性　　　　C. 完整性　　　　D. 真实性

【答案】C

【解析】本题考查的是考生对信息披露各项原则的理解与把握程度。完整性原则要求披露所有可能影响投资者决策的重大信息。

> **注意**：完整性原则要求披露所有可能影响投资者决策的信息。在披露某一具体信息时，必须对该信息的所有重要方面进行充分的披露，不仅披露对信息披露义务人有利的正面信息，更要揭示与投资风险相关的各种信息。但并不是要求事无巨细地披露所有信息。

（二）我国的基金信息披露制度体系

我国的基金信息披露制度体系可分为国家法律、部门规章、规范性文件与自律规则四个层次。

（1）国家法律：《证券投资基金法》。

（2）部门规章：《证券投资基金信息披露管理办法》。

（3）规范性文件：《证券投资基金信息披露内容与格式准则》《证券投资基金信息披露XBRL模板》《证券投资基金信息披露编报规则》。

（4）自律性规则：《证券交易所业务规则》《证券交易所ETF业务实施细则》《证券交易所LOF业务规则与业务指引》。

三、基金信息披露的内容

基金信息披露的内容包括以下方面：①基金招募说明书；②基金合同；③基金托管协议；④基金份额发售公告；⑤基金募集情况；⑥基金合同生效公告；⑦基金份额上市交易公告书；⑧基金资产净值、基金份额净值；⑨基金份额申购、赎回价格；⑩基金定期报告，包括基金年度报告、基金半年度报告和基金季度报告；⑪临时报告；⑫基金份额持有人大会决议；⑬基金管理人、基金托管人的基金托管部门的重大人事变动；⑭涉及基金管理人、基金财产、基金托管业务的诉讼；⑮澄清公告；⑯中国证监会规定的其他信息。

四、基金信息披露的禁止行为

（1）虚假记载、误导性陈述或者重大遗漏。虚假记载指信息披露义务人将不存在的事实在基金信息披露文件中予以记载的行为。误导性陈述指使投资者对基金投资行为发生错误判断并产生重大影响的陈述。重大遗漏指披露中存在应披露而未披露的信息，以至于影响投资者作出正确决策。此三类行为将扰乱市场正常秩序，侵害投资者合法权益，属于严重的违法行为。

（2）对证券投资业绩进行预测。

（3）违规承诺收益或者承担损失。

（4）诋毁其他基金管理人、基金托管人或者基金销售机构。

（5）登载任何自然人、法人或其他组织的祝贺性、恭维性或推荐性的文字。

（6）中国证监会禁止的其他行为。

五、XBRL 在基金信息披露中的应用

(一) XBRL 简介

XBRL(Extensible Business Reporting Language,可扩展商业报告语言)是国际上将会计准则与计算机语言相结合,用于非结构化数据,尤其是财务信息交换的最新公认标准和技术。通过对数据统一进行特定的识别和分类,可直接为使用者或其他软件所读取及进一步处理,实现一次录入、多次使用。

(二) 基金信息披露应用 XBRL 的意义

在基金信息披露中应用 XBRL,有利于促进信息披露的规范化、透明化和电子化,提高信息在编报、传送和使用的效率和质量。

(三) 信息披露中应用 XBRL 的概况

XBRL 自 1998 年诞生以来,已获得迅速发展,目前国际上各证券监管机构、交易所、会计师事务所、金融服务与信息供应商等已采用或准备采用该项标准和技术。

我国基金自 2008 年启动了信息披露的 XBRL 工作,至今已实现了季度报告和净值公告等定期报告的公司 XBRL 报送。

第二节 基金主要当事人的信息披露义务

> **本节导读**

本节要求考生理解基金管理人信息披露的主要内容;理解基金托管人信息披露的主要内容。考生可通过对比法,对不同基金当事人的不同义务进行记忆。

一、基金管理人的信息披露义务

基金管理人主要负责办理与基金财产管理业务活动有关的信息披露事项,具体涉及基金募集、上市交易、投资运作、净值披露等各环节。

(1)向中国证监会提交基金合同草案、托管协议草案、招募说明书草案等募集申请材料。在基金份额发售的 3 日前,将招募说明书、基金合同摘要登载在指定报刊和管理人网站上;同时,将基金合同、托管协议登载在管理人网站上,将基金份额发售公告登载在指定报刊和管理人网站上。

(2)在基金合同生效的次日,在指定报刊和管理人网站上登载基金合同生效公告。

(3)开放式基金合同生效后每 6 个月结束之日起 45 日内,将更新的招募说明书登载在管理人网站上,更新的招募说明书摘要登载在指定报刊上;在公告的 15 日前,应向中国证监会报送更新的招募说明书,并就更新的内容提供书面说明。

(4)基金拟在证券交易所上市的,应向交易所提交上市交易公告书等上市申请材料。基金获准上市的,应在上市日前 3 个工作日,将基金份额上市交易公告书登载在指定报刊和管理人网站上。

(5)至少每周公告一次封闭式基金的资产净值和份额净值。开放式基金在开始办理申购或者赎回前,至少每周公告一次资产净值和份额净值;开放申购和赎回后,应于每个开放日的

次日披露基金份额净值和份额累计净值。如遇半年末或年末,还应披露半年度和年度最后一个市场交易日的基金资产净值、份额净值和份额累计净值。

（6）在每年结束后90日内,在指定报刊上披露年度报告摘要,在管理人网站上披露年度报告全文。在上半年结束后60日内,在指定报刊上披露半年度报告摘要,在管理人网站上披露半年度报告全文。在每季度结束后15个工作日内,在指定报刊和管理人网站上披露基金季度报告。上述定期报告在披露的第2个工作日,应分别报中国证监会及地方证监局备案。

（7）当发生对基金份额持有人权益或者基金价格产生重大影响的事件时,应在2日内编制并披露临时报告书,并分别报中国证监会及其证监局备案。对于上市交易基金的临时报告,一般需在披露前报送基金上市的证券交易所审核。

（8）当媒体报道或市场流传的消息可能对基金价格产生误导性影响或引起较大波动时,管理人应在知悉后立即对该消息进行公开澄清,将有关情况报告中国证监会及基金上市的证券交易所。

（9）管理人召集基金份额持有人大会的,应至少提前30日公告大会的召开时间、会议形式、审议事项、议事程序和表决方式等事项。会议召开后,应将持有人大会决定的事项报中国证监会核准或备案,并予公告。

（10）基金管理人职责终止时,应聘请会计师事务所对基金财产进行审计,并将审计结果予以公告,同时报中国证监会备案。

除依法披露基金财产管理业务活动相关的事项外,对管理人运用固有资金进行基金投资的事项,基金管理人也应履行相关披露义务。

二、基金托管人的信息披露义务

基金托管人主要负责办理与基金托管业务活动有关的信息披露事项,具体涉及基金资产保管、代理清算交割、会计核算、净值复核、投资运作监督等环节。

（1）在基金份额发售的3日前,将基金合同、托管协议登载在托管人网站上。

（2）对基金管理人编制的基金资产净值、份额净值、申购和赎回价格、基金定期报告和定期更新的招募说明书等公开披露的相关基金信息进行复核、审查,并向基金管理人出具书面文件或者盖章确认。

（3）在基金半年度报告及年度报告中出具托管人报告,对报告期内托管人是否尽职尽责履行义务以及管理人是否遵规守约等情况作出声明。

（4）当基金发生涉及托管人及托管业务的重大事件时,例如,基金托管人的专门基金托管部门的负责人变动、该部门的主要业务人员在1年内变动超过30%、托管人召集基金份额持有人大会、托管人的法定名称或住所发生变更、发生涉及托管业务的诉讼、托管人受到监管部门的调查或托管人及其托管部门的负责人受到严重行政处罚等,托管人应当在事件发生之日起2日内编制并披露临时公告书,并报中国证监会备案。

（5）托管人召集基金份额持有人大会的,应至少提前30日公告大会的召开时间、会议形式、审议事项、议事程序和表决方式等事项。会议召开后,应将持有人大会决定的事项报中国证监会核准或备案,并予公告。

（6）基金托管人职责终止时,应聘请会计师事务所对基金财产进行审计,并将审计结果予以公告,同时报中国证监会备案。

三、基金份额持有人的信息披露义务

基金份额持有人主要负责与基金份额持有人大会相关的披露义务。根据《证券投资基金法》,当代表基金份额10%以上的基金份额持有人就同一事项要求召开持有人大会,而管理人和托管人都不召集的时候,代表基金份额10%以上的持有人有权自行召集。此时,该类持有人应至少提前30日公告持有人大会的召开时间、会议形式、审议事项、议事程序和表决方式等事项。会议召开后,如果基金管理人和托管人对持有人大会决定的事项不履行信息披露义务的,召集基金持有人大会的基金份额持有人应当履行相关的信息披露义务。

另外,有时公开披露的基金信息需要由中介机构出具意见书。此时,该类中介机构应保证所出具文件内容的真实性、准确性和完整性。

【例题·单选题】在基金募集和运作过程中,负有信息披露义务的当事人不包括(　　)。

A. 基金份额持有人
B. 召集基金份额持有人大会的基金份额持有人
C. 基金托管人
D. 基金管理人

【答案】A

【解析】在基金募集和运作过程中,负有信息披露义务的当事人主要有基金管理人、基金托管人、召集基金份额持有人大会的基金份额持有人。他们应当依法及时披露基金信息,并保证所披露信息的真实性、准确性和完整性。

第三节　基金募集信息披露

▶ 本节导读 ◀

本节要求考生理解基金合同、托管协议等法律文件应包含的重要内容;理解招募说明书的重要内容。

一、基金合同

基金合同是约定基金管理人、基金托管人和基金份额持有人权利义务关系的重要法律文件。投资者缴纳基金份额认购款项时,即表明其对基金合同的承认和接受,此时基金合同成立。

(一)基金合同的主要内容

(1)募集基金的目的和基金名称。
(2)基金管理人、基金托管人的名称和住所。
(3)基金运作方式。
(4)封闭式基金的基金份额总额和基金合同期限,或者开放式基金的最低募集份额总额。
(5)确定基金份额发售日期、价格和费用的原则。
(6)基金份额持有人、基金管理人和基金托管人的权利、义务。
(7)基金份额持有人大会召集、议事及表决的程序和规则。
(8)基金份额发售、交易、申购、赎回的程序、时间、地点、费用计算方式以及给付赎回款项的时间和方式。

(9)基金收益分配原则、执行方式。

(10)作为基金管理人、基金托管人报酬的管理费、托管费的提取、支付方式与比例。

(11)与基金财产管理、运用有关的其他费用的提取、支付方式。

(12)基金财产的投资方向和投资限制。

(13)基金资产净值的计算方法和公告方式。

(14)基金募集未达到法定要求的处理方式。

(15)基金合同解除和终止的事由、程序以及基金财产清算方式。

(16)争议解决方式。

(二)基金合同所包含的重要信息

(1)基金投资运作安排和基金份额发售安排方面的信息。

(2)基金合同特别约定的事项,包括基金各当事人的权利和义务、基金持有人大会、基金合同终止等方面的信息。包括:①基金当事人的权利、义务,特别是基金份额持有人的权利;②基金持有人大会的召集、议事及表决的程序和规则;③基金合同终止的事由、程序及基金财产的清算方式。

二、基金招募说明书

(一)基金招募说明书概述

基金招募说明书是基金管理人为发售基金份额而依法制作的,供投资者了解管理人基本情况、说明基金募集有关事宜、指导投资者认购基金份额的规范性文件。

基金管理人应将所有对投资者作出投资判断有重大影响的信息予以充分披露,以便投资者更好地作出投资决策。

(二)招募说明书的主要披露事项

(1)招募说明书摘要。

(2)基金募集申请的核准文件名称和核准日期。

(3)基金管理人、基金托管人的基本情况。

(4)基金份额的发售日期、价格、费用和期限。

(5)基金份额的发售方式、发售机构及登记机构名称。

(6)基金份额申购、赎回的场所、时间、程序、数额与价格,拒绝或暂停接受申购、暂停赎回或延缓支付、巨额赎回的安排等。

(7)基金的投资目标、投资方向、投资策略、业绩比较基准、投资限制。

(8)基金资产的估值。

(9)基金管理人、基金托管人报酬及其他基金运作费用的费率水平、收取方式。

(10)基金认购费、申购费、赎回费、转换费的费率水平、计算公式、收取方式。

(11)出具法律意见书的律师事务所和审计基金财产的会计师事务所的名称和住所。

(12)风险警示内容。

(13)基金合同和基金托管协议的内容摘要。

(三)招募说明书包含的重要信息

(1)基金运作方式。

(2)从基金资产中列支的费用的种类、计提标准和方式。

(3)基金份额的发售、交易、申购、赎回的约定,特别是买卖基金费用的相关条款。

(4)基金投资目标、投资范围、投资策略、业绩比较基准、风险收益特征、投资限制等。

(5)基金资产净值的计算方法和公告方式。

(6)基金风险提示。在招募说明书封面的显著位置,管理人一般会做出"基金过往业绩不预示未来表现;不保证基金一定盈利,也不保证最低收益"等风险提示。

(7)招募说明书摘要。该部分出现在每6个月更新的招募说明书中,主要包括基金投资基本要素、投资组合报告、基金业绩和费用概览、招募说明书更新说明等内容。

三、基金托管协议

基金托管协议是基金管理人和基金托管人签订的协议,主要目的在于明确双方在基金财产保管、投资运作、净值计算、收益分配、信息披露及相互监督等事宜中的权利、义务及职责,确保基金财产的安全,保护基金份额持有人的合法权益。

基金托管协议包含两类重要信息:

(1)基金管理人和基金托管人之间的相互监督和核查。

(2)协议当事人权责约定中事关持有人权益的重要事项。

第四节 基金运作信息披露

》本节导读 《

本节内容较多,要求考生掌握基金净值公告的种类及披露时效性要求;理解货币市场基金信息披露的特殊规定;理解基金定期公告的相关规定;理解基金上市交易公告书和临时信息披露的相关规定。

一、基金净值公告

(一)普通基金净值公告

普通基金净值公告主要包括基金资产净值、份额净值和份额累计净值等信息。封闭式基金和开放式基金在披露净值公告的频率上有所不同。封闭式基金一般至少每周披露一次资产净值和份额净值。对开放式基金来说,在其放开申购和赎回前,一般至少每周披露一次资产净值和份额净值;放开申购和赎回后,则会披露每个开放日的份额净值和份额累计净值。

(二)货币市场基金收益公告和偏离度公告

1. 货币市场基金收益公告

货币市场基金每日分配收益,份额净值保持1元不变,因此,货币市场基金需要披露收益公告,包括每万份基金收益和最近7日年化收益率。按照披露时间的不同,货币市场基金收益公告可分为三类:封闭期的收益公告、开放日的收益公告和节假日的收益公告。具体内容如表7-2所示。

表7-2　　　　　　　　　　　货币市场基金收益公告

分类	内容
封闭期的收益公告	是指货币市场基金的基金合同生效后,基金管理人于开始办理基金份额申购或者赎回当日,在中国证监会指定的报刊和基金管理人网站上披露截至前一日的基金资产净值,基金合同生效至前一日期间的每万份基金净收益,前一日的7日年化收益率
开放日的收益公告	是指货币市场基金于每个开放日的次日在中国证监会指定报刊和管理人网站上披露开放日每万份基金净收益和最近7日年化收益率
节假日的收益公告	是指货币市场基金放开申购赎回后,在遇到法定节假日时,于节假日结束后第二个自然日披露节假日期间的每万份基金净收益,节假日最后一日的7日年化收益率,以及节假日后首个开放日的每万份基金净收益和7日年化收益率

2. 偏离度公告

目前,按我国基金信息披露法规要求,当偏离达到一定程度时,货币市场基金应刊登偏离度信息,主要包括以下三类:

①在临时报告中披露偏离度信息。当影子定价与摊余成本法确定的基金资产净值偏离度的绝对值达到或者超过0.5%时,基金管理人将在事件发生之日起2日内就此事项进行临时报告。

②在半年度报告和年度报告中披露偏离度信息。在半年度报告和年度报告的重大事件揭示中,基金管理人将披露报告期内偏离度的绝对值达到或超过0.5%的信息。

③在投资组合报告中披露偏离度信息。在季度报告中的投资组合报告中,货币市场基金将披露报告期内偏离度绝对值在0.25%~0.5%的次数,偏离度的最高值和最低值,偏离度绝对值的简单平均值等信息。

二、基金定期公告

(一)基金季度报告

基金季度报告的编制时间和报告内容如表7-3所示。

表7-3　　　　　　　　　　　　基金季度报告

项目	内容
编制时间	①基金管理人应当在每个季度结束之日起15个工作日内,编制完成基金季度报告,并将季度报告登载在指定报刊和网站上 ②基金合同生效不足2个月的,基金管理人可以不编制当期季度报告、半年度报告或者年度报告
报告内容	①基金季度报告主要包括基金概况、主要财务指标和净值表现、管理人报告、投资组合报告、开放式基金份额变动等内容 ②在季度报告的投资组合报告中,需要披露基金资产组合,按行业分类的股票投资组合,前10名股票明细;按券种分类的债券投资组合,前5名债券明细及投资组合报告附注等内容

(二)基金半年度报告

基金管理人应当在上半年结束之日起60日内,编制完成基金半年度报告,并将半年度报告正文登载在网站上,将半年度报告摘要登载在指定报刊上。与年度报告相比,半年度报告的披露主要有以下特点。

(1)半年度报告不要求进行审计。

(2)半年度报告只需披露当期的数据和指标;而年度报告应提供最近3个会计年度的主要会计数据和财务指标。

(3)半年度报告披露净值增长率列表的时间段与年度报告有所不同。半年度报告需要披露过1个月的净值增长率,但无须披露过5年的净值增长率。

(4)半年度报告无须披露近3年每年的基金收益分配情况。

(5)半年度报告的管理人报告无须披露内部监察报告。

(6)财务报表附注的披露。半年度财务报表附注重点披露比上年度财务会计报告更新的信息,并遵循重要性原则进行披露。

(7)重大事件揭示中,半年度报告只报告期内改聘会计师事务所的情况,无须披露支付给聘任会计师事务所的报酬及事务所已提供审计服务的年限等。

(8)半年度报告摘要的财务报表附注无须对重要的报表项目进行说明;而年度报告摘要的报表附注在说明报表项目部分时,则因审计意见的不同而有所差别。

(三)基金年度报告

1.概况

基金年度报告是基金存续期信息披露中信息量最大的文件。基金年度报告的相关内容如表7-4所示。

表7-4 基金年度报告

项目	内容
编制时间	应当在每年结束之日起90日内,编制完成基金年度报告,并将年度报告正文登载于网站上,将年度报告摘要登载在指定报刊上
作用	基金份额持有人通过阅读基金年报,可以了解年度内基金管理人和托管人履行职责的情况、基金经营业绩、基金份额的变动等信息,以及年度末基金财务状况、投资组合和持有人结构等信息
签订	①基金年度报告应经2/3以上独立董事签字同意,并由董事长签发 ②如个别董事对年度报告内容的真实、准确、完整无法保证或存在异议,应当单独陈述理由和发表意见 ③未参会董事应当单独列示其姓名

【例题·单选题】基金年度报告应经( )以上独立董事签字同意,并由董事长签发。

A.1/3   B.1/2   C.2/3   D.2/5

【答案】C

【解析】为了进一步保障基金信息质量,法规规定基金年度报告应经2/3以上独立董事签字同意,并由董事长签发;如个别董事对年度报告内容的真实、准确、完整无法保证或存在异议,应当单独陈述理由和发表意见;未参会董事应当单独列示其姓名。

2. 基金年度报告的主要内容(见表7-5)

表7-5　　　　　　　　　　基金年度报告的主要内容

分类	内容
基金管理人和托管人在年度报告披露中的责任	①管理人及其董事应保证年度报告的真实、准确和完整,承诺其中不存在虚假记载、误导性陈述或重大遗漏,并就其保证承担个别及连带责任 ②托管人在年度报告披露中的责任主要是一些与托管职责相关的披露责任,包括负责复核年报、半年报中的财务会计资料等内容,并出具托管人报告等
正文与摘要的披露	①正文信息应力求充分、详尽,摘要应力求简要揭示重要的基金信息。专业投资者通过阅读正文可以获得更为详细的信息 ②摘要在基金简介、报表附注、投资组合报告等部分进行了较大程度的简化。普通投资者通过阅读摘要即可获取重要信息
关于年度报告中的"重要提示"	包括:管理人和托管人的披露责任;管理人管理和运用基金资产的原则;投资风险提示;年度报告中注册会计师出具非标准无保留意见的提示
基金财务指标的披露	基金年度报告一般应披露以下财务指标:本期利润、本期利润扣减本期公允价值变动损益后的净额、加权平均基金份额本期利润、加权平均净值利润率、本期基金份额净值增长率、期末可供分配利润、期末可供分配基金份额利润、期末资产净值、期末基金份额净值和基金份额累计净值增长率等
基金净值表现的披露	法规要求在基金年度报告、半年度报告、季度报告中以图表形式披露基金的净值表现
基金管理人报告的披露	包括:①基金管理人及基金经理情况简介;②报告期内基金运作遵规守信情况说明;③报告期内公平交易情况说明;④报告期内基金的投资策略和业绩表现说明;⑤管理人对宏观经济、证券市场及行业走势的展望;⑥管理人内部监察稽核工作情况;⑦报告期内基金估值程序等事项说明;⑧报告期内基金利润分配情况说明及对会计师事务所出具非标准审计报告所涉事项的说明等
基金财务会计报告的编制与披露	包括:①基金财务报表的编制与披露。基金财务报表包括报告期末及其前一个年度末的比较式资产负债表、该两年度的比较式利润表、该两年度的比较式所有者权益(基金净值)变动表。②财务报表附注的披露
基金投资组合报告的披露	①基金投资组合报告的披露内容。包括:期末基金资产组合;期末按行业分类的股票投资组合;期末按市值占基金资产净值比例大小排序的所有股票明细;报告期内股票投资组合的重大变动;期末按券种分类的债券投资组合;期末按市值占基金资产净值比例大小排序的前5名债券明细;投资组合报告附注等 ②基金股票投资组合重大变动的披露内容。包括:报告期内累计买入、累计卖出价值超过期初基金资产净值2%(报告期内基金合同生效的基金,采用期末基金资产净值的2%)的股票明细;对累计买入、累计卖出价值前20名的股票价值低于2%的,应披露至少前20名的股票明细;整个报告期内买入股票的成本总额及卖出股票的收入总额

续表

分类	内容
基金持有人信息的披露	包括：①上市基金前10名持有人的名称、持有份额及占总份额的比例；②持有人结构，包括机构投资者、个人投资者持有的基金份额及占总份额的比例；③持有人户数、户均持有基金份额；④当期末基金管理公司的基金从业人员持有开放式基金时，年度报告还将披露公司所有基金从业人员投资基金的总量及占基金总份额的比例
开放式基金份额变动的披露	①法规要求在年度报告中披露开放式基金合同生效日的基金份额总额、报告期内基金份额的变动情况（包括期初基金份额总额、期末基金份额总额、期间基金总申购份额、期间基金总赎回份额、期间基金拆分变动份额） ②报告期内基金合同生效的基金，应披露自基金合同生效以来基金份额的变动情况

【例题·单选题】报告期内基金估值程序事项说明属于( )的披露。
A. 基金投资组合报告　　　　　　　B. 基金净值表现
C. 基金财务指标　　　　　　　　　D. 管理人报告
【答案】D
【解析】管理人报告是基金管理人就报告期内管理职责履行情况等事项向投资者进行的汇报。报告期内基金估值程序等事项说明属于管理人报告的具体内容之一。

三、基金上市交易公告书

基金上市交易公告书的主要披露事项包括：基金概况、基金募集情况与上市交易安排、持有人户数、持有人结构及前10名持有人、主要当事人介绍、基金合同摘要、基金财务状况、基金投资组合报告、重大事件揭示等。

四、基金临时信息披露

(一)关于基金信息披露的重大性标准

各国(地区)信息披露所采用的"重大性"概念有以下两种标准。

(1)影响投资者决策标准。如果可以合理地预期某种信息将会对理性投资者的投资决策产生重大影响，则该信息为重大信息，应及时予以披露。

(2)影响证券市场价格标准。如果相关信息足以导致或可能导致证券价值或市场价格发生重大变化，则该信息为重大信息，应予披露。

(二)基金临时报告

1. 重大性界定

标准："影响投资者决策标准"或"影响证券市场价格标准"。如果预期某种信息可能对基金份额持有人权益或者基金份额的价格产生重大影响，则该信息为重大信息，相关事件为重大事件。信息披露义务人应当在重大事件发生之日起2日内编制并披露临时报告书。

2. 基金重大事件

包括：①基金份额持有人大会的召开；②提前终止基金合同；③延长基金合同期限；④转换基金运作方式；⑤更换基金管理人或托管人；⑥基金管理人的董事长、总经理及其他高级管理人员、基金经理和基金托管人的基金托管部门负责人发生变动；⑦涉及基金管理人、基金财产、基金托管业务的诉讼；⑧基金份额净值计价错误金额达基金份额净值的0.5%；⑨开放式基金发生巨额赎回并延期支付等。

(三)基金澄清公告

在基金合同期限内,任何公共媒体中出现的或者在市场上流传的消息可能对基金份额价格或者基金投资者的申购、赎回行为产生误导性影响的,相关信息披露义务人知悉后应当立即对该消息进行公开澄清。

第五节 特殊基金品种的信息披露

> **本节导读**

本节要求考生了解 QDII 信息披露的特殊规定及要求;了解 ETF 信息披露的特殊规定及要求。

一、QDII 基金的信息披露

QDII 基金将其全部或部分资金投资于境外证券,管理人可能会聘请境外投资顾问为其境外证券投资提供咨询或组合管理服务,托管人可能会委托境外资产托管人负责境外资产托管业务。除现有法规规定的披露要求之外,法规针对 QDII 基金投资运作上的特性,还有其他一些特殊的披露要求。具体内容如表 7-6 所示。

表 7-6　　　　　　　　　　QDII 基金的信息披露要求

项目	内容
语言及币种选择	①QDII 基金在披露相关信息时,可同时采用中、英文,并以中文为准,可单独或同时以人民币、美元等主要外汇币种计算并披露净值信息 ②当涉及币种之间转换的,应披露汇率数据来源,并保持一致性
基金合同、招募说明书	①境外投资顾问和境外托管人信息 ②投资交易信息 ③投资境外市场可能产生的风险信息
净值信息	①QDII 基金在其放开申购、赎回前,至少每周披露一次资产净值和份额净值 ②放开申购、赎回后,需披露每个开放日的份额净值和份额累计净值 ③QDII 基金的净值在估值日后 1~2 个工作日内披露
定期报告	①境外投资顾问和境外资产托管人信息 ②境外证券投资信息 ③外币交易及外币折算相关的信息
临时公告	当 QDII 基金变更境外托管人、变更投资顾问、投资顾问主要负责人变动、涉及境外诉讼等重大事件时,应在事件发生后及时披露临时公告,并在更新的招募书中予以说明

二、ETF 基金的信息披露

ETF 特殊的信息披露事项如下。

(1)在基金合同和招募说明书中,需明确基金份额的各种认购、申购、赎回方式,以及投资者认购、申购、赎回基金份额涉及的对价种类等。

（2）基金上市交易之后，需按交易所的要求，在每日开市前披露当日的申购、赎回清单，并在交易时间内即时揭示基金份额参考净值（IOPV，Indicative Optimized Portfolio Value）。

①在每日开市前，基金管理人需向证券交易所、证券登记结算机构提供 ETF 的申购、赎回清单，并通过基金公司官方网站和证券交易所指定的信息发布渠道予以公告。对于当日发布的申购、赎回清单，当日不得修改。申购、赎回清单主要包括最小申购、赎回单位对应的各组合证券名称、证券代码及数量、现金替代标志等内容。

②交易日的基金份额净值除了按规定于次日（跨境 ETF 可以为次 2 个工作日）在指定报刊和管理人网站披露外，也将通过证券交易所的行情发布系统于次一交易日揭示。

③在交易时间内，证券交易所根据基金管理人提供的基金份额参考净值计算方式、申购和赎回清单中的组合证券等信息，实时计算并公布基金份额参考净值。基金管理人关于 ETF 基金份额参考净值的计算方式，一般需经证券交易所认可后公告，修改 ETF 基金份额参考净值计算方式，也需经证券交易所认可后公告。

（3）对 ETF 的定期报告，按法规对上市交易指数基金的一般要求进行披露，无特别的披露事项。

真题自测

（所有题型均为单选题，每题只有 1 个正确答案）

1. 依靠强制性（　　），培育和完善市场运行机制，增强市场参与各方对市场的理解和信心，是各国证券市场监管的普遍做法。
   A. 信息披露　　　　B. 制度建设　　　　C. 投资者教育　　　　D. 控制市场价格

2. XBRL（eXtensible Business Reporting Language，可扩展商业报告语言）是国际上将会计准则与计算机语言相结合，用于（　　）数据，尤其是财务信息交换的最新公认标准和技术。
   A. 结构化　　　　B. 非结构化　　　　C. 抽象化　　　　D. 复杂化

3. 基金管理人需在基金合同生效的（　　）在指定报刊和管理人网站上登载基金合同生效公告。
   A. 当日　　　　B. 次日　　　　C. 第 3 日　　　　D. 第 4 日

4. 开放式基金合同生效后每 6 个月结束之日起（　　）日内，将更新的招募说明书登载在管理人网站上，更新的招募说明书摘要登载在指定报刊上。
   A. 30　　　　B. 35　　　　C. 45　　　　D. 60

5. 基金托管人受到监管部门的调查或托管人及其托管部门的负责人受到严重行政处罚时，托管人应当在事件发生之日起（　　）日内编制并披露临时公告书，并报中国证监会备案。
   A. 1　　　　B. 2　　　　C. 3　　　　D. 5

6. 当代表基金份额（　　）以上的基金份额持有人就同一事项要求召开持有人大会，而管理人和托管人都不召集时，持有人有权自行召集。
   A. 5%　　　　B. 10%　　　　C. 30%　　　　D. 50%

7. 基金合同生效不足（　　）个月的，基金管理人可以不编制当期季度报告、半年度报告或者年度报告。
   A. 1　　　　B. 2　　　　C. 3　　　　D. 4

8. 半年度报告无须披露近（　　）年每年的基金收益分配情况。
   A. 1　　　　B. 2　　　　C. 3　　　　D. 4

第八章 基金客户和销售机构

基金客户即基金份额的持有人、基金产品的投资人,是基金资产所有者和基金投资回报的受益人,是开展基金一切活动的中心。基金销售机构根据目标客户、自身的定位、发展方向制定不同的产品销售策略来满足不同投资者的需求。

考点概览

考试大纲	考点内容	学习要求
基金客户的分类	基金客户释义及投资人类型	理解
	基金投资人构成现状及发展趋势	了解
	产品目标客户选择策略	理解
基金销售机构	基金销售机构的主要类型	掌握
	基金销售机构的现状及发展趋势	了解
	基金销售机构的准入条件	掌握
	基金销售机构的职责规范	掌握
基金销售机构的销售理论、方式与策略	销售理论	了解
	销售方式	了解
	销售策略	掌握

第一节 基金客户的分类

本节导读

本节从基金客户的基本概念入手,重点介绍了基金投资人的类型及基金客户的构成现状和发展趋势。考生在学习时要求理解基金投资人类型;了解基金客户构成现状;理解目标客户选择。

一、基金客户释义及投资人类型

基金客户即基金份额的持有人、基金产品的投资人,是基金资产的所有者和基金投资回报的受益人,是开展基金一切活动的中心。

(一)基金投资人

基金投资人的权利和义务如表8-1所示。

表 8-1　　　　　　　　　　　　　基金投资人的权利和义务

项目	内容
权利	①分享基金财产收益 ②参与分配清算后的剩余基金财产 ③依法转让或者申请赎回其持有的基金份额 ④按照规定要求召开基金投资者大会,对基金投资者大会审议事项行使表决权 ⑤查阅或者复制公开披露的基金信息资料 ⑥对基金管理人、基金托管人、基金销售机构损害其合法权益的行为依法提起诉讼等
义务	①遵守基金合同 ②缴纳基金认购款项及规定费用;承担基金亏损或终止的有限责任 ③不从事任何有损基金及其他基金投资人合法权益的活动 ④在封闭式基金存续期间,不得要求赎回基金份额 ⑤在封闭式基金存续期间,基金投资者必须遵守法律、法规的有关规定及基金契约规定的其他义务

(二)基金投资人分类

按投资基金的个体不同划分,基金投资者可以分为个人投资者和机构投资者两类。具体内容如表 8-2 所示。

表 8-2　　　　　　　　　　　　　基金投资人分类

分类	内容
基金个人投资者	指以自然人身份从事基金买卖的证券投资者
基金机构投资者	①指符合法律法规规定的可以投资于证券投资基金的、在中华人民共和国境内合法注册登记并存续或经有关政府部门批准设立并存续的企业法人、事业法人、社会团体或其他组织 ②机构投资者一般具有较为雄厚的资金实力;投资行为受到多方面的监管

(三)法规中关于基金投资人范围的限制

1. 境内投资者和境外投资者

境内投资者是指居住在境内或虽居住在境外但未获得境外所在国家或者地区永久居留签证的中国公民、注册在境内的法人。境外投资者是指外国的法人、自然人,以及中国香港、澳门特别行政区和台湾地区的法人、自然人。

2. 个人基金投资者范围限制

办理基金开户要求的个人投资者年龄为 18~70 周岁具有完全民事行为能力人,而 16 周岁以上不满 18 周岁的公民要求提交相关的收入证明才能进行开户。

3. 机构基金投资者范围限制

境内机构基金投资者开立基金账户时,企业需要出示企业营业执照正本或副本原件及加盖单位公章的复印件,事业法人、社会团体或其他组织提供民政部门或主管部门颁发的注册登记证书原件及加盖单位公章的复印件;另外,还需要提供法定代表人授权委托书,业务经办人有效身份证件,指定银行交收账户的开户证明原件等。

开设基金账户对境外投资者证件要求较高。一般要求使用境外所在国家或者地区护照或者身份证明,有效商业登记证明文件,有境外其他国家、地区永久居留签证的中国护照,台湾居民来往大陆通行证,港澳居民来往内地通行证等。

二、基金投资人构成现状及发展趋势

(一)结构个人化

基金客户主要由个人投资者和机构投资者组成。自2004年起,个人投资者基金开户数急剧上升,2013年个人投资者基金有效账户数占比达到了99.93%。其中,2007年之前是我国基金个人业务发展最为旺盛时期。

(二)机构多元化

境内外养老金、住房公积金、保险资金、主权财富基金和政府投资基金等长期机构投资者更加重视中国资本市场的发展,投资意愿不断增加。机构投资者更加信任专业投资人的价值和作用,委托管理规模不断提高。

三、产品目标客户选择策略

在确定目标市场与投资者方面,基金销售机构面临的重要问题之一就是分析投资者的真实需求,包括投资者的投资规模、风险偏好、对投资资金流动性和安全性的要求等。

(一)明确目标客户市场

明确目标客户市场中最主要的是对基金销售市场进行市场细分和选择相应的目标市场。市场细分是指根据客户不同的需求特征,将整体市场区分成若干个不同群体的过程,区分后的客户需求在一个或若干个方面具有相同或相近的特征,以便销售机构采取相应的营销战略来满足这些客户群的需要,以期顺利完成经营目标。

销售机构市场细分必须契合实际,能对基金销售工作起到积极、有效的作用,因此销售机构在进行市场细分时应遵循以下原则。具体内容如表8-3所示。

表8-3　　　　　　　　　销售机构市场细分的原则

原则	内容
易入原则	易入原则是指完成市场细分后,销售机构有能力向某一细分市场提供其所需的基金产品和服务,即该细分市场是易于开发、便于进入的
可测原则	可测原则是指根据市场调查、专业咨询等途径提供的各个细分市场的特征要素,能够测算出细分市场的客户数量、销售规模、购买潜力等量化指标
成长原则	成长原则是指细分市场在今后的一段时期内,市场规模会不断扩大,市场容量会稳步增长,并且有可能引申出更多的营销机会
识别原则	识别原则是指每个细分市场有明显的区分标准,让销售机构能够清楚地认识不同细分市场的客户差异,提供个性化的产品和服务,以确保营销策略具有针对性
利润原则	利润原则是指销售机构进行市场细分后,必须有足够的业务量,以保证销售机构在扣除经营成本和营销费用后,在现在或未来能够获得一定的利润

(二)客户寻找

客户寻找是指在目标客户中寻找有需求、有购买能力、未来有望成为现实客户的将来购买者。基金销售的客户寻找是指在目标市场中寻找有基金投资需求、有投资能力、有一定的风险承受能力、有可能购买或者再次购买基金的客户。

常用的寻找潜在客户的方法分别有缘故法、介绍法和陌生拜访法。具体内容如表8-4所示。

表8-4　　　　　　　　　　　潜在客户寻找的方法

方法	内容
缘故法	缘故法针对直接关系型群体，就是利用营销人员个人的生活与工作经历所建立的人际关系进行客户开发。这些群体主要包括营销人员的亲戚、朋友、街坊邻居、师生、同事等，属于直接关系型。运用缘故法寻找客户比较容易成功，因为这些客户容易接近，交流方便
介绍法	介绍法针对间接客户型群体，是通过现有客户介绍新客户。营销人员在开发客户的过程中，可与一部分客户建立良好的关系，再通过这些客户关系派生出新的客户关系，建立新的客户群
陌生拜访法	陌生拜访法针对陌生关系型群体，是营销人员通过主动自我介绍与陌生人认识、交流，把陌生人发展成为潜在客户的方法，是营销人员在开发客户中运用最多的方法

【例题·单选题】适用于直接关系型群体的客户寻找方法是(　　)。
A.缘故法　　　　B.介绍法　　　　C.陌生拜访法　　　　D.网上搜找法
【答案】A
【解析】缘故法适用于直接关系型群体。考生需要分清楚每种客户寻找方法的适用群体。

第二节　基金销售机构

》本节导读《

本节要求考生掌握基金销售机构的主要类型；了解各类机构的现状和发展趋势；掌握基金销售机构准入条件；掌握基金销售机构职责规范。

一、基金销售机构的主要类型

(一)基金销售机构的概念

基金销售机构是指依法办理开放式基金份额的认购、申购和赎回的基金管理人以及取得基金代销业务资格的其他机构。

(二)基金销售机构的类型

(1)直销机构，是指直接销售基金的基金公司。基金公司开展直销目前主要包括两种形式，其一是专门的销售人员直接开发和维护机构客户和高净值个人客户，其二是自行开发建立电子商务平台。

(2)代销机构，是指与基金公司签订基金产品代销协议，代为销售基金产品，赚取销售佣金的商业机构,主要包括商业银行、证券公司、期货公司、保险机构、证券投资咨询机构以及独立基金销售机构。

二、基金销售机构的现状及发展趋势

(一)基金销售机构的现状

(1)货币市场基金规模的扩大和货币市场基金直销的增长,销售格局打破了商业银行和证券公司处于绝对强势的地位。

(2)独立基金销售机构及证券投资咨询机构处于高速发展的状态。

(二)基金销售机构的发展趋势

(1)深度挖掘互联网销售的效能。

(2)提升服务的专业化和层次化。

三、基金销售机构的准入条件

为了规范公开募集证券投资基金的销售活动,促进证券投资基金市场健康发展,2013年6月,中国证监会修订了《证券投资基金销售管理办法》。其中规定:基金管理人可以办理其募集的基金产品的销售业务。商业银行(含在华外资法人银行,下同)、证券公司、期货公司、保险机构、证券投资咨询机构、独立基金销售机构以及中国证监会认定的其他机构从事基金销售业务的,应向工商注册登记所在地的中国证监会派出机构进行注册并取得相应资格。同时应具备以下条件:

(1)具有健全的治理结构、完善的内部控制和风险管理制度,并得到有效执行。

(2)财务状况良好,运作规范稳定。

(3)有与基金销售业务相适应的营业场所、安全防范设施和其他设施。

(4)有安全、高效的办理基金发售、申购和赎回等业务的技术设施,且符合中国证监会对基金销售业务信息管理平台的有关要求,基金销售业务的技术系统已与基金管理人、中国证券登记结算公司相应的技术系统进行了联网测试,测试结果符合国家规定的标准。

(5)制定了完善的资金清算流程,资金管理符合中国证监会对基金销售结算资金管理的有关要求。

(6)有评价基金投资人风险承受能力和基金产品风险等级的方法体系。

(7)制定了完善的业务流程、销售人员执业操守、应急处理措施等基金销售业务管理制度,符合中国证监会对基金销售机构内部控制的有关要求。

(8)有符合法律法规要求的反洗钱内部控制制度。

(9)中国证监会规定的其他条件。

四、基金销售机构的职责规范

《证券投资基金销售管理办法》及其他规范性文件对基金销售机构职责的规范主要包括以下方面。

(一)签订销售协议,明确权利与义务

基金销售机构办理基金的销售业务,应当由基金销售机构与基金管理人签订书面销售协议,明确双方的权利及义务,并至少包括以下内容:销售费用分配的比例和方式,基金持有人联

系方式等客户资料的保存方式,对基金持有人的持续服务责任,反洗钱义务履行及责任划分,基金销售信息交换及资金交收权利与义务。

未经签订书面销售协议,基金销售机构不得办理基金的销售。同时,基金销售机构不得委托其他机构代为办理基金的销售业务。

(二)基金管理人应制定业务规则并监督实施

在销售基金时,基金管理人应制定合理的业务规则,对基金认购、申购、赎回、转换、非交易过户等行为进行规定。基金管理人、基金销售机构按规定进行业务操作。为保护投资人的合法权益,对资金归集、信息传输、销售服务等也应进行规范。

(三)建立相关制度

基金管理人、基金销售机构应当建立健全并有效执行基金销售业务制度和销售人员的持续培训制度,加强对基金业务合规运作和销售人员行为规范的检查和监督。

基金管理人、基金销售机构应当建立完善的基金份额持有人账户和资金账户管理制度,基金份额持有人资金的存取程序和授权审批制度。

基金管理人、基金销售机构应当建立健全档案管理制度,妥善管理基金份额持有人的开户资料和与销售业务有关的其他资料。客户身份资料自业务关系结束当年起至少保存15年,与销售业务有关的其他资料自业务发生当年起至少保存15年。

(四)禁止提前发行

基金募集申请获得中国证监会核准前,基金管理人、基金销售机构不得办理基金的销售业务,不得向公众分发、公布基金宣传推介材料或发售基金份额。

(五)严格账户管理

基金销售结算专用账户是指基金销售机构、基金销售支付结算机构或基金注册登记机构用于归集、暂存、划转基金销售结算资金的专用账户。

基金销售结算资金是指由基金销售机构、基金销售支付结算机构或基金注册登记机构归集的,在基金投资人结算账户与基金托管账户之间划转的基金申购(认购)、赎回、现金分红等资金。基金销售结算资金是基金投资人的交易结算资金,涉及基金销售结算专用账户开立、使用、监督的机构不得将基金销售结算资金归入其自有财产。

禁止任何单位或个人以任何形式挪用基金销售结算资金。相关机构破产或清算时,基金销售结算资金不属于其破产或清算财产。

基金销售机构、基金销售支付结算机构、基金注册登记机构可在具备基金销售业务资格的商业银行或从事客户交易结算资金存管的指定商业银行开立基金销售结算专用账户。

基金销售机构、基金销售支付结算机构、基金注册登记机构开立基金销售结算专用账户时,应当就账户性质、功能、使用的具体内容、监督方式、账户异常处理等事项,以监督协议的形式与基金销售结算资金监督机构做出约定。

【例题·单选题】下列关于基金销售结算资金,说法错误的是(   )。

A. 相关机构破产或清算时,其属于破产或清算财产
B. 是基金投资人结算账户与基金托管账户之间划转的基金申购(认购)、赎回、现金分红等资金
C. 由基金销售机构、基金销售支付结算机构或基金注册登记机构归集

D. 禁止挪用

【答案】A

【解析】相关机构破产或清算时,基金销售结算资金不属于破产或清算财产。

(六)基金销售机构反洗钱

反洗钱是指为了预防通过各种方式掩饰、隐瞒毒品犯罪、黑社会性质的组织犯罪、恐怖活动犯罪、走私犯罪、贪污贿赂犯罪、破坏金融管理秩序犯罪、金融诈骗犯罪等犯罪所得及其收益的来源和性质的洗钱活动,依法采取相关措施的行为。

基金销售机构为客户开立基金账户时,应当按照反洗钱相关法律法规的规定进行客户身份识别,并在此基础上对客户的洗钱风险进行等级划分。基金销售机构应与其他基金销售机构在销售协议中明确投资人身份资料的提供内容及客户风险等级划分职责。对现有客户的身份重新识别以及风险等级划分,按照中国人民银行规定的期限完成。基金销售机构在进行客户风险等级划分时,应综合考虑客户身份、地域、行业或职业、交易特征等因素。客户风险等级至少应当分为高、中、低三个等级。

基金销售机构应根据中国人民银行《金融机构大额交易和可疑交易报告管理办法》第九条和第十条规定,监测客户现金收支或款项划转情况,对符合大额交易标准的,在该大额交易发生后5个工作日内,向中国反洗钱监测分析中心报告。在发现有可疑交易或者行为时,在其发生后10个工作日内,向中国反洗钱监测分析中心报告。

第三节 基金销售机构的销售理论、方式与策略

》本节导读 《

这一节介绍基金销售机构的销售理论、方式与策略。要求考生了解基金管理人及代销机构销售方式;掌握基金市场营销的特殊性。在学习本节的时候,考生不只要理解相关内容,还需要能结合实际,加强运用能力。

一、销售理论

(一)4Ps营销理论

基金销售机构销售基金产品一般以4Ps营销理论为指导。传统4Ps营销理论是指由于市场需求会受到一些营销因素的影响,企业为获得更多的利润,就需要有效地组合这些营销要素来满足市场的需求。这些要素可以归纳为产品(product)、价格(price)、渠道(place)、促销(promotion),简称4Ps。

以4Ps为核心的营销组合策略如表8-5所示。

表8-5　　　　　　　　　　　　4Ps营销理论

项目	内容
产品策略	重视开发的功能,要求产品有独特的卖点,把产品的特色摆在首位
分销策略	基金公司可以不直接面对客户,而是通过分销商、经销商来进行,重点是培育分销商和建立销售网络

续表

项目	内容
促销策略	为了促进销售的增长,基金公司可改变销售行为来激励购买,以短期的行为吸引客户
人员策略	在服务过程中,注重与客户的关系,保证服务的质量

(二)4Ps理论的特殊性

证券投资基金属于金融服务行业,其市场营销不同于有形产品营销,在运用4Ps理论时有其特殊性。具体内容如表8-6所示。

表8-6　　　　　　　　　　4Ps理论的特殊性

项目	内容
规范性	基金是面对广大投资者的金融理财产品,为维护投资者利益,监管部门在基金销售费用、基金销售宣传推介等方面做了严格的规定。因此,基金销售机构在制定产品策略和促销策略时,需要严格遵守这些规定
服务性	基金销售机构在注重产品、分销和促销的同时,还必须在高质量的服务、品牌的形象宣传等方面下功夫,以增强可靠的信誉,扩大客户基础
专业性	基金是投资于股票、债券、货币市场工具等多种金融产品的组合投资工具,客观上要求营销人员广泛了解和掌握相关金融知识和投资工具,因此,基金销售对营销人员的专业水平有更高的要求
持续性	基金营销是一种理财服务,不是一锤子买卖,因而更强调销售服务的持续性。基金销售策略的制定也应特别重视这一点,从而不断扩大客户群体,扩大基金规模
适用性	基金销售机构在销售基金和相关产品时,应根据投资者的风险承受能力销售不同风险等级的产品,注重销售的适用性。坚持投资人利益优先原则,把合适的产品卖给合适的投资人,是各基金销售机构在销售过程中运用4Ps理论时尤其需要注意的

二、销售方式

(一)基金销售方式

我国基金销售市场现有基金公司直销和代销两种主要的销售方式。随着互联网企业的强势介入,近年来又出现了基金公司与互联网企业合作进行线上销售、独立基金销售机构线上代销等新的基金销售方式。

(二)直销和代销的区别

基金销售的直销和代销两种方式在基金产品、销售人员、销售网络、客户关系和营销成本上有不同的特点。具体内容如表8-7所示。

表8-7　　　　　　　　　　直销和代销的区别

分类	内容
在基金产品方面	①基金直销是指通过基金公司或基金公司网站进行基金买卖,因此直销方式仅销售一家基金公司的产品 ②基金代销是指拥有代销资格的银行或证券公司等金融机构接受基金管理人的委托,通过营业网点柜台、电话、网络等渠道为投资人办理基金份额认购、申购和赎回以及相应资金收付的业务,因此代销机构往往同时销售多家基金公司的产品

续表

分类	内容
在销售人员方面	①直销方式是通过基金公司直属的销售队伍进行基金销售,专业性强 ②代销方式下,代销机构则通过其销售队伍进行基金销售,对基金的专业知识、产品特性等方面的掌握程度较直销团队低一些
在销售网络方面	①直销方式的销售网络往往通过基金公司的分支机构网点铺开,数量有限,推广效果有限 ②代销机构的营业网点数量众多,受众范围广
在客户关系方面	①通过直销方式进行基金销售往往对客户的财务状况更了解,对客户控制力较强,更容易发现产品和服务方面的不足,易于建立双向持久的联系,提高忠诚度 ②代销渠道则有广泛的客户基础,和客户有全面的业务联系,可以提供多样化的客户服务
在营销成本方面	①以直销方式销售基金时,基金公司承担固定成本,针对特定目标客户可以大幅降低营销成本 ②代销机构则是有业绩才有佣金,但基金公司对渠道的竞争提高了代销成本

(三) 不同基金销售方式的特点

以下将各类基金销售方式的特点进行了对照,考生可更为全面地了解基金销售方式。具体内容如表 8-8 所示。

表 8-8　　　　　　　　　　不同基金销售方式的特点

分类	内容
基金公司直销	基金公司非常重视直销业务,投入在加大;熟悉自身产品,重视资讯;在购买费率上通常低于传统代销渠道。但受限于政策和运营,目前只能销售自己的产品,客户如果通过直销渠道购买多家公司产品,需要开立多个账户,不方便进行管理,而且由于产品相对单一,较难给予客户全面的配置建议
银行代销	对客户来说,银行最有安全感和信赖感;有相对全面的基金产品和其他金融产品供选择;网点众多,便于传统客户实地交易和咨询;客户经理制度日渐完善,较多考虑客户利益。但由于基金业务只是银行中间业务的一部分,银行客户经理往往还要负责储蓄、贷款、保险等多种销售任务,因此难以专注于基金销售
证券公司代销	证券公司经纪业务营业部是传统股票投资者转为基金投资者时的首选;网点较多,便于传统客户交易买卖;客户经理专业水平相对较高,服务也较好;主营业务是股票经纪,在一定程度上缺乏推动股票经纪客户向基金投资者转化的动力
独立第三方销售公司	兴起较晚,与国外成熟的体系有一定差距,各类第三方销售机构之间也存在较大的差距;销售各种基金产品,打造基金超市,既有定位于线下高净值客户的也有定位于线上大众网民的;除基金销售外,业务领域也在不断发展。发起人或主要管理人来源多样,对行业的理解和把握能力差别大。客户可得到相对客观的信息和投资建议及优质服务
新兴的互联网金融渠道	随着互联网金融的兴起和发展,很多互联网企业进入基金销售领域,众所周知的如百度、阿里巴巴、腾讯等。它虽不具备基金代销牌照,但可借用网络平台为基金公司带来丰富的客户资源,能在短时期内形成规模效应;得益于其互联网思维,投资便利度高、产品投资门槛低、附加功能丰富,将广大用户领进了基金投资领域。但由于发展时间短,存在政策、技术等多重风险,且品种多为货币基金,较为单一;在销售专业度上也与传统机构存在一定差距

三、销售策略

(一)产品策略

根据客户需求,创新和销售多样化产品。当前,我国的开放式基金已经构建起了一条包括货币市场基金、债券基金、混合基金、股票基金等在内的风险从低到高的产品线,以满足不同风险偏好客户的需求。除此之外,ETF、LOF、分级基金、浮动费率基金等创新产品的出现,也大大丰富了基金的产品线。

(二)价格策略

在价格策略方面,基金销售机构常采取多种费率结构相结合的方式,根据申购资金量不同,持有期限不同,基金投资品种和期限的不同设置不同的费率结构。

价格调节手段包括首次认、申购客户的费用折扣,后端收费模式,对同一基金设计不同的收费结构和结算模式,设计费用优惠政策等。

(三)渠道策略

基金销售机构还需在巩固现有渠道、增强银行和券商渠道代销积极性的同时,引进多样化的营销渠道,拓宽销售渠道的广度和深度,并对各种渠道进行有效管理,组成一个功能互补、效益最大化的渠道网络,服务各个不同的细分市场。

(四)促销策略

在促销策略方面,基金销售机构往往采取多种促销手段与投资者进行交流沟通。除采取报刊广告、网络宣传、电台广告、平面广告、派发各种宣传资料、基金产品推介会、费率打折等常用手段外,产品组合营销以及历史上存在过的基金拆分、大比例分红等创新型基金促销手段也不断涌现。

【例题·单选题】当前,我国开放式基金已经构建一条( )在内的风险由低到高的产品线,以满足不同风险偏好者的需求。

A. 债券基金、货币市场基金、混合基金、股票基金
B. 货币市场基金、债券基金、混合基金、股票基金
C. 债券基金、货币市场基金、混合基金、股票基金
D. 货币市场基金、债券基金、股票基金、混合基金

【答案】B

【解析】当前,我国开放式基金已经构建一条货币市场基金、债券基金、混合基金、股票基金等在内的风险由低到高的产品线,以满足不同风险偏好者的需求。

真题自测

(所有题型均为单选题,每题只有1个正确答案)

1. 检测客户现金收支或款项划转情况,对符合大额交易标准的,在该大额交易发生后( )个工作日内,向中国反洗钱检测分析中心报告。

A. 3   B. 5   C. 10   D. 15

2. 基金销售机构销售基金产品一般以( )营销理论为指导。
   A. 4Cs　　　　　　B. 5Ps　　　　　　C. 4Ps　　　　　　D. 5Cs

3. 基金销售机构办理基金销售业务,应当由基金销售机构与( )签订书面销售协议,明确双方的权利和义务。
   A. 基金客户　　　B. 基金管理人　　　C. 基金托管人　　　D. 监管机构

4. 在销售策略方面,我国基金销售的渠道以( )为主。
   A. 基金公司直销　　　　　　　　　B. 独立第三方销售公司
   C. 银行和券商代销　　　　　　　　D. 互联网金融渠道

5. 下列不属于基金销售机构职责规范的是( )。
   A. 严格账户管理
   B. 基金托管人应制定业务规则并监督实施
   C. 签订销售协议,明确权利和义务
   D. 禁止提前发行

6. ( )是指基金销售机构用于归集、暂存、划转基金销售结算资金的专用账户。
   A. 基金账户　　　　　　　　　　　B. 银行存款账户
   C. 结算备付金账户　　　　　　　　D. 基金销售结算专用账户

7. 《证券投资基金销售管理办法》规定( )可以办理其募集的基金产品的销售业务。
   A. 监管机构　　　　　　　　　　　B. 基金托管人
   C. 基金管理人　　　　　　　　　　D. 证券登记结算公司

8. 在发现有可疑交易或者行为时,在其发生后( )个工作日内,向中国反洗钱监测分析中心报告。
   A. 5　　　　　　　B. 10　　　　　　C. 30　　　　　　D. 60

9. 与销售有关的其他资料自业务发生当年起至少保存( )年。
   A. 3　　　　　　　B. 5　　　　　　　C. 10　　　　　　D. 15

10. 在确定目标市场与投资者方面,基金销售机构面临的重要问题之一就是分析投资者的真实需求,不包括投资者的( )。
    A. 收益期望值　　　　　　　　　　B. 投资规模
    C. 风险偏好　　　　　　　　　　　D. 对投资资金流动和安全性的要求

11. 基金销售机构的客户身份资料自业务关系结束当年起至少保存( )年。
    A. 5　　　　　　　B. 10　　　　　　C. 15　　　　　　D. 20

12. 商业银行从事基金销售业务的,应当向( )进行注册并取得相应资格。
    A. 中国证监会
    B. 中国基金业协会
    C. 中国证券业协会
    D. 工商注册登记所在地的中国证监会派出机构

13. 下列关于基金销售机构的职责规范,说法错误的是( )。
    A. 基金销售机构与基金管理人签订的书面销售协议,不应当包括基金销售信息交换及资金交收权利与义务

B. 客户身份资料自业务关系结束当年起至少保存16年
C. 基金募集申请获得中国证监会核准前,不得向公众公布基金宣传推介材料
D. 基金销售机构在进行客户风险等级划分时,应综合考虑客户身份、地域、行业或职业、交易特征等因素

第九章　基金销售行为规范及信息管理

基金销售是证券投资基金生存与发展的桥梁,是按市场要求配置资源的过程,是为客户与机构创造价值和体现价值的过程。对基金销售行为进行规范,有利于充分发挥人员、资金等优势,实现基金行业的良性竞争,以维护其健康发展。

考点概览

考试大纲	考点内容	学习要求
基金销售机构人员行为规范	基金销售人员的资格管理	理解
	基金销售机构人员管理和培训	理解
	基金销售机构人员行为规范	理解
基金宣传推介材料规范	宣传推介材料的范围	理解
	宣传推介材料审批报备流程	理解
	宣传推介材料的原则性要求	掌握
	宣传推介材料的禁止性规定	掌握
	宣传推介材料业绩登载规范	理解
	宣传推介材料的其他规范	理解
	宣传推介材料违规情形和监管处罚	了解
	风险提示函的必备内容	了解
基金销售费用规范	基金销售费用原则性规范	掌握
	基金销售费用结构和费率水平	掌握
	基金销售费用其他规范	掌握
基金销售适用性	基金销售适用性的指导原则和管理制度	掌握
	基金销售渠道审慎调查	理解
	基金产品风险评价	掌握
	基金投资人风险承受能力调查和评价	了解
	基金销售适用性的实施保障	了解
基金销售信息管理	基金销售业务信息管理	了解
	基金客户信息的内容与保管要求	了解
	基金销售机构中的渠道信息管理	了解

第一节 基金销售机构人员行为规范

>> **本节导读** <<

本节要求考生理解基金销售人员的资格管理、人员管理和培训;理解基金销售人员行为规范。考生需对基金行为规范和禁止性行为规范悉心掌握。

基金销售机构人员是指基金管理公司、基金管理公司委托的基金销售机构中从事宣传推介基金、发售基金份额、办理基金份额申购和赎回等相关活动的人员。

一、基金销售人员的资格管理

(1)负责基金销售业务的管理人员应取得基金从业资格。

(2)证券公司总部及营业网点,商业银行总行、各级分行及营业网点,专业基金销售机构和证券投资咨询机构总部及营业网点从事基金宣传推介、基金理财业务咨询等活动的人员应取得基金销售业务资格。

(3)上述从业人员需由所在机构进行执业注册登记,未经基金管理人或者基金销售机构聘任,任何人员不得从事基金销售活动。

二、基金销售机构人员管理和培训

基金销售机构应该建立科学的聘用、培训、考评、晋升、淘汰等人力资源管理制度,确保基金销售人员具备与岗位要求相适应的职业操守和专业胜任能力。

(1)基金销售机构应完善销售人员招聘程序,明确资格条件,审慎考察应聘人员。

(2)基金销售机构应建立员工培训制度,通过培训、考试等方式,确保员工理解和掌握相关法律法规和规章制度。员工培训应符合基金行业自律机构的相关要求,培训情况应记录并存档。

(3)基金销售机构应加强对销售人员的日常管理,建立管理档案,对销售人员行为、诚信、奖惩等情况进行记录。

(4)基金销售机构应建立科学合理的销售绩效评价体系,健全激励、约束机制。

(5)基金销售机构对于通过基金业协会资质考核并获得基金销售资格的基金销售人员,统一办理执业注册、后续培训和执业年检。

(6)基金销售机构对于所属已经获得基金销售资格的从业人员,应参照《中国证券投资基金业协会从业人员后续职业培训大纲》的要求,组织与基金销售相关的职业培训。

(7)基金销售机构对基金销售人员的销售行为、流动情况、获取从业资质和业务培训等进行日常管理,建立健全基金销售人员管理档案,登记基金销售人员的基本资料和培训情况等。

(8)基金销售机构应通过网络或其他方式向社会公示本机构所属的取得基金销售从业资质的人员信息,公示的内容包括但不限于姓名、从业资质证明及编号、所在营业网点等信息。

三、基金销售机构人员行为规范

(一)基金销售人员基本行为规范

基金销售人员在与投资者交往中应热情诚恳,稳重大方,语言和行为举止文明礼貌。

基金销售人员在向投资者推介基金时应首先自我介绍并出示基金销售人员身份证明及从业资格证明。

基金销售人员在向投资者推介基金时应征得投资者的同意,如投资者不愿或不便接受推介,基金销售人员应尊重投资者的意愿。

基金销售人员在向投资者进行基金宣传推介和销售服务时,应公平对待投资者。

基金销售人员对其所在机构和基金产品进行宣传应符合中国证监会和其他部门的相关规定。

基金销售人员分发或公布的基金宣传推介材料应为基金管理公司或基金代销机构统一制作的材料。

基金销售人员应根据投资者的目标和风险承受能力推荐基金品种,并客观介绍基金的风险收益特征,明确提示投资者注意投资基金的风险。

基金销售人员在为投资者办理基金开户手续时,应严格遵守《证券投资基金销售机构内部控制指导意见》的有关规定,并注意以下事项:①有效识别投资者身份;②向投资者提供"投资人权益须知";③向投资者介绍基金销售业务流程、收费标准及方式、投诉渠道等;④了解投资者的投资目标、风险承受能力、投资期限和流动性要求。

基金销售人员应当积极为投资者提供售后服务,回访投资者,解答投资者的疑问。

基金销售人员应当耐心倾听投资者的意见、建议和要求,并根据投资者的合理意见改进工作,如有需要应立即向所在机构报告。

基金销售人员应当自觉避免其个人及其所在机构的利益与投资者的利益冲突,当无法避免时,应当确保投资者的利益优先。

(二)基金销售人员禁止性规范

基金销售人员对基金产品的陈述、介绍和宣传,应当与基金合同、招募说明书等相符,不得进行虚假或误导性陈述,或者出现重大遗漏。

基金销售人员在陈述所推介基金或同一基金管理人管理的其他基金的过往业绩时,应当客观、全面、准确,并提供业绩信息的原始出处,不得片面夸大过往业绩,也不得预测所推介基金的未来业绩。

基金销售人员应向投资者表明,所推介基金的过往业绩并不预示其未来表现,同一基金管理人管理的其他基金的业绩并不构成所推介基金业绩表现的保证。

基金销售人员应当引导投资者到基金管理公司、基金代销机构的销售网点、网上交易系统或其他经监管部门核准的合法渠道办理开户、认购、申购、赎回等业务手续,不得接受投资者的现金,不得以个人名义接受投资者的款项。

基金销售人员应当按照基金合同、招募说明书以及基金销售业务规则的规定为投资者办理基金认购、申购、赎回等业务,不得擅自更改投资者的交易指令,无正当理由不得拒绝投资者的交易要求。

基金销售人员获得投资者提供的开户资料和基金交易等相关资料后,应及时交所在机构建档保管,并依法为投资者保守秘密,不得泄露投资者买卖、持有基金份额的信息及其他相关信息。

基金销售人员在向投资者办理基金销售业务时,应当按照基金合同、招募说明书和发行公告等销售法律文件的规定代扣或收取相关费用,不得收取其他额外费用,也不得对不同投资者违规收取不同费率的费用。

基金销售人员从事基金销售活动的其他禁止性情形包括:
(1)在销售活动中为自己或他人牟取不正当利益。
(2)违规向他人提供基金未公开的信息。
(3)诋毁其他基金、销售机构或销售人员。
(4)散布虚假信息,扰乱市场秩序。
(5)同意或默许他人以其本人或所在机构的名义从事基金销售业务。
(6)违规接受投资者全权委托,直接代理客户进行基金认购、申购、赎回等交易。
(7)违规对投资者做出盈亏承诺,或与投资者以口头或书面形式约定利益分成或亏损分担。
(8)承诺利用基金资产进行利益输送。
(9)以账外暗中给予他人财物或利益或接受他人给予的财物或利益等形式进行商业贿赂。
(10)挪用投资者的交易资金或基金份额。
(11)从事其他任何可能有损其所在机构和基金业声誉的行为。

第二节 基金宣传推介材料规范

>> **本节导读** <<

基金宣传材料是投资基金对外展示的平台,也是投资者了解基金的主要渠道。为了避免基金公司夸大业绩或以诱导性的语言吸引投资者,基金宣传推介材料必须符合相应的规范。本节介绍了宣传推介材料的相关规范,内容较多,考生重点掌握宣传推介材料的原则性要求和禁止性规定。

一、宣传推介材料的范围

《证券投资基金销售管理办法》规定,基金宣传推介材料是指为推介基金向公众分发或者公布,使公众可以普遍获得的书面、电子或者其他介质的信息,包括以下六类:
(1)公开出版资料。
(2)宣传单、手册、信函、传真、非指定信息披露媒体上刊发的与基金销售相关的公告等面向公众的宣传资料。
(3)海报、户外广告。
(4)电视、电影、广播、互联网资料、公共网站链接广告、短信及其他音像、通信资料。
(5)通过报眼及报花广告、公共网站链接广告、传真、短信、非指定信息披露媒体上刊发的与基金分红、销售相关的公告等可以使公众普遍获得的、带有广告性质的基金销售信息。
(6)中国证监会规定的其他材料。

二、宣传推介材料审批报备流程

(一)报备流程

(1)基金管理人的基金宣传推介材料,应当事先经基金管理人负责基金销售业务的高级管理人员和督察长检查,出具合规意见书,并自向公众分发或者发布之日起 5 个工作日内报主要经营活动所在地中国证监会派出机构备案。

(2)其他基金销售机构的基金宣传推介材料,应当事先经基金销售机构负责基金销售业务和合规的高级管理人员检查,出具合规意见书,并自向公众分发或者发布之日起 5 个工作日内工商注册登记所在地中国证监会派出机构备案。

(二)报备要求

基金管理公司和基金代销机构制作、分发或公布基金宣传推介材料,应当按照表 9-1 的规定的要求报送报告材料。

表 9-1　　　　　　　　　　宣传推介材料审批要求

项目	内容
报送内容	报送内容包括基金宣传推介材料的形式和用途说明、基金宣传推介材料、基金管理公司督察长出具的合规意见书、基金托管银行出具的基金业绩复核函或基金定期报告中相关内容的复印件,以及有关获奖证明的复印件。基金管理公司(或基金代销机构)负责基金营销业务的高级管理人员也应当对基金宣传推介材料的合规性进行复核并出具复核意见
报送形式	书面报告报送基金管理公司或基金代销机构主要办公场所所在地证监局。报证监局时应随附电子文档
报送流程	基金管理公司或基金代销机构应当在分发或公布基金宣传推介材料之日起 5 个工作日内递交报告材料

三、宣传推介材料的原则性要求

制作基金宣传推介材料的基金销售机构应当对其内容负责,保证其内容的合规性,并确保向公众分发、公布的材料与备案的材料一致。

基金管理公司和基金代销机构应当在基金宣传推介材料中加强对投资人的教育和引导,积极培养投资人的长期投资理念,注重对行业公信力及公司品牌、形象的宣传,避免利用通过大比例分红等降低基金单位净值来吸引基金投资人购买基金的营销手段,或对有悖基金合同约定的暂停、打开申购等营销手段进行宣传。

四、宣传推介材料的禁止性规定

基金宣传推介材料必须真实、准确,与基金合同、基金招募说明书相符,不得有下列情形:

(1)虚假记载、误导性陈述或者重大遗漏。

(2)预测基金的投资业绩。

(3)违规承诺收益或者承担损失。

(4)诋毁其他基金管理人、基金托管人或者基金销售机构,或者其他基金管理人募集或者管理的基金。

(5)夸大或者片面宣传基金,违规使用安全、保证、承诺、保险、避险、有保障、高收益、无风险等可能使投资人认为没有风险的或者片面强调集中营销时间限制的表述。

(6)登载单位或者个人的推荐性文字。

(7)基金宣传推介材料所使用的语言表述应当准确清晰,应当特别注意:①在缺乏足够证据支持的情况下,不得使用"业绩稳健""业绩优良""名列前茅""位居前列""首只""最大"

"最好""最强""唯一"等表述;②不得使用"坐享财富增长""安心享受成长""尽享牛市"等易使基金投资人忽视风险的表述;③不得使用"欲购从速""申购良机"等片面强调集中营销时间限制的表述;④不得使用"净值归一"等误导基金投资人的表述。

(8) 中国证监会规定的其他情形。

五、宣传推介材料业绩登载规范

基金宣传推介材料可以登载该基金、基金管理人管理的其他基金的过往业绩,但基金合同生效不足 6 个月的除外。

基金宣传推介材料登载过往业绩,应当符合以下要求:

(1) 基金合同生效 6 个月以上但不满 1 年的,应当登载从合同生效之日起计算的业绩。

(2) 基金合同生效 1 年以上但不满 10 年的,应当登载自合同生效当年开始所有完整会计年度的业绩,宣传推介材料公布日在下半年的,还应当登载当年上半年度的业绩。

(3) 基金合同生效 10 年以上的,应当登载最近 10 个完整会计年度的业绩。

(4) 业绩登载期间基金合同中投资目标、投资范围和投资策略发生改变的,应当予以特别说明。

基金宣传推介材料登载该基金、基金管理人管理的其他基金的过往业绩,应当遵守下列规定:

(1) 按照有关法律法规的规定或者行业公认的准则计算基金的业绩表现数据。

(2) 引用的统计数据和资料应当真实、准确,并注明出处,不得引用未经核实、尚未发生或者模拟的数据。对于推介定期定额投资业务等需要模拟历史业绩的,应当采用我国证券市场或者境外成熟证券市场具有代表性的指数,对其过往足够长时间的实际收益率进行模拟,同时注明相应的复合年平均收益率;此外,还应当说明模拟数据的来源、模拟方法及主要计算公式,并进行相应的风险提示。

(3) 真实、准确、合理地表述基金业绩和基金管理人的管理水平。基金业绩表现数据应当经基金托管人复核或者摘取自基金定期报告。基金宣传推介材料登载基金过往业绩的,应当特别声明,基金的过往业绩并不预示其未来表现,基金管理人管理的其他基金的业绩并不构成基金业绩表现的保证。基金宣传推介材料对不同基金的业绩进行比较的,应当使用可比的数据来源、统计方法和比较期间,并且有关数据来源、统计方法应当公平、准确,具有关联性。

六、宣传推介材料的其他规范

基金宣传推介材料附有统计图表的,应当清晰、准确。

基金宣传推介材料提及基金评价机构评价结果的,应当符合中国证监会关于基金评价结果引用的相关规范,并应当列明基金评价机构的名称及评价日期。

基金宣传推介材料登载基金管理人股东背景时,应当特别声明基金管理人与股东之间实行业务隔离制度,股东并不直接参与基金财产的投资运作。

基金宣传推介材料中推介货币市场基金的,应当提示基金投资人,购买货币市场基金并不等于将资金作为存款存放在银行或者存款类金融机构,基金管理人不保证基金一定盈利,也不保证最低收益。

基金宣传材料中推介保本基金的,应当充分揭示保本基金的风险,说明投资者投资于保本基金并不等于将资金作为存款存放在银行或者存款类金融机构,并说明保本基金在极端情况下仍然存在本金损失的风险。保本基金在保本期间开放申购的，应当在相关业务公告以及宣传推介材料中说明开放申购期间，投资者的申购金额是否保本。

基金宣传推介材料应当含有明确、醒目的风险提示和警示性文字，以提醒投资人注意投资风险，仔细阅读基金合同和基金招募说明书，了解基金的具体情况。有足够平面空间的基金宣传推介材料应当在材料中加入具有符合规定的必备内容的风险提示函。电视、电影、互联网资料、公共网站链接形式的宣传推介材料应当包括为时至少5秒钟的影像显示，提示投资人注意风险并参考该基金的销售文件。电台广播应当以旁白形式表达上述内容。

基金宣传推介材料含有基金获中国证监会核准内容的，应当特别声明中国证监会的核准并不代表中国证监会对该基金的风险和收益做出实质性判断、推荐或者保证。

七、宣传推介材料违规情形和监管处罚

1. 基金管理公司或基金代销机构使用基金宣传推介材料的违规情形

违规情形主要包括以下三种：

(1) 未履行报送手续。

(2) 基金宣传推介材料和上报的材料不一致。

(3) 基金宣传推介材料违反《证券投资基金销售管理办法》及其他情形。

2. 行政监管处罚措施

出现上述情形的，将视违规程度由中国证监会或证监局依法采取以下行政监管或行政处罚措施：

(1) 提示基金管理公司或基金代销机构进行改正。

(2) 对基金管理公司或基金代销机构出具监管警示函。

(3) 对在6个月内连续两次被出具监管警示函仍未改正的基金管理公司或基金代销机构，该公司或机构在分发或公布基金宣传推介材料前，应当事先将材料报送中国证监会。基金宣传推介材料自报送中国证监会之日起10日后，方可使用；在上述期限内，中国证监会发现基金宣传推介材料不符合有关规定的，可及时告知该公司或机构进行修改，材料未经修改的，该公司或机构不得使用。

(4) 责令基金管理公司或基金代销机构进行整改，暂停办理相关业务，并对其立案调查。

(5) 对直接负责的基金管理公司或基金代销机构高级管理人员和其他直接责任人员，采取监管谈话、出具警示函、记入诚信档案、暂停履行职务、认定为不适宜担任相关职务者等行政监管措施，或建议公司或机构免除有关高管人员的职务。

八、风险提示函的必备内容

证券投资基金是一种长期投资工具，其主要功能是分散投资，降低投资单一证券所带来的个别风险。基金不同于银行储蓄和债券等能够提供固定收益预期的金融工具，投资人购买基金，既可能按其持有份额分享基金投资所产生的收益，也可能承担基金投资所带来的损失。

基金在投资运作过程中可能面临各种风险，既包括市场风险，也包括基金自身的管理风险、技术风险和合规风险等。巨额赎回风险是开放式基金所特有的一种风险，即当单个交易日基金的净赎回申请超过基金总份额的10%时，投资人将可能无法及时赎回持有的全部基金份额。

基金分为股票基金、混合基金、债券基金、货币市场基金等不同类型，投资人投资不同类型

的基金将获得不同的收益预期,也将承担不同程度的风险。一般来说,基金的收益预期越高,投资人承担的风险也越大。

投资人应当认真阅读基金合同、招募说明书等基金法律文件,了解基金的风险收益特征,并根据自身的投资目的、投资期限、投资经验、资产状况等判断基金是否和投资人的风险承受能力相适应。

投资人应当充分了解基金定期定额投资和零存整取等储蓄方式的区别。定期定额投资是引导投资人进行长期投资、平均投资成本的一种简单易行的投资方式。但是定期定额投资并不能规避基金投资所固有的风险,不能保证投资人获得收益,也不是替代储蓄的等效理财方式。

第三节 基金销售费用规范

>> **本节导读** <<

上一节介绍了人员的行为规范,本节介绍费用的规范。均属于应掌握的考点知识,考生需对相关费用、费率加以识记。

一、基金销售费用原则性规范

基金管理人应当依据有关法律法规及《开放式证券投资基金销售费用管理规定》,设定科学合理、简单清晰的基金销售费用结构和费率水平,不断完善基金销售信息披露,防止不正当竞争。

基金管理人应当在基金合同、招募说明书或者公告中载明收取销售费用的项目、条件和方式,在招募说明书或者公告中载明费率标准及费用计算方法。

基金销售机构应当依据有关法律法规及《开放式证券投资基金销售费用管理规定》,建立健全对基金销售费用的监督和控制机制,持续提高对基金投资人的服务质量,保证公平、有序、规范地开展基金销售业务。

二、基金销售费用结构和费率水平

(一)销售费用结构

基金销售费用包括基金的申购(认购)费、赎回费和销售服务费。基金管理人发售基金份额、募集基金,可以收取认购费。基金管理人办理基金份额的申购,可以收取申购费。

认购费和申购费可以采用在基金份额发售或者申购时收取的前端收费方式,也可以采用在赎回时从赎回金额中扣除的后端收费方式。

基金管理人可以对选择前端收费方式的投资人根据其申购(认购)金额的数量适用不同的前端申购(认购)费率标准。

基金管理人可以对选择后端收费方式的投资人根据其持有期限适用不同的后端申购(认购)费率标准。对于持有期低于3年的投资人,基金管理人不得免收其后端申购(认购)费用。

基金管理人办理开放式基金份额的赎回应当收取赎回费。

(二)销售费率水平

基金管理人应当在基金合同、招募说明书中约定按照以下费用标准收取赎回费:

(1)收取销售服务费的,对持续持有期少于30日的投资人收取不低于0.5%的赎回费,并将上述赎回费全额计入基金财产。

(2)不收取销售服务费的,对持续持有期少于7日的投资人收取不低于1.5%的赎回费,对持续持有期少于30日的投资人收取不低于0.75%的赎回费,并将上述赎回费全额计入基金财产;对持续持有期少于3个月的投资人收取不低于0.5%的赎回费,并将不低于赎回费总额的75%计入基金财产;对持续持有期长于3个月但少于6个月的投资人收取不低于0.5%的赎回费,并将不低于赎回费总额的50%计入基金财产;对持续持有期长于6个月的投资人,应当将不低于赎回费总额的25%计入基金财产。

(3)对于交易型开放式指数基金(ETF)、上市开放式基金(LOF)、分级基金、指数基金、短期理财产品基金等股票基金、混合基金以及其他类别基金,基金管理人可以参照上述标准在基金合同、招募说明书中约定赎回费的收取标准和计入基金财产的比例。

(4)基金管理人可以从基金财产中计提一定的销售服务费,专门用于基金的销售与基金持有人的服务。

(5)基金销售机构可以对基金销售费用实行一定的优惠。

三、基金销售费用其他规范

(1)基金销售机构应当依据相关法律法规的要求,完善内部控制制度和业务执行系统,健全内部监督和反馈系统,加强后台管理系统对费率的合规控制,强化对分支机构基金销售费用的统一管理和监督。

(2)基金销售机构应当按照基金合同和招募说明书的约定向投资人收取销售费用;未经招募说明书载明并公告,不得对不同投资人适用不同费率。

(3)基金管理人与基金销售机构应在基金销售协议及其补充协议中约定,双方在申购(认购)费、赎回费、销售服务费等销售费用的分成比例,并据此就各自实际取得的销售费用确认基金销售收入,如实核算、记账、依法纳税。

(4)基金销售机构销售基金管理人的基金产品前,应与基金管理人签订销售协议,约定支付报酬的比例和方式。基金管理人与基金销售机构可以在基金销售协议中约定依据销售机构销售基金的保有量提取一定比例的客户维护费,用以向基金销售机构支付客户服务及销售活动中产生的相关费用,客户维护费从基金管理费中列支。

(5)基金管理人和基金销售机构应当在基金销售协议中明确约定销售费用的结算方式和支付方式,除客户维护费外,不得就销售费用签订其他补充协议。

(6)基金管理人不得向销售机构支付非以销售基金的保有量为基础的客户维护费,不得在基金销售协议之外支付或变相支付销售佣金或报酬奖励。

(7)基金销售机构在基金销售活动中,不得有下列行为:①在签订销售协议或销售基金的活动中进行商业贿赂;②以排挤竞争对手为目的,压低基金的收费水平;③未经公告擅自变更向基金投资人的收费项目或收费标准,或通过先收后返、财务处理等方式变相降低收费标准;④采取抽奖、回扣或者送实物、保险、基金份额等方式销售基金;⑤其他违反法律、行政法规的规定,扰乱行业竞争秩序的行为。

(8)基金管理人应当在招募说明书及基金份额发售公告中载明以下有关基金销售费用的信息内容:①基金销售费用收取的条件、方式、用途和费用标准;②以简单明了的格式和举例方式向投资人说明基金销售费用水平;③中国证监会规定的其他有关基金销售费用的信息事项。

(9)基金管理人应当在基金半年度报告和基金年度报告中披露从基金财产中计提的管理费、托管费、基金销售服务费的金额,并说明管理费中支付给基金销售机构的客户维护费总额。

(10)基金管理人应当在每季度的监察稽核报告中列明基金销售费用的具体支付项目和使用情况以及从管理费中支付的客户维护费总额。

第四节　基金销售适用性

>> **本节导读** <<

本节要求考生掌握基金销售适用性的指导原则;理解基金销售适用性渠道审慎调查的要求;掌握基金销售适用性产品风险评价的要求。

一、基金销售适用性的指导原则和管理制度

(一)基金销售适用性的指导原则

基金销售机构在实施基金销售适用性的过程中应当遵循以下原则,具体内容如表9-2所示。

表9-2　　　　　　　　　　基金销售适用性的指导原则

原则	内容
投资人利益优先原则	当基金销售机构或基金销售人员的利益与基金投资人的利益发生冲突时,应当优先保障基金投资人的合法利益
全面性原则	基金销售机构应当将基金销售适用性作为内部控制的组成部分,将基金销售适用性贯穿于基金销售的各个业务环节,对基金管理人(或产品发起人,下同)、基金产品(或基金相关产品,下同)和基金投资人都要了解并做出评价
客观性原则	基金销售机构应当建立科学合理的方法,设置必要的标准和流程,保证基金销售适用性的实施。对基金管理人、基金产品和基金投资人的调查和评价,应当尽力做到客观准确,并作为基金销售人员向基金投资人推介合适基金产品的重要依据
及时性原则	基金产品的风险评价和基金投资人的风险承受能力评价应当根据实际情况及时更新

(二)基金销售适用性的管理制度

基金销售机构建立基金销售适用性管理制度,应当至少包括以下内容:①对基金管理人进行审慎调查的方式和方法;②对基金产品的风险等级进行设置,对基金产品进行风险评价的方式或方法;③对基金投资人风险承受能力进行调查和评价的方式和方法;④对基金产品和基金投资人进行匹配的方法。

二、基金销售渠道审慎调查

基金销售渠道审慎调查既包括基金代销机构对基金管理人的审慎调查,也包括基金管理人对基金代销机构的审慎调查。基金销售的适用性要求基金管理人和基金代销机构相互进行审慎调查。具体包括以下四个方面:

（1）基金代销机构通过对基金管理人进行审慎调查，了解基金管理人的诚信状况、经营管理能力、投资管理能力和内部控制情况，并可将调查结果作为是否代销该基金管理人的基金产品或是否向基金投资人优先推介该基金管理人的重要依据。

（2）基金管理人通过对基金代销机构进行审慎调查，了解基金代销机构的内部控制情况、信息管理平台建设、账户管理制度、销售人员能力和持续营销能力，并可将调查结果作为选择基金代销机构的重要依据。

（3）基金销售机构在研究和执行对基金管理人、基金产品和基金投资人调查、评价的方法、标准和流程时，应当尽力减少主观因素和人为因素的干扰，尽量做到客观准确，并且有合理的理论依据。

（4）开展审慎调查应当优先根据被调查方公开披露的信息进行；接受被调查方提供的非公开信息使用的，必须对信息的适当性实施尽职甄别。

三、基金产品风险评价

对基金产品的风险评价，可以由基金销售机构的特定部门完成，也可以由第三方的基金评级与评价机构提供。由基金评级与评价机构提供基金产品风险评价服务的，基金销售机构应当要求服务方提供基金产品风险评价方法及其说明。基金产品风险评价结果应当作为基金销售机构向基金投资人推介基金产品的重要依据。

基金产品风险评价以基金产品的风险等级来具体反映，基金产品风险应当至少包括以下三个等级：低风险等级、中风险等级、高风险等级。基金销售机构可以根据实际情况在这三个等级的基础上进一步进行风险细分。基金产品风险评价应当至少依据以下四个因素：一是基金招募说明书所明示的投资方向，投资范围和投资比例，二是基金的历史规模和持仓比例，三是基金的过往业绩及基金净值的历史波动程度，四是基金成立以来有无违规行为发生。基金销售机构所使用的基金产品风险评价方法及其说明，应当通过适当途径向基金投资人公开。基金产品风险评价的结果应当定期更新，过往的评价结果应当作为历史记录保存。

四、基金投资人风险承受能力调查和评价

（1）基金投资人评价应以基金投资人的风险承受能力类型来具体反映，应当至少包括以下三个类型：保守型、稳健型、积极型。基金销售机构可以根据实际情况在这三个类型的基础上进一步进行风险承受能力细分。

（2）基金销售机构应当在基金投资人首次开立基金交易账户时或首次购买基金产品前对基金投资人的风险承受能力进行调查和评价；对已经购买了基金产品的基金投资人，基金销售机构也应当追溯调查，评价该基金投资人的风险承受能力。基金投资人放弃接受调查的，基金销售机构应当通过其他合理的规则或方法评价该基金投资人的风险承受能力。基金销售机构可以采用当面、信函、网络或对已有的客户信息进行分析等方式对基金投资人的风险承受能力进行调查，并向基金投资人及时反馈评价的结果。

（3）对基金投资人进行风险承受能力调查，应当从调查结果中至少了解到基金投资人的以下情况：投资目的，投资期限，投资经验，财务状况，短期风险承受水平，长期风险承受水平。采用问卷等进行调查的，基金销售机构应当制定统一的问卷格式，同时应当在问卷的显著位置提示基金投资人在基金购买过程中注意核对自己的风险承受能力和基金产品风险的匹配情况。基金销售机构调查和评价基金投资人的风险承受能力的方法及其说明，应当通过适当途

径向基金投资人公开。基金销售机构应当定期或不定期地提示基金投资人重新接受风险承受能力调查,也可以通过对已有客户信息进行分析的方式更新对基金投资人的评价;过往的评价结果应当作为历史记录保存。

五、基金销售适用性的实施保障

基金销售机构应当通过内部控制保障基金销售适用性在基金销售各个业务环节的实施。基金销售机构总部应当负责制定与基金销售适用性相关的制度和程序,建立销售的基金产品池,在销售业务信息管理平台中建设并维护与基金销售适用性相关的功能模块。基金销售机构分支机构应当在总部的指导和管理下实施与基金销售适用性相关的制度和程序。基金销售机构应当就基金销售适用性的理论和实践对基金销售人员实行专题培训。

基金销售机构应当制定基金产品和基金投资人匹配的方法,在销售过程中由销售业务信息管理平台完成基金产品风险和基金投资人风险承受能力的匹配检验。匹配方法至少应当在基金产品的风险等级和基金投资人的风险承受能力类型之间建立合理的对应关系,同时在建立对应关系的基础上将基金产品风险超越基金投资人风险承受能力的情况定义为风险不匹配。

基金销售机构应当在基金认购或申购申请中加入基金投资人意愿声明内容,对于基金投资人主动认购或申购的基金产品风险超越基金投资人风险承受能力的情况,要求基金投资人在认购或申购基金的同时进行确认,并在销售业务信息管理平台上记录基金投资人的确认信息。禁止基金销售机构违背基金投资人意愿向基金投资人销售与基金投资人风险承受能力不匹配的产品。

中国证监会及其派出机构在对基金销售活动进行现场检查时,有权对与基金销售适用性相关的制度建设、推广实施、信息处理和历史记录等进行询问或检查,发现存在问题的,可以对基金销售机构进行必要的指导。基金业协会有权对基金销售适用性的执行情况进行自律管理。基金管理人、已取得基金代销业务资格的机构及拟申请基金代销业务资格的机构,均应当按照以上相关要求制定基金销售适用性的长期推行计划,逐步达到各项要求。

第五节 基金销售信息管理

>> **本节导读** <<

本节主要包括基金销售业务信息管理、基金客户信息的内容与保管要求和基金销售机构中的渠道信息管理三个方面的内容,考生只需要了解即可。

一、基金销售业务信息管理

证券投资基金销售业务信息管理平台是指基金销售机构使用的与基金销售业务相关的信息系统,主要包括前台业务系统、后台管理系统以及应用系统的支持系统。其中,基金销售机构是指依法办理基金份额的认购、申购和赎回的基金管理人,以及取得基金代销业务资格的其他机构。信息管理平台的建立和维护应当遵循安全性、实用性、系统化的原则。

(一)前台业务系统

前台业务系统主要是指直接面对基金投资人,或者与基金投资人的交易活动直接相关的应用系统,分为辅助式和自助式两种类型。

1. 辅助式前台系统

辅助式前台系统是指基金销售机构提供的,由具备相关资质要求的专业服务人员辅助基金投资人完成业务操作所必需的软件应用系统。

2. 自助式前台系统

自助式前台系统是指基金销售机构提供的,由基金投资人独自完成业务操作的应用系统,包括基金销售机构网点现场自助系统和通过互联网、电话、移动通信等非现场方式实现的自助系统。前台业务系统的功能和自助式前台系统应符合的要求如表9-3所示。

表9-3　　　　　　前台业务系统的功能和自助式前台系统应符合的要求

项目	内容
前台业务系统的功能	①通过与后台管理系统的网络连接,实现各项业务功能 ②为基金投资人以及基金销售人员提供投资资讯的功能 ③对基金交易账户以及基金投资人信息进行管理的功能 ④基金认购、申购、赎回、转换、变更分红方式和中国证监会认可的其他交易功能 ⑤为基金投资人提供服务的功能
自助式前台系统应符合的要求	①基金销售机构要为基金投资人提供核实自助式前台系统真实身份和资质的方法 ②通过自助式前台系统为基金投资人开立基金交易账户时,应当要求基金投资人提供证明身份的相关资料,并采取等效实名制的方式核实基金投资人身份 ③自助式前台系统应当对基金投资人自助服务的操作具有核实身份的功能和合法有效的抗否认措施 ④在基金交易账户存在余额、在途交易或在途权益时,基金投资人不得通过自助式前台系统进行基金交易账户销户或指定银行账户变更等重要操作,基金投资人必须持有效证件前往柜台办理 ⑤基金销售机构应当在自助式前台系统上设定基金交易项目限额 ⑥自助式前台系统的各项功能设计,应当界面友好、方便易用,具有防止或纠正基金投资人误操作的功能

(二)后台管理系统

后台管理系统实现对前台业务系统功能的数据支持和集中管理,后台管理系统功能应当限制在基金销售机构内部使用。

后台管理系统应当符合以下要求:

(1)能够记录基金销售机构、基金销售分支机构、网点和基金销售人员的相关信息,具有对基金销售分支机构、网点和基金销售人员管理、考核、行为监控等功能。

(2)能够记录和管理基金风险评价、基金管理人与基金产品信息、投资资讯等相关信息。

(3)对基金交易开放时间以外收到的交易申请进行正确的处理,防止发生基金投资人盘后交易的行为。

(4)具备交易清算、资金处理的功能,以便完成与基金注册登记系统、银行系统的数据交换。

(5)具有对所涉及的信息流和资金流进行对账作业的功能。

二、基金客户信息的内容与保管要求

基金客户信息资料对基金公司而言至关重要。基金公司加强客户规范管理,有利于交易委托纠纷的解决,保护广大投资者合法权益;有利于保障基金经营机构信息系统安全运行,保证客户资产和交易安全,提高交易中断的后期处理能力;有利于建立网上交易身份认证机制,提高网上交易安全防范能力。

(一)基金客户信息的内容

基金经营机构的客户信息主要分为两类,分别是:

(1)客户账户信息。客户账户信息包括账号、账户开立时间、开户行、账户余额、账户交易情况等。

(2)客户交易记录信息。客户交易记录包括关于每笔交易的数据信息、业务凭证、账簿以及有关规定要求的反映交易真实情况的合同、业务凭证、单据、业务函件和其他资料。

客户交易记录主要包括客户交易终端信息,主要内容是客户通过基金经营机构下达交易指令的交易终端特征代码。客户交易终端信息是客户委托记录、交易记录的重要组成部分,包括但不限于以下内容:电话号码、互联网通信协议地址(IP地址)、媒介访问控制地址(MAC地址)以及其他能识别客户交易终端的特征代码。

(二)基金经营机构客户信息管理保密要求

基金经营机构应当建立健全内部控制制度,对易发生客户信息泄露的环节进行充分排查,明确规定各部门、岗位和人员的管理责任,加强客户信息管理的权限设置,形成相互监督、相互制约的管理机制,切实防止信息泄露或滥用事件的发生。

基金经营机构要完善信息安全技术防范措施,确保客户信息在收集、传输、加工、保存、使用等环节中不被泄露。基金经营机构不得篡改、违法使用客户信息。使用客户信息时,应当符合收集该信息的目的,并不得进行以下行为:①出售客户信息;②向本基金机构以外的其他机构和个人提供客户信息,但为客户办理相关业务所必需并经客户本人书面授权或同意的,以及法律法规和相关监管机构另有规定的除外;③在客户提出反对的情况下,将客户信息用于该信息源以外的金融机构其他营销活动。

基金经营机构通过格式条款取得客户书面授权或同意的,应当在协议中明确该授权或同意所适用的向他人提供客户信息的范围和具体情形。同时,还应当在协议的醒目位置使用通俗易懂的语言明确提示该授权或同意的可能后果,并在客户签署协议时提醒其注意上述提示。

(三)基金经营机构客户信息保存期限有关规定

(1)客户身份资料自业务关系结束当年或者一次性交易记账当年计起至少保存5年。

(2)客户交易记录自交易记账当年计起至少保存5年。其中,对于客户交易终端信息,基金公司应当按照技术规范对客户的主要开户资料进行电子化,并妥善保存在信息系统中。基金公司应当按照技术规范在18个月内对新增账户实施开户资料电子化,存量的正常交易类账户应在36个月内完成开户资料电子化。基金经营机构应妥善保存客户交易终端信息和开户资料电子化信息,保存期限不得少于20年。基金经营机构应妥善保存交易时段客户交易区的监控录像资料,保存期限不得少于6个月。

三、基金销售机构中的渠道信息管理

(一)基金销售机构账户信息管理

基金销售机构应当建立完善的基金份额持有人账户和资金账户管理制度,以及基金份额持有人资金的存取程序和授权审批制度。基金销售机构应当建立健全档案管理制度,妥善保管基金份额持有人的开户资料和与销售业务有关的其他资料。基金份额登记机构应当确保基金份额的登记过户、存管和结算业务处理安全、准确、及时、高效。主要职责包括:①建立并管理投资人基金份额账户;②负责基金份额的登记;③基金交易确认;④代理发放红利;⑤建立并保管基金份额持有人名册;⑥登记代理协议规定的其他职责。

基金管理人变更基金份额登记机构的,应当在变更前将变更方案报中国证监会备案。基金销售机构、基金份额登记机构应当通过中国证监会指定的技术平台进行数据交换,并完成基金注册登记数据在中国证监会指定机构的集中备份存储。数据交换应当符合中国证监会的有关规范。

(二)基金销售机构风险评估信息管理

基金销售机构应当建立基金销售适用性管理制度,至少包括以下内容:
(1)对基金管理人进行审慎调查的方式和方法。
(2)对基金产品的风险等级进行设置,对基金产品进行风险评价的方式和方法。
(3)对基金投资人风险承受能力进行调查和评价的方式和方法。
(4)对基金产品和基金投资人进行匹配的方法。

基金销售机构所使用的基金产品风险评价方法及其说明应当向基金投资人公开。基金管理人在选择基金销售机构时应当对基金销售机构进行审慎调查,基金销售机构选择销售基金产品应当对基金管理人进行审慎调查。

基金销售机构销售基金产品时委托其他机构进行客户身份识别的,应当通过合同、协议或者其他书面文件,明确双方在客户身份识别、客户身份资料和交易记录保存与信息交换、大额交易和可疑交易报告等方面的反洗钱职责和程序。

真题自测

(所有题型均为单选题,每题只有1个正确答案)

1. 基金份额登记机构的主要职责不包括(　　)。
    A. 代理发放红利
    B. 建立并保管基金份额持有人名册
    C. 负责基金份额的登记
    D. 建立完善的基金份额持有人资金的存取程序和授权审批制度

2. 关于基金销售费用,下列说法错误的是(　　)。
    A. 销售基金产品前,基金销售机构应与基金签订销售协议,约定支付报酬的比例和方式
    B. 按照基金合同和招募说明书的约定,可以对不同的投资人适用不同费率
    C. 基金管理人与基金销售机构可以在基金销售协议中约定依据销售机构销售基金的保有

量提取一定比例的客户维护费

D. 基金管理人可以向销售机构支付非以销售基金的保有量为基础的客户维护费

3. 下列对基金管理公司使用基金宣传推介材料的情形,实行行政监管处罚措施中,错误的是（　　）。

A. 罚款
B. 提示改正
C. 出具监管警示函
D. 暂停办理相关业务

4. 不收取销售服务费的,对持有持续期少于30日的投资人收取不低于（　　）的赎回费,并将上述赎回费全额计入基金财产。

A. 0.50%
B. 0.75%
C. 1%
D. 1.50%

5. 基金经营机构的客户交易记录自交易记账当年计起至少保存（　　）年。

A. 3
B. 5
C. 10
D. 15

6. 基金经营机构应妥善保存客户交易终端信息和开户资料电子化信息,保存期限不得少于（　　）年。

A. 3
B. 5
C. 10
D. 20

7. 关于基金宣传推介材料,说法正确的是（　　）。

A. 可以预测基金的投资业绩
B. 可以登载单位的推荐性文字
C. 可以使用"坐享财富增长""欲购从速"等表述
D. 可以通过电视、广播进行公布

8. 对于持有期低于（　　）的投资人,基金管理人不得免收其后端申购认购费用。

A. 3个月
B. 1年
C. 3年
D. 5年

9. 基金代销机构使用基金宣传推介材料时有违规情形的,将视违规程度由（　　）依法采取行政监管或行政。

A. 中央银行或财政部
B. 中央银行或证监会
C. 中国证监会或证监局
D. 中国证监会或财政部

10. 负责基金销售业务的管理人人员应（　　）。

A. 有相关的基金从业经验
B. 具有大学本科以上学历
C. 6个月内未因重大违法违规行为受到行政处罚
D. 取得基金从业资格

11. 基金宣传推介材料可以登载该基金、基金管理人管理的其他基金的过往业绩,但基金合同生效不足（　　）的除外。

A. 6个月
B. 1年
C. 3年
D. 5年

12. 下列（　　）不符合基金销售从业人员应具有的条件。

A. 取得基金从业资格
B. 具有相关的基金从业经验
C. 由所在机构进行执业注册登记
D. 经基金管理人或者基金销售机构聘任

13. 基金销售机构应当建立科学合理的方法，设置必要的标准和流程，保证基金销售适用性的实施。表述的是基金销售适用性应当遵循的(　　)。

A. 投资人利益优先原则　　　　　　　B. 全面性原则

C. 及时性原则　　　　　　　　　　　D. 客观性原则

第十章　基金客户服务

客户服务是基金销售市场重要的活动内容之一,基金销售机构通过专业的客户服务满足投资者个性化需求。本章从三个角度对基金客户服务进行了介绍:服务概述、服务流程以及投资者教育。这三个方面都切实的关系到销售基金中与客户的服务问题,考生在学习的同时,要多联系实际,学以致用。

考点概览

考试大纲	考点内容	学习要求
基金客户服务概述	基金客户服务的意义	了解
	基金客户服务的特点	掌握
	基金客户服务的原则	掌握
	基金客户服务的内容	了解
基金客户服务流程	基金客户服务宣传与推介	了解
	基金投资咨询与互动交流	了解
	基金客户投诉处理	了解
	基金投资跟踪与评价	了解
	基金客户档案管理与保密	了解
	基金客户服务提供方式	了解
	基金客户个性化服务	了解
投资者教育工作	投资者教育工作的概念和意义	了解
	投资者教育的基本原则与内容	掌握
	投资者教育工作的形式	了解

第一节　基金客户服务概述

本节导读

这一节从客户服务的基本概要入手,介绍了客户服务原则、内容以及客户服务理念。要求考生掌握基金客户服务的特点和原则。对客户服务原则知识稍作了解即可。

客户服务是基金营销的重要组成部分,通过销售人员主动、及时开发市场,争取投资者认同,建立与投资者的长期关系,奠定有广度和深度的投资者基础,才能达到拓展业务和提升市场占有率的目标。

常见的客户服务内容包括基金账户信息查询、基金信息查询、基金管理公司信息查询、人工咨询、客户投诉处理、资料邮寄、基金转换、修改账户资料、非交易过户、挂失和解挂等服务。

一、基金客户服务的意义

基金客户服务是指基金销售机构或人员为解决客户有关问题而提供的一系列活动。销售机构为客户提供优质、满意的客户服务，能为企业带来巨大的经济效益，有效防止客户流失。

二、基金客户服务的特点

基金客户服务具有以下四个特点。具体内容如表10-1所示。

表10-1　　　　　　　　　　　基金客户服务的特点

特点	内容
专业性	基金客户服务是一项专业性很强的服务，要求服务人员除了具有金融知识基础外，还需要深入掌握各类基金产品的相关专业知识
规范性	在基金销售过程中，基金的认购、申购、赎回等交易都具有详细的业务规则，销售机构在提供服务时必须要遵守法律法规和业务规则
持续性	客户到销售机构购买基金份额不是一次简单的买卖行为，销售机构要保持长时间的、持续的服务来满足客户需求
时效性	基金产品时效性的特点决定了其客户服务的时效性。开放式基金每个工作日的份额净值都有可能发生改变，而净值的高低直接关系到投资者的利益，任何失误都会造成重大问题，因此基金销售服务对时效性的要求很高

三、基金客户服务的原则

基金客户服务的宗旨是"客户永远是第一位"，从客户的实际需求出发，为客户提供真正有价值的服务，帮助客户更好地使用产品。这一宗旨体现了"良好的客服形象、良好的技术、良好的客户关系、良好的品牌"的核心服务理念。具体原则如表10-2所示。

表10-2　　　　　　　　　　　基金客户服务的原则

原则	内容
客户至上原则	企业的生存离不开客户，客户的满意应是客户服务人员追求的目标。"客户至上"是每一位客户服务人员在客户服务过程中应遵循的原则
有效沟通原则	每一位客户服务人员都应站在客户的角度，理解客户，尊重客户，一切为客户着想，为客户提供高品质、高效率的服务。出现分歧时，更要急客户之所急，耐心细致地与客户沟通好具体细节，不能臆测客户需求，切忌草率行事
安全第一原则	基金投资涉及投资者的身份、地位以及财富等个人信息，基金销售机构应建立严格的基金份额持有人信息管理制度和保密制度，及时维护、更新基金份额持有人的信息。基金份额持有人的信息应严格保密，防范投资人资料被不当运用
专业规范原则	基金的认购、申购、赎回等交易都具有详细的业务规则，销售机构在提供服务时必须要遵守法律法规和业务规则

四、基金客户服务的内容

基金客户服务内容可以分为售前服务、售中服务和售后服务三个部分,三者互为补充,缺一不可。具体内容如表10-3所示。

表10-3　　　　　　　　　　　基金客户服务的内容

分类	内容
售前服务	售前服务是指在开始基金投资操作前为客户提供的各项服务。主要包括:介绍证券市场基础知识、基金基础知识,普及基金相关法律知识;介绍基金管理人投资运作情况,让客户充分了解基金投资的特点;开展投资者风险教育
售中服务	售中服务是指客户在基金投资操作过程中享受的服务。主要包括:协助客户完成风险承受能力测试并细致解释测试结果;推介符合适用性原则的基金;介绍基金产品;协助客户办理开立账户、申购、赎回、资料变更等基金业务
售后服务	售后服务是指在完成基金投资操作后为投资者提供的服务。主要包括:提醒客户及时核对交易确认;向客户介绍客户服务、信息查询等的办法和路径;定期提供产品净值信息;基金公司、基金产品发生变动时及时通知客户

【例题·单选题】售前服务不包括(　　)。
A. 介绍基金管理人投资运作情况,让客户充分了解基金投资的特点
B. 介绍基金产品
C. 介绍证券市场基础知识
D. 开展投资者风险教育
【答案】B
【解析】介绍基金产品属于售中服务。考生需区分不同阶段所提供的服务。

第二节　基金客户服务流程

》本节导读《

本节重点剖析了基金销售机构的客户服务流程。基金客户服务流程具体客户服务流程包括:服务宣传与推介、投资咨询与基金咨询、互动交流、受理投诉、投资跟踪与评价、客户档案管理与保密等。每个流程的内容,考生做了解即可。

一、基金客户服务宣传与推介

基金销售机构应制定客户服务标准,对服务对象、服务内容、服务程序等业务进行规范。具体工作内容主要涉及以下六个方面:

(1)对以往销售的历史数据进行收集、评价、总结,针对拟销售的目标市场识别潜在客户,找到有吸引力的市场机会。

(2)在宣传与推介过程中综合运用公众普遍可获得的书面、电子或其他介质的信息,主要包括公开出版资料、宣传单、手册、电视、广播及互联网等宣传手段。

(3)遵循销售适用性原则,关注投资人的风险承受能力和基金产品风险收益特征的匹配

性。建立评价基金投资人风险承受能力和基金产品风险等级的方法体系。

（4）在投资人开立基金交易账户时，向投资人提供投资人权益须知，保证投资人了解相关权益。及时准确地为投资人办理各类基金销售业务手续，识别客户有效身份，严格管理投资人账户。

（5）为基金份额持有人提供良好的持续服务，保障基金份额持有人有效了解所投基金的相关信息。基金代销机构同时销售多只基金时，不得有歧视性的宣传推介活动和销售政策。

（6）规范基金销售人员行为，产品推介时遵循如下注意事项：对基金产品的陈述、介绍和宣传，应当与基金合同、招募说明书等相符，不得进行虚假或误导性陈述，或出现重大遗漏；陈述所推介基金或统一基金管理人管理的其他基金的过往业绩时，应客观、全面、准确，并提供业绩信息的原始出处，不得片面夸大过往业绩，也不得预测所推介基金的未来业绩；应向投资者表明，所推介基金的过往业绩并不预示其未来表现，同一基金管理人管理的其他基金的业绩并不构成所推介基金业绩表现的保证。

二、基金投资咨询与互动交流

基金管理公司在投资咨询过程中提供有关证券投资研究分析成果、投资信息与具体操作策略、建议等咨询服务。对咨询过程中知悉的关于投资者的个人信息以及财产状况保密。同时提醒客户在未经销售机构许可的情况下，禁止将销售机构所提供的证券投资研究分析成果或建议内容泄露给他人。

互动交流是基金销售机构与投资者深入探讨的重要方式，其交流内容如下：

（1）深入了解客户的投资需求，确定和记录客户服务标准。

（2）及时向客户传递重要的市场资讯、持仓品种信息及最新的投资报告。

（3）做好客户服务日志及客户资料的更新、完备工作。

（4）拟定、组织、实施及评估年（季、月）度客户关怀计划。

（5）进行公司所有新客户的首次和定期电话回访工作，改善客户体验，提升满意度。

（6）做好客户回访日志，记录并处理潜在风险隐患、客户建议及意见。

（7）及时接听外部客户的呼入电话、公司客户中心转接及投资顾问转入的电话，并做好电话咨询日志。

三、基金客户投诉处理

基金销售机构应建立完备的客户投诉处理体系，具体包括：

（1）设立独立的客户投诉受理和处理协调部门或者岗位。

（2）向社会公布受理客户投诉的电话、信箱地址及投诉处理规则。

（3）耐心倾听投资者的意见、建议和要求，准确记录客户投诉的内容，所有客户投诉应当保留完整记录并存档，投诉电话应当录音。

（4）评估客户投诉风险，采取适当措施，及时妥善处理客户投诉。

（5）根据客户投诉总结相关问题，及时发现业务风险，并根据投资者的合理意见改进工作，完善内控制度，如有需要应立即向所在机构报告。

某基金公司客户投诉处理流程如图10-1所示。

```
    设立独立的投诉              公布电话、邮箱及投
    受理与处理部门              诉处理流程等信息
             │                         │
             └────────────┬────────────┘
                          ▼
                  受理客户投诉,将投
                  诉内容录音、存档
                          │
                          ▼
                  认真调查、及时妥善
                  处理客户投诉问题
                          │
                          ▼
                  总结经验、防范风
                  险,完善内控制度
```

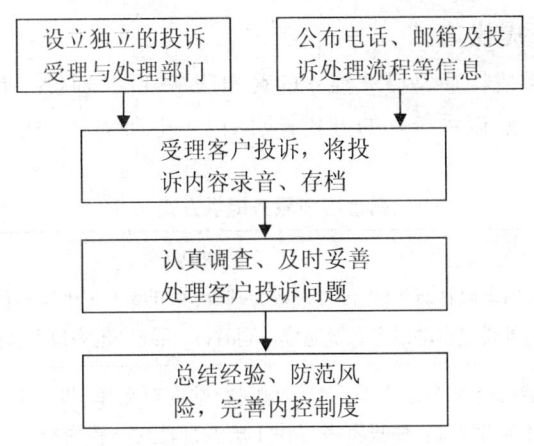

图 10-1 客户投诉处理流程

四、基金投资跟踪与评价

基金投资跟踪与评价的核心是对基金销售业务以及人际关系的维护。在跟踪与评价过程中发现存在的问题并寻找新的机遇,以保持和扩大客户关系,建立更为长期稳定的合作关系:

(1)积极为投资者提供售后服务,回访投资者,解答投资者的疑问。

(2)对客户进行调查,征询客户对已使用产品和服务的满意程度,在调查中注意新发现的问题以及改正产品与服务的机会。

(3)建立异常交易的监控、记录和报告制度,重点关注基金销售业务中的异常交易行为。

(4)制定完善的业务流程与销售人员职业操守评价制度,建立应急处理措施的管理制度。

五、基金客户档案管理与保密

基金销售机构关于客户档案管理与保密的实务操作主要包括以下六个方面:

(1)建立严格的基金份额持有人信息管理制度和保密制度,及时维护、更新基金份额持有人的信息,为基金份额持有人的信息严格保密,防范投资人资料被不当运用。

(2)明确对基金份额持有人信息的维护和使用权限并留存相关记录。

(3)建立完善的档案管理制度,妥善保管相关业务资料。客户身份资料,自业务关系结束当年计起至少保存15年,交易记录自交易记账当年计起至少保存15年。

(4)数据的保存——应逐日备份并异地妥善存放,对系统运行数据中涉及基金投资人信息和交易记录的备份在不可修改的介质上至少保存15年。

(5)人员的限制——在内部建立完善的信息管理体系,设置必要的信息管理岗位,信息技术负责人和信息安全负责人不能由同一人兼任,对重要业务环节实行双人双岗。

(6)实行信息技术开发、运营维护、业务操作等人员岗位分离制度,限制信息技术开发、运营维护等技术人员介入实际的业务操作。

【例题·单选题】交易记录自交易记账当年记起至少保存(   )年。
   A.10   B.15   C.20   D.25

【答案】B

【解析】交易记录自交易记账当年记起至少保存15年。考生观察即可发现,基金的相关档案最低保存时间均为15年。

六、基金客户服务提供方式

基金管理人或者代销机构通常设立独立的客户服务部门,通过一套完整的客户服务流程,一系列完备的软、硬件设施,以系统化的方式,应用以下七种方式提供并优化客户服务。具体内容如表10-4所示。

表10-4　　　　　　　　　　基金客户服务提供方式

方式	内容
电话服务中心	电话服务中心通常以计算机软、硬件设备为基础,并开辟人工坐席与语音系统。一些标准化的基金投资操作均可通过自动语音系统完成。同时,在系统中也为投资者提供人工服务选项
邮寄服务	向基金持有者邮寄基金账户卡、交易对账联、季度对账单、投资策略报告、基金通讯、理财月刊等定期或不定期材料,使投资者尽快了解并理性对待投资行情
自动传真、电子信箱与手机短信	自动传真、电子信箱特别适合用于传递行文较长的信息资料、定期或临时公告。而短信通知则主要用于发送简洁明了的文字信息
"一对一"专人服务	专人服务是指对投资额较大的个人投资者与机构投资者提供的个性化服务。基金销售者一般为其安排较为固定的投资顾问,从基金销售开始就"一对一"服务,并贯穿售前、售中以及售后全过程
互联网的应用	通过互联网,投资者可以随时随地获得包括投资常识、行情、开放式基金净值、投资者账户信息等信息服务,以及基金交易、基金资讯等服务
媒体和宣传手册的应用	基金销售机构可通过电视、电台、报刊等媒体定期或不定期向投资者传达专业信息与传输正确的投资理念
讲座、推介会和座谈会	讲座、推介会和座谈会等能为投资者提供一个面对面交流的机会。基金销售机构也可以从这些活动中获得有价值的信息,有效地推介基金产品,并跟进投资者的反馈,进一步改善客户服务

七、基金客户个性化服务

基金销售机构可通过为客户提供个性化服务,来满足客户潜意识的心理需求,在竞争市场中赢得客户,进而强化客户的忠诚度。具体内容如表10-5所示。

表10-5　　　　　　　　　　基金客户个性化服务

服务	内容
做好客户的动态分析	利用平时市场走访收集的客户营销资料等方面的信息对客户的投资活动进行分析,特别针对异常情况,及时了解原因,通过对客户的了解、咨询和分析,增强客户服务的针对性、有效性和及时性,提高市场走访的效率和服务效果
通过加强客户沟通了解客户深度需求	深度挖掘客户需求是基金公司提供个性化服务的基础。充满竞争的市场上客户需求不断升级,基金销售机构以及基金公司应通过开展实地拜访、现场咨询等特定服务挖掘基金客户的深度需求,通过有针对性的客户服务满足其个性化需求

续表

服务	内容
做好客户的参谋	研发市场行情,揭示市场风险是客户服务的重要内容,基金公司及销售机构的信息咨询服务是客户了解市场行情的主要途径,基金公司应该通过增大研发投入提升市场分析能力,并将市场信息及风险准确客观地提供给基金客户。但基金公司在市场行情分析中仅有提供信息咨询以及风险揭示的义务,不能承担客户决策的责任

第三节 投资者教育工作

>> **本节导读** <<

广泛开展投资者教育,是推进基金行业健康发展的一项长期性、系统性工作。在前一节的基础上,本节进一步探讨了基金投资者教育工作。考生需要掌握投资者教育的基本原则。

一、投资者教育工作的概念和意义

(一)投资者教育的概念

投资者教育是指针对个人投资者所进行的有目的、有计划、有组织地传播有关投资知识,传授有关投资经验,培养有关投资技能,倡导理性的投资观念,提示相关的投资风险,告知投资者的权利和保护途径,提高投资者素质的一项系统的社会活动。其目的就是用简单的语言向投资者解释他们在投资过程中所面临的各种问题以及应对措施。

(二)投资者教育的意义

投资者权益保护是国际证监会组织(IOSCO)提出的证券监管三大目标之一,良好的投资者教育是投资者权益保护的重要手段。投资者教育是各国或地区监管机构和自律组织的一项重要工作,也是一项长期的、基础性和常规性的工作。加强我国证券市场投资者教育工作是保护我国证券市场投资者利益,维护我国证券市场长期稳定健康发展的需要。

二、投资者教育的基本原则与内容

(一)投资者教育的基本原则

重视投资者教育首先要了解什么是投资者教育以及正确的教育方法。对此,较权威的解释可参考国际证监会组织为投资者教育工作设定的六个基本原则:

(1)投资者教育应有助于监管者保护投资者。

(2)投资者教育不应被视为是对市场参与者监管工作的替代。

(3)证券经营机构应当承担各项产品和服务的投资者教育义务,将投资者教育纳入各业务环节。

(4)投资者教育没有一个固定的模式。相反地,它可以有多种形式,这取决于监管者的特定目标、投资者的成熟度和可供使用的资源。

(5)鉴于投资者的市场经验和投资行为成熟度的层次不一,因此并不存在广泛适用的投资者教育计划。

(6)投资者教育不能也不应等同于投资咨询。

(二)投资者教育的内容

综合当前投资者教育的理论和实践,投资者教育主要包含三方面的内容。具体内容如10-6所示。

表10-6　　　　　　　　　　　投资者教育的内容

分类	内容
投资决策教育	(1)投资决策就是对投资产品和服务做出选择的行为或过程,它是整个投资者教育体系的基础。投资者的投资决策受到多种因素的影响,大致可分为两类 ①个人。个人包括投资者本人的受教育程度、投资知识、年龄、社会阶层、个人资产、心理承受能力、性格、法律意识、价值取向及生活目标等 ②社会环境。社会环境因素包括政治、经济、社会制度、伦理道德、科技发展等 (2)投资决策教育就是要在指导投资者分析投资问题、获得必要信息、进行理性选择的同时,致力于改善投资者决策条件中的某些变量。目前,各国投资者教育机构在制定投资者教育策略时,都首先致力于普及证券市场知识和宣传证券市场法规
资产配置教育	资产配置教育即指导投资者对个人资产进行科学的计划和控制。许多投资者教育专家认为投资者教育的范围应超越投资者具体的投资行为,深入整个个人资产配置中,只有这样才能从根本上解决投资者的困惑
权益保护教育	权益保护教育即号召投资者为改变其投资决策的社会和市场环境进行主动参与保护自身权益。这不仅是市场化的要求,也是公平原则在投资者教育领域中的体现。投资者权益保护是营造一个公正的政治、经济、法律环境,在此环境下,每个投资者在受到欺诈或不公平待遇时都能得到充分的法律救助。此外,投资者的声音能够上达立法者和相关的管理部门,参与立法、执法和司法过程,创造一个真正对投资者友善、公平的资本市场制度体系。为此,针对投资者进行的风险教育、风险提示以及为投资者维权提供的有关服务,已经成为各国开展投资者教育的重要内容

上述三个方面相辅相成,缺一不可,各国投资者教育的策略安排及方式选择基本上都是围绕上述三方面的内容进行的。

三、投资者教育工作的形式

投资者教育工作的宣传形式、宣传介质等内容如表10-7所示。

表10-7　　　　　　　　　　　投资者教育工作

项目	内容
宣传形式	①各基金公司通过报纸、电视、网络等新闻媒体,以开设投资者教育专栏、制作专题节目、举办各类咨询活动等方式向社会公众宣讲证券市场基础知识,提示投资风险 ②基金代销机构结合客户和自身业务特点开展投资者教育工作。在营业网点设立了投资者教育园地,制作了投资者教育手册,免费发放。部分机构还注重在开户、交易、清算、产品营销等经营环节向投资者提示风险,介绍相关知识,保存相对完善的客户资料 ③中国证券投资基金业协会及基金公司采用在线路演、行业主题沙龙、专题讲座、培训会、全国巡回报告会等形式传播基金知识;同时,基金业协会还将各种基金宣传材料开发成投资者教育游戏、基金知识动画片,多层次、多角度地开展有声有色的投资者教育工作

续表

项目	内容
宣传介质	从宣传介质上看,基金投资者教育工作开展形式包括纸质形式和电子形式两类 ①纸质形式包括传统的报纸、杂志以及印刷的基金宣传材料等方式 ②电子形式则主要依托现代互联网技术,通过媒体网页、基金业协会及基金公司官网、电视等渠道开展投资者教育工作。相比于纸质形式,电子形式的投资者教育方式更具有吸引力,投资者的接受效率也较高
工作形式（时空角度）	可分为现场与非现场两种形式 ①现场的投资者教育工作形式主要包括基金业协会及基金公司组织的报告会、专题讨论会、行业主题沙龙活动等形式 ②非现场形式主要是除现场形式以外的各种宣传教育形式。投资者现场教育工作形式开展灵活,通常以某一教育主题为活动主线,现场的互动交流是这种教育工作形式的特色所在

真题自测

（所有题型均为单选题,每题只有1个正确答案）

1. 下列不属于基金售后服务的是( )。
   A. 协助客户办理开立账户、申购、赎回、资料变更等基金业务
   B. 提醒客户及时核对交易确认
   C. 向客户介绍客户服务、信息查询等的办法和路径
   D. 定期提供产品净值信息

2. 对于系统运行数据中涉及基金投资人信息和交易记录的备份在不可修改的介质上至少保存( )年。
   A. 3   B. 5   C. 10   D. 15

3. 基金投资跟踪与评价的核心是( )。
   A. 对基金销售业务以及人际关系的维护
   B. 基金投资效益及客户评价的稳步提高
   C. 对基金销售业绩及工作人员素质的提高
   D. 对硬件、软件的逐步完善以及客户体验的交流

4. 下列不属于基金客户服务原则的是( )。
   A. 客户至上原则   B. 安全第一原则   C. 专业规范原则   D. 依法监管原则

5. 对于基金客户的档案数据,应当( )。
   A. 逐日备份并本地妥善存放   B. 逐月备份并异地妥善存放
   C. 逐日备份并异地妥善存放   D. 实时备份并本地妥善存放

6. 下列属于客户在基金投资操作过程中享受的服务是( )。
   A. 推介符合适用性原则的基金
   B. 提醒客户及时核对交易确认
   C. 介绍基金管理人投资运作情况,让客户充分了解基金投资的特点
   D. 定期提供产品净值信息

7. ( )是指基金销售机构或人员为解决客户有关问题而提供的一系列活动。
   A. 基金客户服务   B. 基金销售服务   C. 基金理财服务   D. 基金售后服务

151

第十一章 基金管理人的内部控制

本章分为四节,介绍了基金管理人内部控制的目标与原则、内部控制机制、内部控制制度和内部控制的主要内容。基金管理人有效的内部控制是保护投资者利益、确保基金管理人规范运作、防范与规避风险和基金运作安全的重要保障,需要考生认真学习掌握本章知识。

考点概览

考试大纲	考点内容	学习要求
内部控制的目标和原则	加强基金管理人内部控制的重要性	理解
	内部控制的基本概念及其含义	理解
	内部控制的三目标	掌握
	内部控制的五原则	掌握
内部控制机制	内部控制机制的含义	掌握
	内部控制的基本要素	掌握
内部控制制度	内部控制制度概述	了解
	内控大纲	理解
	基本管理制度	理解
	部门规章	理解
	业务操作手册	理解
内部控制的主要内容	前、中、后台内部控制	理解
	投资管理业务控制	了解
	信息披露控制	理解
	信息技术系统控制	理解
	会计系统控制	了解
	监察稽核控制	了解

第一节 内部控制的目标和原则

本节导读

这一节介绍了内部控制的必要性、概念、目标和原则,考生在学习时着重掌握内部控制的目标和原则。

一、加强基金管理人内部控制的重要性

国务院1999年3月29日转发了中国证监会制定的《原有投资基金清理规范方案》，提出坚持"积极规范、认真清理、妥善处置"的原则着手对老基金进行清理规范。

1999年12月30日，10家基金管理公司和五大商业银行的基金托管部共同制定《证券投资基金行业公约》，约定守法自律、规范经营，维护基金持有人的权益，禁止从事操纵市场、内幕交易、不当关联交易、贬损同行等行为。

2001年9月，我国第一只开放式基金——华安创新诞生，标志着中国证券投资基金业的发展向规范运作转变。

2002年2月，《证券投资基金管理公司内部控制指导意见》正式出台。

自2007年首例"证券投资基金业从业人员利用未公开信息交易行为"被发现以来，加强基金管理人内部控制、保护基金持有人利益的要求不断加强。

【例题·单选题】( )，《证券投资基金管理公司内部控制指导意见》正式出台。
A. 1999年12月
B. 2001年9月
C. 2002年2月
D. 2005年3月

【答案】C

【解析】2002年2月，《证券投资基金管理公司内部控制指导意见》正式出台。

二、内部控制的基本概念及其含义

(一)概念

基金管理人的内部控制是指公司为防范和化解风险，保证经营运作符合公司的发展规划，在充分考虑内外部环境的基础上，通过建立组织机制、运用管理方法、实施操作程序与控制措施而形成的系统。

(二)要求

基金管理人的内部控制要求部门设置体现权责明确、相互制约的原则，包括严格授权控制；建立完善的岗位责任制度和科学、严格的岗位分离制度；严格控制基金财产的财务风险；建立完善的信息披露制度；建立严格的信息技术系统管理制度；强化内部监督稽核和风险管理系统。

(三)风险管理基本框架

企业风险管理基本框架包括八个方面内容：内部环境、目标设定、事项识别、风险评估、风险应对、控制活动、信息与沟通以及行为监控八个要素构成。具体内容如表11-1所示。

表11-1　　　　　　　　　　企业风险管理基本框架

要素	内容
内部环境	基金管理人的内部环境是其他所有风险管理要素的基础，为其他要素提供规则和结构，其中特别重要的是经理层的风险偏好。内部环境的要素包括：全体员工的诚信、道德价值观和胜任能力；管理层的理念和经营风格；管理层分配权力和划分责任，组织和开发其员工的方式，以及董事会给予的关注和指导

续表

要素	内容
目标设定	基金管理人的风险管理就是提供给企业管理层一个适当的过程,将目标与企业的任务或预期联系在一起,保证制定的目标与企业的风险偏好相一致
事项识别	风险管理要求辨别可能对基金管理人目标产生影响的所有重要情况或事项。事项识别的基础是对事项相关因素进行分析并加以分类,从而区分事项可能带来的风险与机会
风险评估	风险评估就是识别和分析与实现目标相关的风险,从而为确定应该如何管理风险奠定基础。风险评估的过程根据不同的情况,可采用定性和定量相结合的方法
风险应对	基金管理人要对每一个重要的风险及其对应的回报进行评价和平衡,采取包括回避、接受、共担或降低这些风险等措施,风险应对是企业风险管理的整体重要组成部分
控制活动	控制活动包括在公司内部使用的审核、批准、授权、确认以及对经营绩效考核、资产安全管理、不相容职务分离等方法
信息与沟通	员工的风险信息交流意识是风险管理的重要组成部分,应鼓励员工就其意识到的重要风险与公司管理层进行交流,管理层应当重视员工的意见
行为监控	行为监控以日常经营中发生的事件和交易为对象,包括基金管理人的经理层和监控人员的活动

三、内部控制的三目标

内部控制目标是决定公司内部控制运行方式和方向的关键,也是认识内部控制基本理论的出发点。基金管理人与一般的公司不同,内部控制的总体目标是:

(1)保证公司经营运作严格遵守国家有关法律法规和行业监管规则,自觉形成守法经营、规范运作的经营思想和经营理念。

(2)防范和化解经营风险,提高经营管理效益,确保经营业务的稳健运行和受托资产的安全完整,实现公司的持续、稳定、健康发展。

(3)确保基金和基金管理人的财务和其他信息真实、准确、完整、及时。

四、内部控制的五原则

(一)健全性原则

健全性指内部控制应当包括公司的各项业务、各个部门(或机构)和各级人员,并涵盖到决策、执行、监督、反馈等各个环节。

基金管理人内部控制必须覆盖所有人员,要求各部门之间、人员之间应相互配合、协调同步、紧密衔接,避免只管相互牵制而不顾办事效率的做法,导致不必要的扯皮和脱节现象。

(二)有效性原则

内部控制的有效性是指内部控制必须讲求效率和效果,所有的控制制度必须得到贯彻执行。

内部控制应当约束基金管理人内部涉及基金管理工作的所有人员,任何个人都不得拥有超越内部控制的权利。基金管理人内部控制的有效性主要包含两层含义:一是指基金管理人所实施的内部控制政策与措施能否适应基金监管的法律法规要求;二是指基金管理人内部控制在设计完整、合理的前提下,在基金管理的运作过程中,能够得到持续的贯彻执行并发挥作用,为实现提高公司经营效率、财务信息的可靠性和法律法规的遵守提供合理保证。

(三)独立性原则

独立性指基金管理人各机构、部门和岗位职责应当保持相对独立,基金资产、自有资产、其他资产的运作应当分离。

基金管理人内部控制的设立是与其管理模式紧密联系的,基金管理人按照其推行的管理模式设立相应的工作岗位,并赋予其责、权、利,规定独立的操作流程和处理程序。

基金管理人可能管理自有资产、基金资产和其他资产,这些资产之间可能存在利益输送。基金管理人必须建立不同资产运作的控制目标,让相关基金经理、投资经理理解其各自的责任,一方面要让员工懂得如何完成自己的工作,即操作规程和处理程序;另一方面要让员工明白严格按照规章制度履行职责的重要性。

(四)相互制约原则

相互制约指基金管理人内部部门和岗位的设置应当权责分明、相互制衡。基金管理人内部的一项业务,如果经过两个以上的相互制约环节对其进行监督和核查,其发生错弊现象的概率就很低。只有经过横向关系和纵向关系的核查和制约,才能使发生的错弊减少到较低程度,或者即使发生问题,也易尽早发现,便于及时纠正。

(五)成本效益原则

成本效益指基金管理人运用科学化的经营管理方法降低运作成本,提高经济效益,以合理的控制成本达到最佳的内部控制效果。

在设计基金管理人内部控制制度时,一定要考虑控制投入成本和控制产出效益之比。控制点设定的数量需根据实际情况,科学设立,力争以最小的控制成本获取最大的内控效果。

第二节 内部控制机制

>> **本节导读** <<

内部控制的管理必然涉及机制的相关内容,本节考生需掌握内部控制机制的层次以及内部控制机制的要素。

一、内部控制机制的含义

(一)内部控制机制的概念

内部控制机制,简称内控机制,是指公司的内部组织结构及其相互之间的运作制约关系,即一个企业组织为了实现计划目标,防范和减少风险的发生,由全体员工共同参与,对内部组织机构业务流程进行全过程的介入和监控,采取权力分配、相互制衡手段,制定出系统的、制度保证的运行过程。

(二)基金管理人内部控制机制层次

基金管理人内部控制机制一般包括四个层次:一是员工自律;二是各部门主管(包括监察

稽核)的检查监督;三是公司管理层对人员和业务的监督控制;四是董事会或者其领导下的专门委员会的检查、监督、控制和指导。

(三)基金管理人内部控制机制建设

(1)在设置内部控制机构上,不能重眼前商业利润、不注重专职内部控制机构建立的偏向。建立健全基金管理人内部控制机构,从组织上强化内部控制,引导基金管理人所有员工重视内部控制。

(2)在建立内部控制制度上,不能重内部管理制度建立、不注重内部核心部门"防火墙"制度建立的偏向。建立健全可靠的专业委员会、投资管理部门、风险管理部门、市场营销部门、基金运营部门、后台支持部门等完善、独立的内部控制制度。

(3)在执行内部控制制度上,不能重非经常性发生事项控制、不注重经常性发生事项控制的偏向。进一步强化责任管理、制度管理,规范控制行为,建立健全良好的控制环境、完善的控制体系和可靠充分的控制程序为一体的内部控制管理机制。

(4)在监督内部控制上,不能重程序监督、不注重对"内部人"监督的偏向。

二、内部控制的基本要素

基金管理人内部控制基本要素包括控制环境、风险评估、控制活动、信息沟通和内部监控。

(一)控制环境

控制环境构成公司内部控制的基础,控制环境包括经营理念和内控文化、公司治理结构、组织结构、员工道德素质等内容。

(1)基金管理人管理层应当牢固树立内控优先和风险管理理念,培养全体员工的风险防范意识,营造一个浓厚的内控文化氛围,保证全体员工及时了解国家法律法规和公司规章制度,使风险意识贯穿到公司各个部门、各个岗位和各个环节。

(2)基金管理人应当健全法人治理结构,充分发挥独立董事和监事会的监督职能,严禁不正当关联交易、利益输送和内部人控制现象的发生,保护投资者利益和公司合法权益。

(3)基金管理人的组织结构应当体现职责明确、相互制约的原则,各部门有明确的授权分工,操作相互独立。公司应当建立决策科学、运营规范、管理高效的运行机制,包括民主、透明的决策程序和管理议事规则,高效、严谨的业务执行系统,以及健全、有效的内部监督和反馈系统。

(4)基金管理人应当依据自身经营特点设立顺序递进、权责统一、严密有效的内控防线:

①各岗位职责明确,有详细的岗位说明书和业务流程,各岗位人员在上岗前均应知悉并以书面方式承诺遵守,在授权范围内承担责任。

②建立重要业务处理凭据传递和信息沟通制度,相关部门和岗位之间相互监督制衡。

③公司督察长和内部监察稽核部门独立于其他部门,对内部控制制度的执行情况实行严格检查和反馈。

(二)风险评估

基金管理人应当建立科学严密的风险评估体系,对公司内外部风险进行识别、评估和分析,及时防范和化解风险。基金管理人风险评估系统可以对基金运作情况发出预警和报警讯号;独立的风险业绩评估小组对基金管理中的风险指标提供每日、每周及月度评估报告,作为决策参考依据。基金管理人应大力运用现代信息科技,促进风险管理的数量化和自动化。

（三）控制活动

基金管理人应通过授权控制来控制业务活动的运作。授权控制应当贯穿于公司经营活动的始终，授权控制的主要内容包括以下四个方面。

（1）股东会、董事会、监事会和管理层应当充分了解和履行各自的职权，建立健全公司授权标准和程序，确保授权制度的贯彻执行。

（2）公司各业务部门、分支机构和公司员工应当在规定授权范围内行使相应的职责。

（3）公司重大业务的授权应当采取书面形式，授权书应当明确授权内容和时效。

（4）公司授权要适当，对已获授权的部门和人员应建立有效的评价和反馈机制，对已不适用的授权应及时修改或取消授权。

公司应当建立完善的资产分离制度，基金资产与公司资产、不同基金的资产和其他委托资产要实行独立运作，分别核算。公司应当建立科学、严格的岗位分离制度，明确划分各岗位职责，投资和交易、交易和清算、基金会计和公司会计等重要岗位不得有人员的重叠，重要业务部门和岗位应当进行物理隔离。

此外，公司应当制定切实有效的应急应变措施，建立危机处理机制和程序，其中，包括信息泄密、交易程序故障等紧急事件发生后的应变措施。

（四）信息沟通

基金管理人应当维护信息沟通渠道的畅通，建立清晰的报告系统。公司管理层有责任保证所有员工得到充分、最新的公司规章制度以及应该得知的信息。公司应定期与员工沟通，以保证他们及时知悉公司的战略方向、经营方针、近期和长期目标等。在公司管理和基金运作中各部门应保持各自独立向管理层的报告渠道。

（五）内部监控

基金管理人应当建立有效的内部监控制度，设置督察长和独立的监察稽核部门，对公司内部控制制度的执行情况进行持续的监督，保证内部控制制度落实。公司应当定期评价内部控制的有效性，根据市场环境、新的金融工具、新的技术应用和新的法律法规等情况适时改进。

【例题·单选题】下列属于基金管理人内部控制基本要素的是（　　）。

A. 控制环境　　　B. 控制活动　　　C. 内部监控　　　D. 以上都正确

【答案】D

【解析】基金管理人内部控制的基本要素包括控制环境、风险评估、控制活动、信息沟通和内部监控。

第三节　内部控制制度

≫ 本节导读 ≪

内部控制制度内容较为简单，主要介绍了内部控制制度的概念和相关制度，考生理解内部控制制度的组成内容即可。

一、内部控制制度概述

内部控制制度是基金管理人为了保护其资产的安全完整，保证其经营活动符合国家法律、法规和内部规章要求,提高经营管理效率,防止舞弊,控制风险等目的,而在公司内部采取的一系列相互联系、相互制约的制度和方法。基金管理公司内部控制制度由内部控制大纲、基本管理制度、部门业务规章等部分组成。

基金管理人制定内部控制制度一般应当遵循以下原则。具体内容如表 11-2 所示。

表 11-2　　　　　　　　　　制定内部控制制定应遵循的原则

原则	内容
合法、合规性原则	公司内控制度应当符合国家法律、法规、规章和各项规定
全面性原则	内部控制制度应当涵盖公司经营管理的各个环节,不得留有制度上的空白或漏洞
审慎性原则	公司内部控制的核心是风险控制,制定内部控制制度应当以审慎经营、防范和化解风险为出发点
适时性原则	内部控制制度的制定应当随着有关法律法规的调整和公司经营战略、经营方针、经营理念等内外部环境的变化进行及时的修改或完善

二、内控大纲

公司内部控制大纲是对公司章程规定的内控原则的细化和展开,是各项基本管理制度的纲要和总揽,内部控制大纲应当明确内控目标、内控原则、控制环境、内控措施、风险评估、信息与沟通、内部控制监督和附则,一共有八个部分。

三、基本管理制度

基本管理制度应当至少包括风险控制、投资管理、基金会计、信息披露、监察稽核、信息技术管理、公司财务、资料档案管理、业绩评估考核和紧急应变等。

四、部门规章

部门业务规章是在基本管理制度的基础上,对各部门的主要职责、岗位设置、岗位责任、操作守则等的具体说明。

五、业务操作手册

业务操作手册是在基金管理人确定相关业务基础上,对业务的性质、种类以及相关的管理规定和操作流程及要求进行明确的说明,是业务人员上岗操作的指南。

第四节　内部控制的主要内容

》本节导读《

内部控制的主要内容表现在六大方面的控制措施,这些措施内容较多,需要考生逐条记忆,其中,侧重理解前、中、后台内部控制相关内容。

一、前、中、后台内部控制

(一)前台内部控制

基金管理人的前台主要是与客户直接接触的行政前台、投资、研究、销售等部门,主要是为客户提供综合服务的部门,目标是客户满意度最大化。由于前台部门直接接触客户,与客户之间的行为应当在基金管理人规定的范围进行运作,避免出现虚假承诺和泄密等违规行为。

(二)中台内部控制

中台部门包括市场营销、风险控制、财务部、监察稽核和产品研发部门,主要是为公司前台部门提供支持,目标是保障公司为客户提供服务的持续性。中台部门尽管不直接接触客户,但与前台部门必须建立相应的隔离机制,否则,也会出现前后台投资决策信息的泄密和中台部门与前台部门的沟通效率低下,影响基金管理人的整体运作效率。

(三)后台内部控制

后台部门包括行政管理、人事部、清算、信息技术等部门,主要为前中台部门提供支持,目标是保证基金管理人战略的实施与效果。由于基金管理人的后台部门需要与监管部门、政府其他相关部门、机构投资者、法律顾问、审计师等主体沟通与联系,后台部门人员业务行为控制十分重要。

二、投资管理业务控制

基金管理人应当自觉遵守国家有关法律法规,按照投资管理业务的性质和特点严格制定管理规章、操作流程和岗位手册,明确揭示不同业务可能存在的风险点并采取控制措施。

(一)研究业务控制的主要内容

(1)研究工作应保持独立、客观。
(2)建立严密的研究工作业务流程,形成科学、有效的研究方法。
(3)建立投资对象备选库制度,研究部门根据基金契约要求,在充分研究的基础上建立和维护备选库。
(4)建立研究与投资的业务交流制度,保持通畅的交流渠道。
(5)建立研究报告质量评价体系。

(二)投资决策业务控制的主要内容

(1)投资决策应当严格遵守法律法规的有关规定,符合基金契约所规定的投资目标、投资范围、投资策略、投资组合和投资限制等要求。
(2)健全投资决策授权制度,明确界定投资权限,严格遵守投资限制,防止越权决策。
(3)投资决策应当有充分的投资依据,重要投资要有详细的研究报告和风险分析支持,并有决策记录。
(4)建立投资风险评估与管理制度,在设定的风险权限额度内进行投资决策。
(5)建立科学的投资管理业绩评价体系,包括投资组合情况、是否符合基金产品特征和决策程序、基金绩效分析等内容。

(三)基金交易业务控制的主要内容

(1)基金交易应实行集中交易制度,基金经理不得直接向交易员下达投资指令或者直接进行交易。
(2)公司应当建立交易监测系统、预警系统和交易反馈系统,完善相关的安全设施。
(3)投资指令应当进行审核,确认其合法、合规与完整后方可执行,如出现指令违法违规或者其他异常情况,应当及时报告相应部门与人员。

(4)公司应当执行公平的交易分配制度,确保不同投资者的利益能够得到公平对待。

(5)建立完善的交易记录制度,每日投资组合列表等应当及时核对并存档保管。

(6)建立科学的交易绩效评价体系。

此外,场外交易、网下申购等特殊交易应当根据内部控制的原则制定相应的流程和规则。基金管理人应当建立严格有效的投资管理业务制度,防止不正当关联交易损害基金持有人利益。基金投资涉及关联交易的,应在相关投资研究报告中特别说明,并报公司相关机构批准。

三、信息披露控制

信息披露是基金管理人必须履行的一项义务。信息披露可能对证券市场价格和投资者行为产生重大影响,加强基金管理人信息披露的控制,是保障证券市场公开、公平和公正三原则的重要支持。基金管理人应当按照法律、法规和中国证监会有关规定,建立完善的信息披露制度,保证公开披露的信息真实、准确、完整、及时,有相应的部门或岗位负责信息披露工作,进行信息的组织、审核和发布。

基金管理人应当加强对公司信息披露的检查和评价,对存在的问题及时提出改进办法,对信息披露出现的失误提出处理意见,并追究相关人员的责任。此外,需要对掌握未公开信息的人员进行严格的行为控制,在信息公开披露前不得泄露其内容。

四、信息技术系统控制

基金管理人应当根据国家法律法规的要求,遵循安全性、实用性、可操作性原则,严格制定信息系统的管理制度。

基金管理信息技术系统的设计开发应该符合国家、金融行业软件工程标准的要求,编写完整的技术资料;在实现业务电子化时,应设置保密系统和相应控制机制,并保证计算机系统的可稽性;信息技术系统投入运行前,应当经过业务、运营、监察稽核等部门的联合验收。应当通过严格的授权制度、岗位责任制度、门禁制度、内外网分离制度等管理措施,确保系统安全运行。计算机机房、设备、网络等硬件要求应当符合有关标准,设备运行和维护整个过程实施明确的责任管理,严格划分业务操作、技术维护等方面的职责。

公司软件的使用应充分考虑软件的安全性、可靠性、稳定性和可扩展性,应具备身份验证、访问控制、故障恢复、安全保护、分权制约等功能。信息技术系统设计、软件开发等技术人员不得介入实际的业务操作。用户使用的密码口令要定期更换,不得向他人透露。数据库和操作系统的密码口令应当分别由不同人员保管。

公司应对信息数据实行严格的管理,保证信息数据的安全、真实和完整,并能及时、准确地传递到会计等各职能部门;严格规范计算机交易数据的授权修改程序,并坚持落实电子信息数据的定期查验制度。

基金管理人应建立电子信息数据的即时保存和备份制度,重要数据应当异地备份并且长期保存。信息技术系统应当定期稽核检查,完善业务数据保管等安全措施,进行故障排除、灾难恢复的演习,确保系统可靠、稳定、安全地运行。

五、会计系统控制

基金管理人应当采取适当的会计控制措施,以确保会计核算系统的正常运转:

(1)应当建立凭证制度,通过凭证设计、登录、传递、归档等一系列凭证管理制度,确保正确记载经济业务,明确经济责任。

(2)应当建立账务组织和账务处理体系,正确设置会计账簿,有效控制会计记账程序。

(3)应当建立复核制度,通过会计复核和业务复核防止会计差错的产生。

(4)应当采取合理的估值方法和科学的估值程序,公允反映基金所投资的有价证券在估值时点的价值。

(5)应当规范基金清算交割工作,在授权范围内,及时准确地完成基金清算,确保基金资产的安全。

(6)应当建立严格的成本控制和业绩考核制度,强化会计的事前、事中和事后监督。

(7)应制定完善的会计档案保管和财务交接制度,财会部门应妥善保管密押、业务用章、支票等重要凭据和会计档案,严格会计资料的调阅手续,防止会计数据的毁损、散失和泄密。严格制定财务收支审批制度和费用报销管理办法,自觉遵守国家财税制度和财经纪律。

六、监察稽核控制

(一)设立监察稽核部门

基金管理人应当设立监察稽核部门,对公司经营层负责,开展监察稽核工作,公司应保证监察稽核部门的独立性和权威性。公司应当明确监察稽核部门及内部各岗位的具体职责,配备充足的监察稽核人员,严格监察稽核人员的专业任职条件,严格监察稽核的操作程序和组织纪律。

(二)设立督察长

基金管理人应当设立督察长,对董事会负责,经董事会聘任,报证券监督管理机构核准。根据公司监察稽核工作的需要和董事会授权,督察长可以列席公司相关会议,调阅公司相关档案,就内部控制制度的执行情况独立地履行检查、评价、报告、建议职能。

(三)强化内部检查制度

基金管理人应当强化内部检查制度,通过定期或不定期检查内部控制制度的执行情况,确保公司各项经营管理活动的有效运行。基金管理人董事会和管理层应当重视和支持监察稽核工作,对违反法律、法规和公司内部控制制度的,应当追究有关部门和人员的责任。

【例题·单选题】根据公司监察稽核工作的需要和董事会授权,督察长可以( )。

A.列席公司相关会议　　　　B.兼任公司理事
C.任免公司总经理　　　　　D.兼任其他基金公司董事会成员

【答案】A

【解析】根据公司监察稽核工作的需要和董事会授权,督察长可以列席公司相关会议,调阅公司相关档案,就内部控制制度的执行情况独立地履行检查、评价、报告、建议职能。

真题自测

(所有题型均为单选题,每题只有1个正确答案)

1.基金管理人所实施的内部控制政策要适用基金监管的法律法规要求,这句话体现了内部控制的( )原则。

A.健全性　　B.有效性　　C.独立性　　D.相互制约

2. 2001年9月,我国第一只开放式基金(　　)诞生。
   A. 华安创新　　　　　　　　　　B. 淄博乡镇企业投资基金
   C. 基金开元　　　　　　　　　　D. 基金金泰

3. 从内部控制的目标来看,内部控制系统必须与(　　)相联系。
   A. 经济市场的发展和完善
   B. 法律法规的颁布及实施
   C. 确保信息收集、处理和报告正确性的控制
   D. 公司规章制度的制定与实施

4. 基金管理人应建立电子信息数据的(　　)和备份制度,重要数据应当(　　)并且长期保存。
   A. 即时保存;本地备份　　　　　B. 定期保存;异地备份
   C. 即时保存;异地备份　　　　　D. 定期保存;本地备份

5. (　　)是解决基金管理人发生道德风险和逆向选择问题的主要手段。
   A. 加强监管力度　　　　　　　　B. 制定监管法规
   C. 加强从业人员教育　　　　　　D. 加强基金管理人的内部控制机制建设

6. 在进行投资决策业务控制时,应建立(　　),在设定的风险权限额度内进行投资决策。
   A. 投资决策授权制度　　　　　　B. 业务交流制度
   C. 投资风险评估与管理制度　　　D. 实质性审查制度

7. 内部控制的目标是在一定范围内(　　)经营风险,提高基金管理人的经营效益。
   A. 避免　　　B. 控制　　　C. 降低或消除　　　D. 转移

8. (　　)指内部控制应当包括公司的各项业务、各个部门和各级人员,并涵盖到决策、执行、监督、反馈等各个环节。
   A. 全面性　　　B. 健全性　　　C. 相互制约　　　D. 独立性

9. 基金管理公司应当设立督察长,对(　　)负责,经(　　)聘任,报证券监督管理机构核准。
   A. 董事会;股东大会　　　　　　B. 理事会;董事会
   C. 总经理;董事会　　　　　　　D. 董事会;董事会

10. (　　)是识别和分析与实现目标相关的风险,从而为确定应该如何管理风险奠定基础。
    A. 事项识别　　　B. 风险评估　　　C. 风险应对　　　D. 行为监控

11. 下列关于基金公司会计系统说法错误的是(　　)。
    A. 严禁需要互相监督的岗位由一人独自操作全过程
    B. 对公司所管理的基金,应当以公司所管理的全部基金为会计核算主体
    C. 独立建账、独立核算
    D. 基金会计核算应当独立于公司会计核算

12. 内部控制制度的制定应当随着有关法律法规的调整等内外部环境的变化进行及时的修改或完善,体现了内部控制制度原则的(　　)。
    A. 合法、合规性原则　　　　　　B. 全面性原则
    C. 审慎性原则　　　　　　　　　D. 适时性原则

13. 基金交易应实行(　　),基金经理不得直接向交易员下达投资指令或者直接进行交易。

A. 集中交易制度 B. 投资决策授权制度
C. 审查制度 D. 投资对象备选库制度

14. 下列属于基金管理公司内部控制制度组成部分的是( )。
    A. 基本管理制度 B. 内部控制大纲 C. 部门业务规章 D. 以上都正确

15. ( )和( )独立于其他部门,对内部控制制度的执行情况实行严格检查和反馈。
    A. 公司督察长;独立董事 B. 独立董事;内部监察稽核部门
    C. 公司督察长;内部监察稽核部门 D. 理事长;内部监察稽核部门

16. 下列不属于内部控制原则的是( )。
    A. 客观性 B. 独立性 C. 健全性 D. 相互制约

17. 下列属于中台部门的是( )。
    A. 清算部 B. 监察稽核部 C. 信息技术部 D. 以上都正确

第十二章 基金管理人的合规管理

本章分四节介绍了基金管理人合规管理的相关概述、合规管理机构设置、合规管理主要内容、合规风险等内容。基金建立良好的内部控制体系需要内部人员的合规行为来保障其效率，进一步保障基金份额基金持有人的合法权益。合规管理是基金管理人持续、健康、稳定运行和发展的重要手段。

考点概览

考试大纲	考点内容	学习要求
合规管理概述	合规管理的概念	了解
	合规管理的意义	了解
	合规管理的目标	了解
	合规管理的基本原则	理解
合规管理机构设置	合规管理部门的设置及其责任	了解
	董事会的合规责任	理解
	监事会的合规责任	理解
	督察长的合规责任	理解
	管理层的合规责任	理解
	业务部门的合规责任	理解
合规管理的主要内容	合规管理活动概述	了解
	合规文化	了解
	合规政策	了解
	合规审核	了解
	合规检查	了解
	合规培训	了解
	合规投诉处理	了解
合规风险	合规风险及其种类	理解
	投资合规性风险	理解
	销售合规性风险	理解
	信息披露合规性风险	理解
	反洗钱合规性风险	理解

第一节 合规管理概述

>> **本节导读** <<

基金管理人作为资本市场的重要主体,其行为对市场的影响较大,基金产品本身的价格具有不确定性,因此合规管理对基金管理人自身的风险管理和基金持有人的权益保障具有非常重要的现实意义。本节考生需要掌握合规管理的概念、目标和原则。

一、合规管理的概念

(一)巴塞尔银行监管委员会关于合规风险的公认标准

合规风险是指因未能遵循法律法规、监管规定、规则、自律性组织制定的有关准则,以及适用于自身业务活动的行为准则而可能遭受法律制裁或监管处罚、重大财务损失或声誉损失的风险。

合规是指基金管理人的经营管理活动与法律、规则和准则一致。

合规管理是一种风险管理活动,是对业务活动是否遵守法律、监管规定、规则、行业自律准则等的一种鉴证行为。

(二)基金管理人关于合规管理的定义

合规管理是指对基金管理人的相关业务是否遵循法律、监管规定、规则、自律性组织制定的有关准则以及公众投资者的基本需求等行为进行风险识别、检查、通报、评估、处置的管理活动。

(三)合规管理的相关规则

包括:立法机关和证监会发布的基本法律规则;基金业协会和证券业协会等自律性组织制定的适用于全行业的规范、标准、惯例等;公司章程以及企业的各种内部规章制度以及应当遵守的诚实、守信的职业道德。

二、合规管理的意义

(一)对基金管理人的意义

合规管理可以帮助基金管理人控制违规风险,减少违规处罚导致的损失以及由于声誉风险导致的潜在损失。

(二)合规独立性

1. 含义

合规独立性是指基金管理人的合规管理应当在体制机制、组织架构、人力资源、管理流程等诸多方面独立于内部其他风险部门、业务部门、内部审计部门等。

独立性原则是指合规管理应当独立于基金管理人的业务经营活动,以真正起到牵制制约的作用,是合规管理的关键性原则。

2. 合规管理部门的独立性包含要素

第一,合规管理部门在公司内部享有正式的地位,并在公司的合规政策或其他正式文件中予以规定。

第二,在合规风险管理部门员工特别是合规风险管理部门负责人的职位安排上,应避免其合规风险管理职责与其承担的任何其他职责之间产生可能的利益冲突。

第三,合规管理部门员工为履行职责,能够享有相应的资源,应能够获取和接触必需的信息和人员。合规管理部门的独立,实质上就是"人"的独立性,直接关系到合规风险能否有效揭示。

三、合规管理的目标

(一)基金管理人的合规管理目标

基金管理人的合规管理目标是建立健全基金管理人合规风险管理体系,实现对合规风险的有效识别和管理,促进基金管理人全面风险管理体系的建设,确保基金管理人依法合规经营。

(二)基金管理人的职责

基金管理人应当建立良好的内部治理结构,明确股东会、董事会、监事会和高级管理人员的职责权限,确保基金管理人各部门的合规运作。公司组织结构应当体现职责明确、相互制约的原则,各部门有明确的授权分工,操作相互独立。公司应当建立决策科学、运营规范、管理高效的运行机制,包括民主、透明的决策程序和管理议事规则,高效、严谨的业务执行系统,以及健全、有效的内部监督和反馈系统。此外,基金管理人可以开展合规自律探讨和合规文化活动提高全体员工对合规重要性的认识,有效实现合理的目标。

【例题·单选题】下列关于合规管理的目标,说法正确的是( )。

A. 建立健全基金管理人合规风险管理体系

B. 实现对合规风险的有效识别和管理

C. 确保基金管理人依法合规经营

D. 以上说法都正确

【答案】D

【解析】基金管理人的合规管理目标是建立健全基金管理人合规风险管理体系,实现对合规风险的有效识别和管理,促进基金管理人全面风险管理体系的建设,确保基金管理人依法合规经营。

四、合规管理的基本原则

合规管理的基本原则内容如表12-1所示。

表12-1　　　　　　　　　　　　合规管理的基本原则

原则	内容
独立性原则	独立性原则主要是指合规部门和督察长在基金公司组织体系中应当有独立地位,合规管理应当独立于其他各项业务经营活动
客观性原则	客观性原则是指合规人员应当依照相关法规对违规事实进行客观评价,避免出现合规人员自身与业务人员合谋的违规行为
公正性原则	公正性原则是指合规人员在对业务部门进行核查时,应当坚持统一标准来对违规行为风险进行评估和报告

续表

原则	内容
专业性原则	专业性原则是指合规人员应当熟悉业务制度,了解基金管理人各种业务的运作流程,并准确理解和把握法律法规的规定和变动趋势
协调性原则	协调性原则是指合规人员应当正确处理与公司其他部门及监管部门的关系,努力形成公司的合规合力,避免内部消耗

第二节 合规管理机构设置

>> **本节导读** <<

基金管理人合规管理旨在切实保护投资者合法权益,在基金行业树立合规意识,提高基金公司内控及事前风险防范水平,促进行业规范运作,夯实行业诚信基础。合规管理需要不同机制的互相配合,不同机制的职能作用也不一样。考生在学习时,需分清不同机制的不同职责。

一、合规管理部门的设置及其责任

(一)合规管理部门的设置

根据基金管理人的实际情况,负责合规管理的部门可能有专门的合规部,也有可能称法律合规部,也有称监察稽核部。基金管理人在董事会和管理层会设立专门的风险控制委员会,安排督察长分管合规管理部的工作。

合规管理部门是负责基金公司合规工作的具体组织和执行部门,依照所规定的职责、权限、方法和程序独立开展工作,负责公司各部门和全体员工的合规管理工作,合规管理部门对总经理负责。

合规管理部门人员应具备较高的思想素质和法制观念,坚持原则、忠于职守、廉洁奉公、公正无私,并具备相应的专业知识。合规管理部门必须制定相应的人员岗位责任制,明确任务,落实责任。合规管理部门工作人员同样应遵守公司各种规章制度和规定。合规管理部门依据国家及有关部门的法律法规、公司章程、基金合同和公司内部管理制度,在所赋予的权限内,按照所规定的程序和方法,对行为对象进行公正客观的检查监督并提出处理建议。

(二)合规管理部门的职责

合规管理部门应在督察长的管理下协助高级管理层有效识别和管理所面临的合规风险,履行以下基本职责:

(1)持续关注法律、规则和准则的最新发展,正确理解法律、规则和准则的规定及其精神,准确把握法律、规则和准则对基金经营的影响,及时为高级管理层提供合规建议。

(2)制订并执行风险为本的合规管理计划,包括特定政策和程序的实施与评价、合规风险评估、合规性测试、合规培训与教育等。

(3)审核评价基金管理人各项政策、程序和操作指南的合规性,组织、协调和督促各业务条线和内部控制部门对各项政策、程序和操作指南进行梳理和修订,确保各项政策、程序和操作指南符合法律、规则和准则的要求。

(4)协助相关培训和教育部门对员工进行合规培训,包括新员工的合规培训,以及所有员工的定期合规培训,并成为员工咨询有关合规问题的内部联络部门。

(5)组织制定合规管理程序以及合规手册、员工行为准则等合规指南,并评估合规管理程序和合规指南的适当性,为员工恰当执行法律、规则和准则提供指导。

(6)积极主动地识别和评估与基金管理人经营活动相关的合规风险,包括为新产品和新业务的开发提供必要的合规性审核和测试,识别和评估新业务方式的拓展、新客户关系的建立以及客户关系的性质发生重大变化等所产生的合规风险。

(7)收集、筛选可能预示潜在合规问题的数据,如消费者投诉的增长数、异常交易等,建立合规风险监测指标,按照风险矩阵衡量合规风险发生的可能性和影响,确定合规风险的优先考虑序列。

(8)实施充分且有代表性的合规风险评估和测试,包括通过现场审核对各项政策和程序的合规性进行测试,询问政策和程序存在的缺陷,并进行相应的调查,合规性测试结果应按照基金管理人的内部风险管理程序,通过合规风险报告路线向上报告,以确保各项政策和程序符合法律、规则和准则的要求。

(9)保持与监管机构日常的工作联系,跟踪和评估监管意见和监管要求的落实情况。如基金管理合规部门可就基金募集、基金投资、管理人员变动等运作情况主动与监管机构进行沟通,通过监管机构相关信息的反馈避免合规风险的发生。

二、董事会的合规责任

基金管理人董事会负责公司整体风险的预防和控制,审核、监督公司风险控制制度的有效执行,可以下设合规与风险管理委员会,负责对公司经营管理与基金运作的风险控制及合法合规性进行审议、监督和检查,草拟公司风险管理战略,评估公司风险管理状况。

董事会对公司的合规管理承担最终责任,履行以下合规职责:

(1)审议批准合规政策,监督合规政策的实施,并对实施情况进行年度评估。

(2)审议批准公司年度合规报告,对年度合规报告中反映出的问题,采取措施解决。

(3)根据总经理提名决定合规负责人的聘任、解聘及薪酬事项。

(4)决定公司合规管理部门的设置及其职能。

(5)保证合规负责人独立与董事会、董事会相关委员会,如审计委员会或者其他专业委员会沟通。

(6)公司章程规定的其他合规责任。

此外,中国证监会对基金管理公司的监管要求、整改通知及处罚措施等应当列入董事会的通报事项。经理层制定的整改方案以及公司合规运作情况的汇报应当列入董事会的审议范围。

三、监事会的合规责任

为了完成合规监督职能,基金管理人的监事会不仅要进行会计监督,而且要进行业务监督。不仅要有事后监督,而且要有事前和事中监督(即计划、决策时的监督)。监事会对经营管理的业务监督包括以下方面:

(1)通知业务机构停止其违法行为。当董事或经理人员执行业务违反法律法规、公司章程以及从事登记营业范围之外的业务时,监事有权通知他们停止其行为。

(2)随时调查公司的财务状况,审查账册文件,并有权要求董事会向其提供情况。

(3)审核董事会编制的提供给股东会的各种报表,并把审核意见向股东会报告。

(4)当监事会认为有必要时,一般是在公司出现重大问题时,可以提议召开股东会。

此外,在以下特殊情况下,监事会有代表公司的权利:

(1)当公司与董事间发生诉讼时,除法律另有规定外,由监事会代表公司作为诉讼一方处理有关法律事宜。

(2)当董事自己或他人与本公司有交涉时,由监事会代表公司与董事进行交涉。

(3)当监事调查公司业务及财务状况,审核账册报表时,有权代表公司委托律师、会计师或其他第三方人员协助调查。

基金管理人设监事会,监事会向股东会负责。监事会依法行使下列职权:

(1)检查公司的财务。

(2)对公司董事、总经理和其他高级管理人员执行公司职务时违反法律、行政法规或者公司章程的行为进行监督。

(3)当公司董事、总经理和其他高级管理人员的行为损害公司的利益时,要求前述人员予以纠正。

(4)提议召开临时股东会。

(5)列席董事会会议。

(6)公司章程规定的其他职权。

监事会每年至少召开一次会议,监事会会议应当由全体监事出席时方可举行,每名监事有一票表决权。监事会决议至少须经半数以上监事投票通过。

四、督察长的合规责任

基金管理人应保证督察长的独立性。督察长负责组织指导公司监察稽核工作,履行职责的范围应当涵盖基金及公司运作的所有业务环节。督察长履行职责,应当重点关注下列事项:

(1)基金销售是否遵守法律法规、基金合同和招募说明书的规定,是否存在误导、欺诈投资人和不正当竞争等违法违规行为。

(2)基金投资是否符合法律法规和基金合同的规定,是否遵守公司制定的投资业务流程等相关制度,是否存在内幕交易、操纵市场等违法行为以及不正当关联交易、利益输送和不公平对待不同投资人的行为。

(3)基金及公司的信息披露是否真实、准确、完整、及时,是否存在虚假记载、误导性陈述或者重大遗漏等问题。

(4)基金运营是否安全,信息技术系统运行是否稳定,客户资料和交易数据是否做到备份和有效保存,是否出现延时交易、数据遗失等情况。

(5)公司资产是否安全完整,是否出现被抽逃、挪用、违规担保、冻结等情况。

督察长发现基金和公司运作中有违法违规行为的,应当及时予以制止,重大问题应当报告中国证监会及相关派出机构。

督察长监督检查公司内部风险控制情况,应当重点关注下列事项:

(1)公司是否按照法律法规和中国证监会的规定制定和修改各项业务规章制度及业务操作流程。

(2)公司是否对各项业务制定和实施相应的风险控制制度。

(3)公司员工是否严格有效执行公司规章制度。

督察长应当对公司推出新产品、开展新业务的合法合规性问题提出意见。督察长应当关注员工的合规与风险意识,促进公司内部风险控制水平的提高及合规文化的形成。督察长应当指导、督促公司妥善处理投资人的重大投诉,保护投资人的合法权益。督察长应当定期或者不定期向全体董事报送工作报告,并在董事会及董事会下设的相关专门委员会定期会议上报告基金及公司运作的合法合规情况及公司内部风险控制情况。督察长应当积极配合中国证监会及其派出机构的监管工作。

督察长享有充分的知情权和独立的调查权。督察长根据履行职责的需要,有权参加或者列席公司董事会以及公司业务、投资决策、风险管理等相关会议,有权调阅公司相关文件、档案。

督察长发现基金及公司运作中存在问题时,应当及时告知公司总经理和相关业务负责人,提出处理意见和整改建议,并监督整改措施的制定和落实;基金公司总经理对存在问题不整改或者整改未达到要求的,督察长应当向公司董事会、中国证监会及相关派出机构报告。

发现下列情形之一的,督察长应当及时向公司董事会、中国证监会及相关派出机构报告:

(1)基金及公司发生违法违规行为。

(2)基金及公司存在重大经营风险或者隐患。

(3)督察长依法认为需要报告的其他情形。

(4)中国证监会规定的其他情形。

对上述情形,督察长应当密切跟踪后续整改措施,并将处理情况向公司董事会、中国证监会及相关派出机构报告。

【例题·单选题】组织指导公司监察稽核工作,履行职责的范围应当涵盖基金及公司运作的所有业务环节,上述职责应当由( )负责履行。

A.督察长　　　　　B.管理层　　　　　C.合规管理部门　　　　　D.监事会

【答案】A

【解析】督察长负责组织指导公司监察稽核工作,履行职责的范围应当涵盖基金及公司运作的所有业务环节。

五、管理层的合规责任

基金管理人可设总经理一人,副总经理若干人。公司章程应当明确规定总经理和副总经理等人员的提名、任免程序、权利义务、任期等内容。经理层人员应当符合法律、行政法规和中国证监会规定的条件,取得中国证监会核准的任职资格。

经理层人员应当熟悉相关法律、行政法规及中国证监会的监管要求,依法合规、勤勉、审慎地行使职权,促进基金财产的高效运作,为基金份额持有人谋求最大利益。

经理层人员应当维护公司的统一性和完整性,在其职权范围内对公司经营活动进行独立、自主决策,不受他人干预,不得将其经营管理权让渡给股东或者其他机构和人员。

经理层人员应当构建公司自身的企业文化,保持公司内部机构和人员责任体系、报告路径的清晰、完整,不得违反规定的报告路径,防止在内部责任体系、报告路径和内部员工之间出现割裂的情况。

经理层人员应当按照公司章程、制度和业务流程的规定开展工作，不得越权干预投资、研究、交易等具体业务活动，不得利用职务之便向股东、本人及他人进行利益输送。

经理层人员应当公平对待所有股东，不得接受任何股东及其实际控制人超越股东会、董事会的指示，不得偏向于任何一方股东。经理层人员应当公平对待公司管理的不同基金财产和客户资产，不得在不同基金财产之间、基金财产与委托资产之间进行利益输送。

经理层人员对于股东虚假出资、抽逃或者变相抽逃出资、以任何形式占有或者转移公司资产等行为以及为股东提供融资或者担保等不当要求，应当予以抵制，并立即向中国证监会及相关派出机构报告。

总经理负责公司日常经营管理工作。总经理应当认真执行董事会决议，定期向董事会报告公司的经营情况、财务状况、风险状况、业务创新等情况。总经理应当支持督察长和监察稽核部门的工作，不得阻挠、妨碍上述人员和部门的检查、监督等活动。公司应当按照保护基金份额持有人利益的原则，建立紧急应变制度，处理公司遭遇突发事件等非常时期的业务，并对总经理不能履行职责或者缺位时总经理职责的履行做出规定。

经理层可下设投资决策委员会、风险控制委员会等专门委员会。设立专门委员会的，公司应当对专门委员会的职责、人员组成、议事规则、决策程序等做出明确规定。

【例题·单选题】基金管理人的经理层人员应当取得(　　)核准的任职资格。
　　A.董事会　　　　B.中国证监会　　　C.基金业协会　　　D.证券业协会
【答案】B
【解析】基金管理人的经理层人员应当取得中国证监会核准的任职资格。

六、业务部门的合规责任

基金管理人各自的业务部门设置存在差异，但是，各业务部门及其员工应当遵守合规规定。为保证公司在从事业务行为时能遵循较高的标准，基金管理人所有员工在从事业务活动时必须做到忠诚、诚实和公平交易，并以最高水准要求自己；公司及其员工应以应有的技能勤勉尽责和谨慎从事。

为谋取客户合法利益的最大化，公司对客户负有忠实义务；在不违反法律、法规的前提下，公司必须保证给客户的所有建议和为客户进行的所有交易都是本着客户利益第一的原则；公司还必须保证为客户进行交易时，必须合理、谨慎地关注以保证交易对手的可靠性及交易条件在可得到的范围内为最佳；公司应确定客户的身份真实，了解客户的有关信息及投资目标，以备监管机构的监管。

公司必须采取合理措施为向其咨询的客户提供及时、可理解的信息，以使客户在充分了解有关信息的基础上做出投资决定；公司还应为客户提供关于其账户的完整、正确的信息。

公司应委托独立的具有良好声誉的托管人对客户资产进行托管；公司及其分公司均应与监管者、审计师和法律顾问保持坦诚的合作关系，对应当向对方公开的信息应及时通知他们。

公司及其员工应避免陷入与客户利益冲突的情形；公司应尽量避免利益冲突发生。

公司所有员工不得从事以下违反忠实义务的行为：

(1)以任何行为欺骗或欺诈任何公司现有或将来的客户。

(2)对重大事实作虚假陈述或隐瞒重要事实，该事实隐瞒会使得其陈述具有误导性质。

(3)参与任何对客户或将来的客户构成欺诈或欺骗的行为、实践或商业交往。

（4）参与任何操纵市场的行为。

（5）向任何其他人透露（除非是代表客户履行职责的行为）关于客户、公司的任何证券交易或与此有关的信息。

公司在市场行为和遵纪守法方面应保持最高标准，公司及全体员工必须遵守相关的法律法规。

此外，基金公司、部门及员工不得参与以下市场行为：

（1）通过单独或合谋包括集中资金优势、持股优势或者利用信息优势联合或者连续买卖，操纵证券市场价格。

（2）与他人串通，以事先约定的时间、价格和方式相互进行证券交易或者相互买卖并不持有的证券，影响证券交易价格或者证券成交量。

（3）以自己为交易对象，进行不转移所有权的自买自卖，影响证券交易价格或者证券成交量。

（4）为获取利益或减少损失为目的，利用资金、信息等优势或滥用职权操纵市场，影响证券市场价格，制造证券市场假象，诱导或者致使投资者在不了解事实真相的情况下做出投资决定，扰乱证券市场秩序。

第三节　合规管理的主要内容

>> **本节导读** <<

合规管理的主要内容包括合规文化、合规政策、合规审核、合规检查、合规培训和合规投诉处理。本节内容较多，但都为识记性内容，难度不大。

一、合规管理活动概述

基金管理人的合规管理旨在构造公司监督系统，对公司的决策系统、执行系统进行全程、动态的合规监控，监督的对象覆盖公司经营管理的全部内容。基金管理人的合规管理涉及风险控制、公司治理、投资管理、监察稽核等内容。具体内容包括：

（1）定期传达监管要求，营造公司合规文化、提高员工合规意识。

（2）审核各业务部门对外签订的合同，控制风险，防范商业贿赂；审核业务部门修订的制度；负责审核公司对外披露的各类信息。

（3）根据法律法规及公司制度的要求，检查评估基金发行及日常运作中（销售、投资、运营）各项活动的合规性，防范运作风险。

（4）梳理整合各项法律法规、规章制度，开展合规培训。

（5）参与基金管理人的组织构架和业务流程再造、为新产品提供合规支持。

（6）开展法律咨询，协助外部律师共同处理公司法律纠纷以及投诉。

二、合规文化

（1）基金管理人是典型的风险管理型企业，其风险管理特性决定了基金的经营活动始终与风险为伴，其经营过程就是管理风险的过程。这就要求基金管理人必须注重内涵式管理，建立一整套有效管理各类风险的职业行为规范和方法，而且在公司内部要形成浓厚的合规文化，做到人人合规。

（2）所有员工都要有足够的职业谨慎、具有诚信正直的个人品行以及良好的风险意识和行为规范。公司内部要具有清晰的责任制和问责制，以及相应的激励约束机制，形成所有员工理所当然要为他从事的职业和所在岗位的工作负责任的氛围，进而逐步形成基金管理人的合规文化。

（3）基金管理人的合规文化建设在现行体制下需要管理层亲自参与和重视，董事会和高级管理层应采取一系列措施，推进基金管理人的组织文化建设，促使所有员工包括高层管理人员在开展业务时都能遵守法律、规则和标准。

（4）基金管理人在组建内部的合规部门时，应遵循合规原则，而合规部门则应支持业务管理部门推进以职业操守为基础，建设蓬勃向上富有活力的合规文化，从而促进形成高效的公司治理环境。同时，公司通过各种文化活动，来形成员工自觉合规的文化环境。

（5）基金管理人加强合规文化建设，还应在以下四个方面努力：
①基金管理人管理层对合规文化建设工作足够重视。
②加强合规管理部门与业务部、监察稽核部等各部门之间的信息交流和良好的互动性，实现资源共享。
③有效落实合规考核机制。将合规考核结果与员工的绩效工作和高管人员竞聘考核相结合。
④积极推行全员合规理念，加强合规文化思想教育。

（6）基金管理人可以通过完善公司治理来促进合规文化建设。公司治理应当强化制衡机制，明确股东会、董事会、监事会或者执行监事、经理层、督察长的职责权限，完善决策程序，形成协调高效、相互制衡的制度安排。上述组织机构和人员应当在法律、行政法规、中国证监会规定和公司章程规定的范围内行使职权。基金管理公司应当结合基金行业特点建立长效激励约束机制，营造规范、诚信、创新、和谐的合规文化。

三、合规政策

合规政策是基金管理人体现合规理念、培育合规文化、实现合规目标的纲领性、指导性的文件，对基金管理人开展合规工作提出了原则性要求。

（一）合规政策的制定

1. 制定程序

基金管理人的高级管理层负责制定书面的合规政策，并根据合规风险管理状况以及法律、规则和准则的变化情况适时修订合规政策，报经董事会审议批准后传达给全体员工定期评价各项合规政策和执行状况；若发现重大的合规问题，管理层必须立即向董事会汇报。

2. 政策内容

基金管理人的合规政策应明确所有员工和业务条线需要遵守的基本原则，以及识别和管理合规风险的主要程序，并对合规管理职能的有关事项做出规定，至少应包括：
①合规管理部门的功能和职责。
②合规管理部门的权限，包括享有与基金管理人任何员工进行沟通并获取履行职责所需的任何记录或档案材料的权利等。
③合规负责人的合规管理职责。

④保证合规负责人和合规管理部门独立性的各项措施,包括确保合规负责人和合规管理人员的合规管理职责与其承担的任何其他职责之间不产生利益冲突等。

⑤合规管理部门与其他部门之间的协作关系。

⑥设立业务条线和分支机构合规管理部门的原则。

【例题·单选题】基金管理人的高级管理层负责制定书面的合规政策,应报经(　　)审议批准后传达给全体员工。

A. 合规管理部门　　　　　　B. 合规与风险管理委员会
C. 董事会　　　　　　　　　D. 股东大会

【答案】C

【解析】基金管理人的高级管理层负责制定书面的合规政策,应报经董事会审议批准后传达给全体员工。

(二)合规政策的落实

(1)公司经理层:负责贯彻执行合规政策,确保发现违规事件时及时采取适当的纠正措施,并追究违规责任人的相应责任。

(2)各业务部门:应当遵循公司合规政策,研究制定本部门或业务单元业务决策和运作的各项制度流程并组织实施,定期对本部门的合规风险进行评估,对其合规管理的有效性负责。

(3)合规与风险控制部:为合规风险的日常管理部门,主要负责识别、评估和监控基金管理人面临的合规风险,并向高级管理层和董事会提出合规建议和报告。

四、合规审核

合规审核的目标是把外部监督可能发现的问题及时在内部发现并进行有效的处理。合规审核能把公司可能受到的处罚降到最低。一般来说,基金管理人的合规审核包含以下程序:

(一)制定合规审核机制

基金管理人在开展合规工作时,首先需要制订合规审核计划,需要列出审核的目标、步骤和流程。一旦审核开始,不能随意变更计划。一旦审核工作扩大规模,也需要及时修正审核机制。

(二)合规审核调查

基金管理人在公司内部开展合规审核时,可能出现内部人员不配合,刻意隐瞒实情,需要合规部门人员进行审核调查。合规审核调查需要利用先进的技术包括数据分析技术,但审核调查手段不能干扰公司日常的业务运作。

(三)合规审核评价

合规审核工作需要进行阶段性的评估,这种评估可以引入第三方评估,将合规审核评价作为对下一次审核计划制订的重要决策依据,同时,对审核工作人员的工作绩效也是一种评价,以便改进合规部门的工作。

五、合规检查

基金管理人合规部门的合规检查包括:

(1)公司是否独立运作;股东会、董事会、监事会是否有效制衡;董事、监事是否按照相关法律法规和公司章程的规定履行职责,特别是独立董事是否独立、客观、公正地发表意见;公司相关会议的原始会议记录及会议纪要是否真实、准确、完整,是否按规定存档。

(2)公平交易制度建设及执行情况,检查公平交易分析的方法及其有效性,是否存在违反公平交易的行为;公司管理的旗下不同性质基金账户之间,是否遵循了公平交易原则。

(3)重大关联交易的执行情况,检查基金管理人运用基金财产买卖基金管理人、基金托管人及其控股股东、实际控制人或者与其有其他重大利害关系的公司发行的证券或承销期内承销的证券,或者从事其他重大关联交易的,是否遵循基金份额持有人利益优先的原则,是否存在利益输送的情况,是否履行信息披露义务等。

(4)公司员工特别是投资、研究人员及其配偶、利害关系人的证券投资活动管理制度是否健全有效,是否存在利用基金未公开信息获取利益的情况。

(5)基金公司投资决策的依据,以及公司的规定和投资决策流程是否有被突破。比如按照规定,每家基金公司基金经理的权限都有一定授权,在实际操作中,基金经理的授权是否有被突破,基金经理的买卖是否突破了股票库的管理。

(6)风险管理制度是否涵盖了不同风险控制环节;是否涵盖了对各类产品、业务的各类风险的管理;是否涵盖了基金运作及公司日常管理主要的业务风险,特别是投资风险、后台运营风险和信息技术系统风险等;是否建立了有效的子公司业务风险管理制度和母子公司业务防火墙制度、关联交易制度等,防范可能出现的风险传递、利益冲突和利益输送。

六、合规培训

基金管理人合规培训的具体内容包括:
(1)国家制定颁布的与基金行业有关的法律法规。
(2)公司内部的员工守则和各项业务的合规制度。
(3)案例警示教育。

这些内容涉及基金管理人风险管理指引、风险管理经验、基金公司及子公司内控评价、相关案例讲解等,也包括了解公司管理层的合规要求及经理层合规要求等。

七、合规投诉处理

处理措施主要包括:
(1)建立客户投诉的管理办法或处理流程等制度。
(2)建立完整的投诉处理流程,明确客服中心负责受理客户通过电话、传真、网络、信函、来访等方式提交的投诉,区分普通与重大投诉。
(3)规定相关处理权限范围、处理流程与时限等。

第四节 合规风险

>> **本节导读** <<

合规风险属于本章比较重要的一节,考生需要对不同类型合规风险加以区分,并掌握其对应的解决措施。

一、合规风险及其种类

(一)合规风险的概念

合规风险是指因公司及员工违反法律法规、基金合同和公司内部规章制度等而导致公司可能遭受法律制裁、监管处罚、重大财务损失和声誉损失的风险。

(二)合规风险的种类

合规风险的主要种类包括投资合规性风险、销售合规性风险、信息披露合规性风险和反洗钱合规性风险。

大量的操作风险主要表现在操作环节和操作人员身上,但其背后往往还潜藏着操作环节的不合理和操作人员缺乏合规守法意识。

声誉风险则是指由基金管理人经营、管理及其他行为或外部事件导致利益相关方对公司负面评价的风险。

道德风险主要是指基金管理人员工为谋求私利故意采取不利于公司和行业的行为导致的风险。

【例题·单选题】下列不属于合规风险主要种类的是( )。
A. 投资合规性风险　　　　　　　B. 信息披露合规性风险
C. 反洗钱合规性风险　　　　　　D. 监管合规性风险

【答案】D
【解析】合规风险的主要种类包括投资合规性风险、销售合规性风险、信息披露合规性风险和反洗钱合规性风险。

二、投资合规性风险

(一)投资合规性风险的含义

投资合规性风险是指基金管理人投资业务人员违反相关法律法规和公司内部规章带来的处罚和损失风险。

(二)投资合规性风险的具体情形

(1)基金管理人未按法规及基金合同规定建立和管理投资对象备选库。

(2)基金管理人利用基金财产为基金份额持有人以外的第三人牟取利益。

(3)利用因职务便利获取的内幕信息以外的其他未公开信息,从事或者明示、暗示他人相关交易活动,运用基金财产从事操纵证券交易价格及其他不正当的证券交易活动。

(4)不公平对待不同投资组合,直接或者通过与第三方的交易安排在不同投资组合之间进行利益输送。

(5)基金收益分配违规失信以及公司内控薄弱、从业人员未勤勉尽责,导致基金操作失误等风险事件。

(三)投资合规性风险的应对措施

(1)建立有效的投资流程和投资授权制度。

(2)通过在交易系统中设置风险参数,对投资的合规风险进行自动控制,对于无法在交易系统自动控制的投资合规限制,应通过加强手工监控、多人复核等措施予以控制。

（3）重点监控投资组合投资中是否存在内幕交易、利益输送和不公平对待不同投资者等行为。

（4）对交易异常行为进行定义，并通过事后评估对基金经理、交易员和其他人员的交易行为（包括交易价格、交易品种、交易对手、交易频度、交易时机等）进行监控，加强对异常交易的跟踪、监测和分析。

（5）每日跟踪评估投资比例、投资范围等合规性指标执行情况，确保投资组合投资的合规性指标符合法律法规和基金合同的规定。

（6）关注估值政策和估值方法隐含的风险，定期评估第三方估值服务机构的估值质量，对于以摊余成本法估值的资产，应特别关注影子价格及两者的偏差带来的风险，进行情景压力测试并及时制订风险管理情景应对方案。

三、销售合规性风险

（一）销售合规性风险的含义

基金管理人的销售环节是基金市场竞争的核心，相关业务人员为了提高销售业绩和争抢客户，出现违反相关法律法规和公司规章，为基金管理人带来处罚和声誉损失的风险，被称为销售合规性风险。

（二）销售合规性风险的应对措施

（1）对宣传推介材料进行合规审核。

（2）对销售协议的签订进行合规审核，对销售机构签约前进行审慎调查，严格选择合作的基金销售机构。

（3）制定适当的销售政策和监督措施，防范销售人员违法违规和违反职业操守。

（4）加强销售行为的规范和监督，防止延时交易、商业贿赂、误导、欺诈和不公平对待投资者等违法违规行为的发生。

四、信息披露合规性风险

（一）信息披露合规性风险的含义

基金管理人信息披露合规性风险是指基金管理人在信息披露过程中，违反相关法律法规和公司规章，对基金投资者形成了误导或对基金行业造成了不良声誉，受到处罚和声誉损失的风险。

（二）信息披露合规性风险的应对措施

（1）建立信息披露风险责任制，将应披露的信息落实到各相关部门，并明确其对提供的信息的真实、准确、完整和及时性负全部责任。

（2）信息披露前应经过必要的合规性审查。

五、反洗钱合规性风险

（一）反洗钱合规性风险的含义

反洗钱合规性风险是基金管理人违反法律法规和公司内部规章，违反公平交易原则，利用不同身份账户进行非法资金转移，受到相关处罚和损失的风险。

(二)反洗钱合规性风险的应对措施

(1)建立风险导向的反洗钱防控体系,合理配置资源。

(2)制定严格有效的开户流程,规范对客户的身份认证和授权资格的认定,对有关客户的身份证明材料予以保存。

(3)从严监控客户核心资料信息修改、非交易过户和异户资金划转。

(4)严格遵守资金清算制度,对现金支付进行控制和监控。

(5)建立符合行业特征的客户风险识别和可疑交易分析机制。

真题自测

(所有题型均为单选题,每题只有1个正确答案)

1. ( )原则是指合规人员应当正确处理与公司其他部门及监管部门的关系,努力形成公司的合规合力,避免内部消耗。
   A. 公正性　　　　B. 协调性　　　　C. 公平性　　　　D. 健全性

2. 基金管理人的合规管理一般涉及( )内容。
   A. 风险控制　　　B. 公司治理　　　C. 投资管理　　　D. 以上都正确

3. 经理层人员对于股东虚假出资、抽逃或者变相抽逃出资的,应当予以抵制,并立即向( )报告。
   A. 董事会
   B. 监事会
   C. 中国证监会及相关派出机构
   D. 股东大会

4. 关注公司资产是否安全完整,是否出现被抽逃、挪用、违规担保、冻结等情况,应当是( )履行的职责。
   A. 合规管理部门　B. 管理层　　　　C. 督察长　　　　D. 监事会

5. 督察长发现基金和公司运作中有违法违规行为的,应当及时予以制止,重大问题应当报告( )。
   A. 基金业协会
   B. 证券业协会
   C. 董事会
   D. 中国证监会及相关派出机构

6. ( )原则是指合规人员在对业务部门进行核查时,应当坚持统一标准来对违规行为进行评估和报告。
   A. 独立性　　　　B. 客观性　　　　C. 公正性　　　　D. 专业性

7. 基金管理人( )负责公司整体风险的预防和控制,审核、监督公司风险控制制度的有效执行。
   A. 监事会　　　　B. 董事会　　　　C. 总经理　　　　D. 督察长

8. ( )应当指导、督促公司妥善处理投资人的重大投诉,保护投资人的合法权益。
   A. 监事会　　　　B. 总经理　　　　C. 合规管理部门　D. 督察长

9. 督察长应当定期或不定期向( )报告工作情况,并在董事会及董事会下设的相关专门委员会定期会议上报告基金及公司运作的合法合规情况及公司内部风险控制情况。
   A. 全体董事　　　B. 全体监事　　　C. 总经理　　　　D. 合规管理部门

10. 若发现重大的合规政策问题,管理层必须立即向( )汇报。
   A. 董事会   B. 股东大会
   C. 合规与风险管理委员会   D. 监事会

11. 以下选项中,属于基金管理人进行合规管理时应当遵循的有关准则的是( )。
   A. 基金业协会和证券业协会等自律性组织制定的适合用于全行业的规范、标准、惯例等
   B. 立法机关和证监会发布的基本法律规则
   C. 公司章程以及企业的各种内部规章制度以及应当遵守的诚实、守信的职业道德
   D. 以上说法都正确

12. 督察长发现基金及公司运作中存在问题时,应当及时告知公司( )和相关业务负责人,提出处理意见和整改建议,并监督整改措施的制定和落实。
   A. 董事长   B. 董事会   C. 股东会   D. 总经理

13. 基金管理人董事会可以下设( ),负责对公司经营管理与基金运作的风险控制及合法合规性进行审议、监督和检查,草拟公司风险管理战略,评估公司风险管理状况。
   A. 风险管理部   B. 合规管理部
   C. 合规与风险管理委员会   D. 合规与风险控制部

14. 下列关于管理层的合规责任,说法错误的是( )。
   A. 接受董事长的指示,对公司经营活动进行决策
   B. 对于公司为股东提供担保的,应当予以抵制,并向中国证监会及相关派出机构报告
   C. 不得将其经营管理权让渡给股东或者其他机构和人员
   D. 公平对待所有股东

15. 基金管理人利用基金财产为基金份额持有人以外的第三人牟取利益,属于合规风险中的( )。
   A. 投资合规性风险   B. 销售合规性风险
   C. 信息披露合规性风险   D. 反洗钱合规性风险

16. 基金管理人在董事会和管理层会设立专门的风险控制委员会,安排( )分管合规管理部的工作。
   A. 督察长   B. 总经理   C. 基金经理   D. 独立董事

附录　参考答案及解析

第一章　金融、资产管理与投资基金

1. B【解析】目前,居民理财的主要方式是货币储蓄和投资两类。
2. D【解析】衍生金融工具包括远期合约、期货合约、期权合约、互换协议等,其种类仍在不断增加。衍生金融工具在金融交易中具有套期保值、防范风险的作用。
3. D【解析】另类投资基金,是指投资于传统的股票、债券之外的金融和实物资产的基金,如房地产、证券化产品、对冲基金、大宗商品、黄金、艺术品等。
4. A【解析】投资基金主要是一种间接投资工具。
5. C【解析】所谓金融,简单来讲即货币资金的融通。
6. A【解析】选项A应为"降低交易成本"。

第二章　证券投资基金概述

1. D【解析】开放式基金成为证券投资基金的主流产品。
2. B【解析】1992年11月,经中国人民银行总行批准的国内第一家投资基金——淄博乡镇企业投资基金(简称"淄博基金")正式设立,并于1993年8月在上海证券交易所挂牌上市,成为我国首只在证券交易所上市交易的投资基金,该基金为公司型封闭式基金,募集规模1亿元人民币,60%投向淄博乡镇企业,40%投向上市公司。
3. B【解析】股票反映的是一种所有权关系,是一种所有权凭证;债券反映的是债权债务关系,是一种债权凭证;基金反映的是一种信托关系,是一种受益凭证。
4. C【解析】契约型基金与公司型基金的区别包括:法律主体资格不同;投资者的地位不同;基金营运依据不同。
5. C【解析】封闭式基金份额固定,在完成募集后,基金份额在证券交易所上市交易。投资者买卖封闭式基金份额,只能委托证券公司在证券交易所按市价买卖,交易在投资者之间完成。开放式基金份额不固定,投资者可以按照基金管理人确定的时间和地点向基金管理人或其销售代理人提出申购、赎回申请,交易在投资者与基金管理人之间完成。
6. B【解析】为基金提供服务的基金托管人、基金管理人一般按基金合同的规定从基金资产中收取一定比例的托管费、管理费,并不参与基金收益的分配。
7. B【解析】基金管理人是基金产品的募集者和基金的管理者,其最主要的职责就是按照基金合同的约定,负责基金资产的投资运作,在风险控制的基础上为基金投资者争取最大的投资收益。
8. C【解析】2012年6月,中国证券投资基金业协会正式成立。
9. D【解析】目前可申请从事基金代理销售的机构主要包括商业银行、证券公司、保险公司、证券投资咨询机构、独立基金销售机构。
10. A【解析】基金反映的是一种信托关系,是一种受益凭证,投资者购买基金份额就成为基金的受益人。
11. D【解析】选项D属于基金监管机构的职责。
12. C【解析】在我国,契约型基金是依据基金管理人、基金托管人之间所签署的基金合同设立。

13. B【解析】封闭式基金每周公布基金单位资产净值,每季度公布资产组合。
14. A【解析】基金托管人承担审查基金资产净值和基金份额净值。

第三章 证券投资基金的类型

1. D【解析】套利机制使得ETF不会出现类似封闭式基金二级市场大幅折价交易、股票大幅溢价交易现象。
2. D【解析】根据中国证监会颁布的、于2014年8月8日正式生效的《公开募集证券投资基金运作管理办法》,将公募证券投资基金划分为股票基金、债券基金、货币市场基金、混合基金以及基金中的基金等类别。
3. D【解析】保本基金的投资目标是在锁定风险的同时力争有机会获得潜在的高回报。
4. D【解析】目前我国货币市场基金能够进行投资的金融工具主要包括:①现金;②1年以内(含1年)的银行定期存款、大额存单;③剩余期限在397天以内(含397天)的债券;④期限在1年以内(含1年)的债券回购;⑤期限在1年以内(含1年)的中央银行票据;⑥剩余期限在397天以内(含397天)的资产支持证券。
5. B【解析】QDII基金为国内投资者参与国际市场投资提供了便利。
6. B【解析】增长型基金是指以追求资本增值为基本目标,较少考虑当期收入的基金,主要以具有良好增长潜力的股票为投资对象。
7. B【解析】LOF是我国对证券投资基金的一种本土化创新。
8. C【解析】收入型基金是以追求稳定的经常性收入为基本目标的基金,主要以大盘蓝筹股、公司债、政府债券等稳定收益证券为投资对象。
9. C【解析】ETF最早产生于加拿大,但其发展与成熟主要是在美国。
10. C【解析】价值型股票基金的投资风险要低于成长型股票基金,但回报通常也不如成长型股票基金。平衡型股票基金的收益、风险则介于价值型股票基金与成长型股票基金之间。
11. B【解析】封闭式基金是指基金份额在基金合同期限内固定不变,基金份额可以在依法设立的证券交易所交易,但基金份额持有人不得申请赎回的一种基金运作方式。

第四章 证券投资基金的监管

1. B【解析】2012年6月,中国证券投资基金业协会正式成立,原中国证券业协会基金公司会员部的行业自律职责转入中国证券投资基金业协会。
2. D【解析】注册公开募集基金,由拟任基金管理人向中国证监会提交下列文件:申请报告;基金合同草案;基金托管协议草案;招募说明书草案;律师事务所出具的法律意见书;中国证监会规定提交的其他文件。
3. C【解析】基金募集期限自基金份额发售之日起计算。
4. B【解析】基金公司主要股东为法人或其他组织的,净资产不低于2亿元人民币。
5. D【解析】申请登记期间,登记事项发生重大变化的,私募基金管理人应当及时告知基金业协会并变更申请登记内容。
6. D【解析】选项D属于招募说明书的内容。
7. A【解析】网站公示的私募基金管理人基本情况包括私募基金管理人的名称、成立时间、登记时间、住所、联系方式、主要负责人等基本信息及基本诚信信息。
8. C【解析】新基金托管人产生前,由中国证监会指定临时基金托管人。
9. A【解析】对基金管理公司持有5%以上股权的非主要股东,非主要股东为自然人的,个人金融资产不低于1 000万元民币,在境内外资产管理行业从业5年以上。
10. D【解析】依据《证券投资基金法》的规定,中国证监会依法履行职责,有权采取下列监管措施:①检查;②调查取证;③限制交易;④行政处罚。
11. A【解析】基金监管的首要目标是保护投资人利益。
12. D【解析】选项 D 应为"具有 3 年以上证券投资管理经历"。

第五章 基金职业道德

1. B【解析】道德与法律的表现形式不同。
2. B【解析】客户至上是调整基金从业人员与投资人之间关系的道德规范。这里的"客户"是指投资人,也即基金份额持有人。
3. B【解析】道德的特征包括:①道德具有差异性;②道德具有继承性;③道德具有约束性;④道德具有具体性。

第六章 基金的募集、交易与登记

1. B【解析】网下发售是指通过基金管理人指定的营业网点和承销商的指定账户,向机构或者个人投资者发售基金份额的发售方式。
2. B【解析】封闭式基金需募集基金份额总额达到核准规模80%以上。
3. A【解析】个人投资者每个有效证件只允许开设 1 个基金账户。
4. B【解析】封闭式基金遵从"价格优先、时间优先"的交易原则。
5. D【解析】赎回费在扣除手续费之后,余额不得低于赎回费总额的 25%,并应当归入基金财产。
6. B【解析】净认购金额 = 30 000/(1 + 1.8%) = 29 469.55(元);认购费用 = 30 000 - 29 469.55 = 530.45(元);认购份额 = 29 469.55 + 5/1 = 29 474.55(份)。
7. C【解析】赎回总金额 = 10 000 × 1.025 = 10 250(元);赎回手续费 = 10 250 × 0.005 = 51.25(元);净赎回金额 = 10 250 - 51.25 = 10 198.75(元)。
8. D【解析】折算比例 = (3 127 000 230.95/3 013 057 000)/(966.45/1 000) = 1.07384395;该投资者折算后的基金份额 = 5 000 × 1.07384395 = 5 369.22(份)。
9. B【解析】自 2012 年起,新募集的分级基金要求设定单笔认购/申购的下限:合并募集的分级基金单笔认购/申购金额不得低于 5 万元;分开募集的分级基金,B 类份额单笔认购/申购金额不得低于 5 万元。
10. D【解析】ETF 通常采用完全被动式管理方法。

第七章 基金的信息披露

1. A【解析】依靠强制性信息披露,培育和完善市场运行机制,增强市场参与各方对市场的理解和信心,是世界各国(地区)证券市场监管的普遍做法,基金市场作为证券市场的组成部分也不例外。
2. B【解析】XBRL 是国际上将会计准则与计算机语言相结合,用于非结构化数据,尤其是财务信息交换的最新公认标准和技术。
3. B【解析】在基金合同生效的次日,在指定报刊和管理人网站上登载基金合同生效公告。
4. C【解析】开放式基金合同生效后每 6 个月结束之日起 45 日内,将更新的招募说明书登载在管理人网站上,更新的招募说明书摘要登载在指定报刊上。
5. B【解析】当基金发生涉及托管人及托管业务的重大事件时,例如,托管人受到监管部门的调查或托管人及其托管部门的负责人受到严重行政处罚等,托管人应当在事件发生之日起 2 日内编制并披露临时公告书,并报中国证监会备案。
6. B【解析】当代表基金份额 10% 以上的基金份额持有人就同一事项要求召开持有人大会,而管理人和托管人都不召集的时候,代表基金份额 10% 以上的持有人有权自行召集。
7. B【解析】基金合同生效不足 2 个月的,基金管理人可以不编制当期季度报告、半年度报告或者年度报告。
8. C【解析】半年度报告无须披露近3年每年的基金收益分配情况。

第八章 基金客户和销售机构

1. B【解析】检测客户现金收支或款项划转情况,对符合大额交易标准的,在该大额交易发生后5个工作日内,向中国反洗钱检测分析中心报告。
2. C【解析】基金销售机构销售基金产品一般以4Ps营销理论为指导。
3. B【解析】基金销售机构办理基金销售业务,应当由基金销售机构与基金管理人签订书面销售协议,明确双方的权利和义务。
4. C【解析】在销售策略方面,我国基金销售的渠道以银行和券商代销为主。
5. B【解析】基金管理人应制定业务规则并监督实施。
6. D【解析】基金销售结算专用账户是指基金销售机构、基金销售支付结算机构或基金注册登记机构用于归集、暂存、划转基金销售结算资金的专用账户。
7. C【解析】《证券投资基金销售管理办法》规定:基金管理人可以办理其募集的基金产品的销售业务。
8. B【解析】在发现有可疑交易或者行为时,在其发生后10个工作日内,向中国反洗钱监测分析中心报告。
9. D【解析】与销售有关的其他资料自业务发生当年起至少保存15年。
10. A【解析】在确定目标市场与投资者方面,基金销售机构面临的重要问题之一就是分析投资者的真实需求,包括投资者的投资规模、风险偏好、对投资资金流动性和安全性的要求等。
11. C【解析】基金销售机构的客户身份资料自业务关系结束当年起至少保存15年。
12. D【解析】商业银行从事基金销售业务的,应当向工商注册登记所在地的中国证监会派出机构进行注册并取得相应资格。
13. A【解析】基金销售机构与基金管理人签订的书面销售协议,应当包括基金销售信息交换及资金交收权利与义务。

第九章 基金销售行为规范及信息管理

1. D【解析】基金份额登记机构的主要职责包括:①建立并管理投资人基金份额账户;②负责基金份额的登记;③基金交易确认;④代理发放红利;⑤建立并保管基金份额持有人名册;⑥登记代理协议规定的其他职责。
2. D【解析】基金管理人不得向销售机构支付非以销售基金的保有量为基础的客户维护费。
3. A【解析】可采取的行政监管处罚措施有:①提示基金管理公司或基金代销机构进行整改;②对基金管理公司或基金代销机构出具监管警示函;③责令基金监管公司或基金代销机构进行整改;④暂停办理相关业务等。
4. B【解析】不收取销售服务费的,对持有持续期少于30日的投资人收取不低于0.75%的赎回费,并将上述赎回费全额计入基金财产。
5. B【解析】基金经营机构的客户交易记录自交易记账当年计起至少保存5年。基金销售机构的客户交易记录自交易记账当年计起至少保存15年。
6. D【解析】基金经营机构应妥善保存客户交易终端信息和开户资料电子化信息,保存期限不得少于20年。
7. D【解析】其他选项都属于禁止性规定。
8. C【解析】对于持有期低于3年的投资人,基金管理人不得免其后端申购(认购)费用。
9. C【解析】基金代销机构使用基金宣传推介材料时有违规情形的,将视违规程度由中国证监会或证监局依法采取行政监管或行政处罚措施。
10. D【解析】负责基金销售业务的管理人员应取得基金从业资格。
11. A【解析】基金宣传推介材料可以登载该基金、基金管理人管理的其他基金的过往业绩,但基金合同生效不足6个月的除外。
12. B【解析】基金销售从业人员应当根据有关规定取得中国证券投资基金业协会认可的基金从业人员资格。需由所在机构进行执业注册登记,未经基金管理人或者基金销售机构聘任,任何人不得从事基金销售活动。
13. D【解析】客观性原则,是指基金销售机构应当建立科学合理的方法,设置必要的标准和流程,保证基金销售适用性的实施。

第十章 基金客户服务

1. A【解析】售后服务主要包括:①提醒客户及时核对交易确认;②向客户介绍客户服务信息查询等的办法和路径;③定期提供产品净值信息;④基金公司、基金产品发生变化时及时通知客户。
2. D【解析】对于系统运行数据中涉及基金投资人信息和交易记录的备份在不可修改的介质上至少保存15年。
3. A【解析】基金投资跟踪与评价的核心是对基金销售业务以及人际关系的维护。
4. D【解析】基金客户服务原则包括客户至上原则、有效沟通原则、安全第一原则和专业规范原则。
5. C【解析】对于基金客户的档案数据,应当逐日备份并异地妥善存放。
6. A【解析】售中服务是指客户在基金投资操作过程中享受的服务。主要包括:①协助客户完成风险承受能力测试并细致解释测试结果,推介符合适用性原则的基金;②介绍基金产品,协助客户办理开立账户、申购、赎回、资料变更等基金业务。
7. A【解析】基金客户服务是指基金销售机构或人员为解决客户有关问题而提供的系列活动。

第十一章 基金管理人的内部控制

1. B【解析】基金管理人所实施的内部控制政策要适应基金监管的法律法规要求,这句话体现了内部控制的有效性原则。
2. A【解析】2001年9月,我国第一只开放式基金——华安创新诞生。
3. C【解析】内部控制系统必须与确保信息收集、处理和报告正确性的控制相联系。
4. C【解析】基金管理人应建立电子信息数据的即时保存和备份制度,重要数据应当异地备份并且长期保存。
5. D【解析】加强基金管理人的内部控制机制建设,是解决基金管理人发生道德风险和逆向选择问题的主要手段。
6. C【解析】在进行投资决策业务控制时,应建立投资风险评估与管理制度,在设定的风险权限额度内进行投资决策。
7. C【解析】内部控制的目标是在一定范围内降低或消除经营风险,提高基金管理人的经营效益。
8. B【解析】健全性指内部控制应当包括公司的各项业务、各个部门和各级人员,并涵盖到决策、执行、监督、反馈等各个环节。
9. D【解析】基金管理公司应当设立督察长,对董事会负责,经董事会聘任,报证券监督管理机构核准。
10. B【解析】风险评估是识别和分析与实现目标相关的风险,从而为确定应该如何管理风险奠定基础。

11. B【解析】公司应当明确职责划分,在岗位分工的基础上明确各个会计岗位职责,严禁需要相互监督的岗位由一人独自操作全过程。公司对所管理的基金应当以基金为会计核算主体,独立建账、独立核算、基金会计核算应当独立于公司会计核算。

12. D【解析】内部控制制度的制定应当随着有关法律法规的调整等内外部环境的变化进行及时的修改或完善,体现了内部控制制度原则的适时性原则。

13. A【解析】基金交易应实行集中交易制度,基金经理不得直接向交易员下达投资指令或者直接进行交易。

14. D【解析】基金管理公司内部控制制度由内部控制大纲、基本管理制度、部门业务规章等部分组成。

15. C【解析】公司督察长和内部监察稽核部门独立于其他部门,对内部控制制度的执行情况实行严格检查和反馈。

16. A【解析】内部控制的原则包括健全性原则、有效性原则、独立性原则、相互制约原则和成本效益原则。

17. B【解析】中台部门包括市场营销、风险控制、财务部、监察稽核和产品研发部门。

第十二章　基金管理人的合规管理

1. B【解析】协调性原则是指合规人员应当正确处理与公司其他部门及监管部门的关系,努力形成公司的合规合力,避免内部消耗。

2. D【解析】基金管理人的合规管理一般涉及风险控制、公司治理、投资管理、监察稽核等内容。

3. C【解析】经理层人员对于股东虚假出资、抽逃或者变相抽逃出资、以任何形式占有或者转移公司资产等行为以及为股东提供融资或者担保等不当要求,应当予以抵制,并立即向中国证监会及相关派出机构报告。

4. C【解析】关注公司资产是否安全完成,是否出现被抽逃、挪用、违规担保、冻结等情况,应当是督察长履行的职责。

5. D【解析】督察长发现基金和公司运作中有违法违规行为的,应当及时予以制止,重大问题应当报告中国证监会及相关派出机构。

6. C【解析】公正性原则是指合规人员在对业务部门进行核查时,应当坚持统一标准来对违规行为进行评估和报告。

7. B【解析】基金管理人董事会负责公司整体风险的预防和控制,审核、监督公司风险控制制度的有效执行。

8. D【解析】督察长应当指导、督促公司妥善处理投资人的重大投诉,保护投资人的合法权益。

9. A【解析】督察长应当定期或不定期向全体董事报告工作情况,并在董事会及董事会下设的相关专门委员会定期会议上报告基金及公司运作的合法合规情况及公司内部风险控制情况。

10. A【解析】若发现重大的合规政策问题,管理层必须立即向董事会汇报。

11. D【解析】相关准则包括:①立法机关和证监会发布的基本法律规则;②基金业协会和证券业协会等自律性组织制定的适合用于全行业的规范、标准、惯例等;③公司章程以及企业的各种内部规章制度以及应当遵守的诚实、守信的职业道德。

12. D【解析】督察长发现基金及公司运作中存在问题时,应当及时告知公司总经理和相关业务负责人,提出处理意见和整改建议,并监督整改措施的制定和落实。

13. C【解析】基金管理人董事会可以下设合规与风险管理委员会,负责对公司经营管理与基金运作的风险控制及合法合规性进行审议、监督和检查,草拟公司风险管理战略,评估公司风险管理状况。

14. A【解析】经理层人员应当维护公司的统一性和完整性,在其职责范围内对公司经营活动进行独立、自主决策,不受他人干预。
15. A【解析】基金管理人利用基金财产为基金份额持有人以外的第三人牟取利益,属于投资合规性风险。
16. A【解析】基金管理人在董事会和管理层会设立专门的风险控制委员会,安排督察长分管合规管理部的工作。